西北民族大学重点学术著作资助项目

秦汉时期《吕氏春秋》接受研究

延娟芹 著

中国社会科学出版社

图书在版编目（CIP）数据

秦汉时期《吕氏春秋》接受研究／延娟芹著．—北京：中国社会科学
出版社，2015.3

ISBN 978 - 7 - 5161 - 5673 - 5

I.①秦…　II.①延…　III.①杂家②《吕氏春秋》—研究　IV.①B229.25

中国版本图书馆 CIP 数据核字（2015）第 041697 号

出 版 人	赵剑英
选题策划	田　文
责任编辑	徐　申
责任校对	张爱华
责任印制	王　超

出　　版	中国社会科学出版社
社　　址	北京鼓楼西大街甲 158 号（邮编100720）
网　　址	http://www.csspw.cn
	中文域名:中国社科网　　010 - 64070619
发 行 部	010 - 84083685
门 市 部	010 - 84029450
经　　销	新华书店及其他书店

印　　刷	北京君升印刷有限公司
装　　订	廊坊市广阳区广增装订厂
版　　次	2015 年 3 月第 1 版
印　　次	2015 年 3 月第 1 次印刷

开　　本	710 × 1000　1/16
印　　张	15
插　　页	2
字　　数	254 千字
定　　价	48.00 元

凡购买中国社会科学出版社图书,如有质量问题请与本社联系调换
电话:010 - 84083683

目　录

导　言

　　《吕氏春秋》是战国末期吕不韦主持编撰的一部杂家著作，书中不但汇集了先秦诸子各派思想，对先秦文化做了综合性总结，同时又有自己的独特成就，在后代尤其是西汉产生了重要影响，《吕氏春秋》可以说是先秦文化向汉代文化的过渡。

一　前人研究综述

　　《吕氏春秋》自编撰成书后，就受到学者们的关注，但因为秦朝短命的影响，汉代学者对《吕氏春秋》多是隐形的接受，直接称引评论的并不多。就秦汉时期《吕氏春秋》的接受情况而言，魏晋到清代只有零星评点，如宋人黄震在《黄氏日钞》中曾引蔡伯尹的话曰："汉兴，高堂生、后仓、二戴之徒取此书之十二纪为《月令》，河间献王与其客取其《大乐》、《适音》为《乐记》，司马迁多取其说为《世家》、《律历书》，孝武藏书以预九家之学，刘向集书以系《七略》之数。"[①] 清代学者章学诚在《校雠通义》中亦云："吕氏之书，盖司马迁之所取法也。十二本纪仿其十二月纪，八书仿其八览，七十列传仿其六论，则亦微有所以折衷之也。"[②] 两家指出了汉代著作如《月令》、《乐记》、《史记》、《七略》等对《吕氏春秋》的效仿与接受，惜多数论述较为简略，未作进一步的论证。

　　现当代有学者就《吕氏春秋》对秦汉政治、哲学、科技等方面的影响作了阐述，这里略举有代表性的几家。

　　任继愈在《中国哲学发展史》中说："《吕氏春秋》对于汉代经学，

---

① 转引自陈奇猷《吕氏春秋新校释》，上海古籍出版社 2002 年版，第 1850 页。
② 《校雠通义·汉志诸子》（第十四）。

包括董仲舒的神学，有巨大影响，两者有不解之缘……实际上他们很看重《吕氏春秋》书中的阴阳五行和天人感应学说。自十二纪纪首被编入《礼记》以后，以五行配四时，以政令配月令、天与人交相感应等思想，逐渐成为汉代儒学不可分割的组成部分。"①

牟钟鉴在《〈吕氏春秋〉与〈淮南子〉思想研究》中肯定了该书的历史地位，认为"它对于整个汉代的学术和哲学，乃至实际政治生活，都有重大的影响，这些影响都远远超出了汉初道家的范围……要了解先秦的学术史和哲学史，固然不可不读《吕氏春秋》；要了解秦汉的学术史和哲学史，尤其不可不深研《吕氏春秋》"。②

刘元彦在《吕氏春秋：兼容并蓄的杂家》中道："汉王朝政治方面的特点，是王道、霸道并用。汉宣帝曾说：'汉家自有制度，本以霸、王道杂之'，明确地道出了这一特点。'霸王道杂之'这个汉家制度，正是杂家《吕氏春秋》的特点。"③ 指出了汉代政治制度对《吕氏春秋》政治思想的接受。

李家骧在《吕氏春秋通论》中说："（《吕氏春秋》）开启封建社会学术思想发展的里程碑，吕书对于汉代学术思想的巨大影响和它承前启后的划时代的意义是不可忽视的。"④ 他在《中外"〈吕氏春秋〉学"评考综要》一文中又说："吕书影响汉以后的学术有几点：杂家书兴盛，汉时名政论家多仿吕书博采众长而成己见；宇宙论进而演化，《淮南》、王充均据吕书而发挥；天人感应观念更浓，到董仲舒更见完备系统；医学有发展，《黄帝内经》的观点名称都有见于吕书的；物候学有发展，后世《四民月令》之类等等著作都受吕书影响。"⑤ 李家骧不但指出了《吕氏春秋》对汉代政治、哲学思想的影响，同时还指出《吕氏春秋》对汉代其他思想像医学、物候学等的影响，启发我们从不同的视角去认识《吕氏春秋》的价值。

---

① 任继愈主编：《中国哲学发展史》（秦汉卷），人民出版社 1985 年版，第 74 页。
② 牟钟鉴：《〈吕氏春秋〉与〈淮南子〉思想研究》，齐鲁书社 1987 年版，第 108、113 页。
③ 刘元彦：《吕氏春秋：兼容并蓄的杂家》，生活·读书·新知三联书店 1992 年版，第 176 页。
④ 李家骧：《吕氏春秋通论》，岳麓书社 1995 年版，第 175 页。
⑤ 李家骧：《中外"〈吕氏春秋〉学"评考综要》（下），《湘潭大学学报》1999 年第 1 期。

洪家义在《吕不韦评传》中说："刘安全面效仿《吕氏春秋》而作《淮南子》。董仲舒的《春秋繁露》是《吕氏春秋》中阴阳五行、天人感应部分的扩大和发展，他如陆贾的《新语》，贾谊的《新书》，刘向的《说苑》、《新序》，其无不或多或少受到《吕氏春秋》的影响。"①

徐复观在《两汉思想史》中有《〈吕氏春秋〉及其对汉代学术与政治的影响》一文，重点分析了《吕氏春秋》中《十二月纪》在汉代的影响，分析甚为详尽，并且论述道："两汉人士，许多是在《吕氏春秋》影响之下来把握经学，把《吕氏春秋》对政治所发生的巨大影响，即视为经学所产生的影响；离开了《吕氏春秋》，即不能了解汉代学术的特征，这点却被人忽略了。所以为了打开探索两汉学术思想特性之门户，便应先从《吕氏春秋》所及于两汉学术与政治的影响开始。"②

王启才在《吕氏春秋研究》中专列一节就《吕氏春秋》对《史记》的影响做了分析，重点从学派归属、写作宗旨与取材标准、思想特点、结构体系、情节技法、语言运用等几方面进行了论述。③

王志成在《〈吕氏春秋〉中的音乐美学思想》一文中说："本文认为该书恰恰是一部承前启后的新体新说，如果从该书对董仲舒之'天人感应'说的成立和被视为'中国美学的开山祖'的《乐记》的重大影响来看，《吕氏春秋》其书更是功不可没。"④

以上诸家重点就《吕氏春秋》对汉代政治制度、哲学思想的影响作了阐述，有的也兼及科技思想。但细细分析，可以发现，"影响"与"接受"之间还是有差异的。总体说，谈及"影响"，多指影响者居于主动地位，被影响者则是被动的。而"接受"则不然，"接受"应该是后来者主动学习接受前人的成果，学习者处于主动的地位，在接受时也会根据自己的实际需要有所选择。从这一角度考察，前人对秦汉时期《吕氏春秋》接受视角的研究就少得可怜，目前见到的专门性论文有付浩宇的《〈吕氏春秋〉接受史概述》⑤，就秦代一直到当代《吕氏春秋》的接受情况作了概述，遗憾的是，论述十分简略，全文不足五千字。

---

① 洪家义：《吕不韦评传》，南京大学出版社 1995 年版，第 474—475 页。

② 徐复观：《两汉思想史》第二卷，华东师范大学出版社 2001 年版，第 1 页。

③ 王启才：《吕氏春秋研究》，学苑出版社 2007 年版。

④ 王志成：《〈吕氏春秋〉中的音乐美学思想》，《齐鲁艺苑》2002 年第 2 期。

⑤ 付浩宇：《〈吕氏春秋〉接受史概述》，《安徽文学》2008 年第 2 期。

二　研究意义

对《吕氏春秋》接受情况的研究具有重要的学术意义。

1.《吕氏春秋》是先秦文化的大总结，研究后代《吕氏春秋》的接受情况，有助于我们进一步探讨发掘先秦文化在后代的发展流变，进而考察中国思想文化在早期发展的特点与规律。

2.《吕氏春秋》又是战国时期秦文化、秦文学的代表，《吕氏春秋》的编撰，标志着战国时期多元的地域文化、地域文学逐步走向了统一文化、统一文学。研究后代《吕氏春秋》的接受情况，不但有助于我们了解秦文学的发展过程，同时还可以了解中国文化与文学由多元走向统一过程中的内在规律。

3.《吕氏春秋》中包含了许多不见于其他先秦古籍的内容，有的概念、内容在《吕氏春秋》中是第一次出现，如书中的乐律理论、农业思想等。另外，一些先秦古籍因秦代焚书而消失，其思想内容赖《吕氏春秋》得以保存，《吕氏春秋》是我们了解这些古籍、内容的重要依据。研究后代《吕氏春秋》的接受情况，对于我们考察这些思想内容的发展变化有重要意义。

三　研究思路与方法

后代对《吕氏春秋》的接受，突出的表现就是学者们对《吕氏春秋》直接的评价、称引、注释、研究等，这是我们考察后代对《吕氏春秋》接受情况的重点。

除了直接的、显形的接受外，后代学者对《吕氏春秋》还有一些隐形的接受，例如对《吕氏春秋》思想、结构等的吸纳，而这些隐形的吸纳却颇不易梳理。《吕氏春秋》杂家的性质，使得书中内容既有来自其他先秦古籍的部分，同时又有作者独创的部分。总的研究思路是，通过仔细梳理，将《吕氏春秋》中对他书吸收的内容与自己的独创部分相分离，就后代对《吕氏春秋》独创部分的接受情况做重点研究。

仔细比较研究《吕氏春秋》与其他先秦子书，可以发现，《吕氏春秋》有以下特点与成就：

1.《吕氏春秋》虽然综合了先秦诸子各派思想，但并不是简单的汇编杂凑，而是在服务于政治的宗旨下对各家做出取舍，其有利于政治的内容就吸收，对政治不利的因素就舍弃。以一定的宗旨与目的来综合各种学说，这是《吕氏春秋》的特点之一。

2.《吕氏春秋》在综合了各种学说后，还按照一定的思想原则进行了编排。具体就是以阴阳五行思想为指导，按照"春生夏长秋收冬藏"的理念来编撰各种材料。这样从全书看，是一个有机整体；从各部分看，各种学说又集中编排，保留了各种学说的完整性。全书虽然内容丰富，容量巨大，但结构完整，内容条理，层次清晰，没有丝毫的杂乱无序的感觉。独特的编排方式也是《吕氏春秋》的重要特点。

3.《吕氏春秋》中记载有许多不见于其他先秦古籍的内容，如书中对先秦时期农家思想以及田骈、慎到、邹衍等人思想的记录，对十二律生成方法、农业技术理论、物候现象的记载等，都不见于他书。而有些思想虽然也出现在其他先秦古籍中，但较为零散，没有形成系统的理论，其文献价值远不及《吕氏春秋》，如养生思想、二十八宿的名称与位置、十二乐律理论等。《吕氏春秋》为后代学者研究传播这些思想内容提供了重要的依据，有重要的文献价值。这也是《吕氏春秋》的特点与价值所在。

4.《吕氏春秋》在阐述政治、哲学等思想时还引用了许多寓言故事，这些寓言故事在后代被广泛引用，有的演变成了成语、俗语等，至今活跃在我们的语言中。《吕氏春秋》本身也有较高的独特的文学成就。《吕氏春秋》的寓言故事与文学成就也为后代学者提供了学习借鉴的内容。

对《吕氏春秋》直接的评价、称引、注释、研究加上以上四点，就是我们考察后代对《吕氏春秋》接受情况的主要切入点。

在具体研究时，从全面钩稽文献入手，将清理文献作为研究的基础与出发点，注重实证性。同时将文献考证与理论分析相结合，在认真考证文献的基础上，参照哲学、政治学、历史学、目录学、语言学、美学、农学、天文学、医学等相关学科理论，运用归纳、比较等方法进行分析总结。

研究中还遵循了文化研究的思路与方法。《吕氏春秋》是先秦文化的最后总结，意味着从文化角度开展研究更加符合实际情况。研究后代对

《吕氏春秋》的接受情况，需要将考察对象置于特定的文化背景之下，学者们吸纳了《吕氏春秋》中的哪些内容，舍弃了哪些内容，都与其所处社会背景有重要关系。因此，从文化角度对《吕氏春秋》的接受情况进行研究也是我们的重要方法。

第 一 章

《吕氏春秋》的编撰与成就

第一节 《吕氏春秋》的编撰时间与背景

一 《吕氏春秋》的编撰时间

《吕氏春秋》是战国晚期由吕不韦主持编写的一部综合各家学说、具有百科全书性质的政论书籍。司马迁《史记·吕不韦列传》中说吕不韦召集宾客编撰《吕氏春秋》的动机是为了给秦国争面子,以便与战国著名的四公子一争高下。当然,这只是表面的原因,其中还有更加深层的缘由,如为即将一统天下的秦帝国的建立和长治久安提供思想理论,吕不韦势力与秦始皇势力的斗争等。无论如何,这部著作是吕不韦在秦国时召集他门下的宾客编辑而成,写作的背景以及出发点也是以秦国为主,旨在为秦国的统治者提供治国方略。

自汉代起,《吕氏春秋》就受到关注。古今关于这部书的注释、考辨以及综述性质的专著与论文不计其数。但是,时至今日,许多关键性问题依然没有定论,如《吕氏春秋》的成书时间问题。

与其他先秦诸子书籍的确切编定成书时间难以考订不同,《吕氏春秋》中对成书时间作了明确的记载。《序意》云:"维秦八年,岁在涒滩,秋,甲子朔,朔之日,良人请问《十二纪》。"这里的"秦八年",据清代孙星衍考证,是从秦庄襄王灭周的第二年算起,八年后应该是秦始皇六年(前 241 年)。因为"涒滩"是申年,秦始皇六年正好就是申年,秦始皇八年是壬戌年,不是申年,与"涒滩"不合。① 但是《吕氏春秋》三部分是一次成书,还是分几次成书?对此,学者们分歧颇大。如牟钟鉴云:"《吕氏春秋》于吕不韦执政后期一次编纂而成,流传至今的《吕氏春

---

① 孙星衍:《问字堂集·太阴考》,骈宇骞点校,中华书局 1996 年版,第 22 页。

秋》，虽经过历代辗转抄传而出现若干讹误漏衍，但就其内容而言，即是当初布于咸阳市门而悬千金其上的那部书。"① 而陈奇猷又曰："《十二纪》确系成于秦八年即始皇六年，而《八览》、《六论》则成于迁蜀之后。"② 分歧产生的缘由有二：一、上引《序意》中载有良人问该书的主编吕不韦，只说到"良人请问《十二纪》"，并没有提到《八览》、《六论》。许多学者认为《序意》仅仅是《十二纪》的序，并不是全书的序。假如这一说法可以成立，则《十二纪》与《八览》、《六论》显然非成书于一时。二、司马迁在《报任安书》中说道："不韦迁蜀，世传《吕览》。"隐含的意思是《吕览》作于迁蜀之后。关于《吕氏春秋》的成书时间，我们从黄伟龙的观点，即《吕氏春秋》中《十二纪》成书最早，在秦始皇六年完成，而《八览》、《六论》次之，其成书时间在始皇六年之后的一年期间。③

二 《吕氏春秋》的编撰背景

《吕氏春秋》编撰于战国末期的秦国。前人谈及战国中晚期的秦国文化，多认为物质文化发展较快，精神文化却远不及东方国家。加之秦人尚武好战，商鞅变法压制文化的发展，秦始皇焚书坑儒，更使得后人形成了秦人重武轻文、秦精神文化落后的总体印象。如有学者指出："秦文化的实用性表现之三就是它在物质文明方面发达，在精神文明方面逊色……秦国的精神文明则远远落后于东方诸国。春秋战国时期是我国古代学术大繁荣的时代，然而秦国却没有产生一个真正的思想家和一个独立的学派。"④

与这一说法不同的事实是，战国晚期在秦国编撰了一部杂家著作——《吕氏春秋》。在《吕氏春秋》中，儒、道、墨、法、阴阳、兵等各家思想共存，甚至各派的一些分支也有著录，为我们全面了解先秦诸子思想提供了重要依据。除此之外，宇宙、自然、社会、历史、人生、逻辑、教育、农业、艺术、医药、天文等无所不包，有的理论达到了先秦最高成

---

① 牟钟鉴：《〈吕氏春秋〉与〈淮南子〉思想研究》，齐鲁书社 1987 年版，第6—7页。

② 陈奇猷：《吕氏春秋成书的年代与书名的确立》，见《吕氏春秋新校释》附录，上海古籍出版社 2002 年版。

③ 黄伟龙：《〈吕氏春秋〉研究》，博士学位论文，西北师范大学，2003 年。

④ 邱文山、张玉书、张杰、于孔宝：《齐文化与先秦地域文化》，齐鲁书社 2003 年版，第746页。

就，是先秦学术的一大集成。在精神文化较为落后、没有思想家的国家竟
然编撰了这样一部集各种思想文化为一体的巨著，这一现象不能不让人产
生疑惑，《吕氏春秋》是如何编撰而成的？

战国时期的秦国精神文化真落后于其他国家吗？仔细钩稽梳理相关文
献，可以发现，事实并非如此。事实上，战国中晚期的秦都咸阳是当时的
学术中心，这为《吕氏春秋》的编撰奠定了坚实的基础。《吕氏春秋》就
是在咸阳这一大的学术背景下编撰而成。关于《吕氏春秋》编撰背景的
形成，主要从战国时期秦国士人情况以及思想文化状况两方面进行讨论。

（一）战国时期秦国士人情况

李斯在《谏逐客书》中曰：

　　昔缪公求士，西取由余于戎，东得百里奚于宛，迎蹇叔于宋，求
邳豹、公孙支于晋。此五子者，不产于秦，而缪公用之，并国二十，
遂霸西戎。孝公用商鞅之法，移风易俗，民以殷盛，国以富强，百姓
乐用，诸侯亲服，获楚、魏之师，举地千里，至今治强。惠王用张仪
之计，拔三川之地，西并巴、蜀，北收上郡，南取汉中，包九夷，制
鄢、郢，东据成皋之险，割膏腴之壤，遂散六国之众，使之西面事
秦，功施到今。昭王得范雎，废穰侯，逐华阳，强公室，杜私门，蚕
食诸侯，使秦成帝业。此四君者，皆以客之功。由此观之，客何负于
秦哉！

李斯不但指出秦国重用客卿的几个重要时期，同时指出客卿对于秦国强盛
的重要作用。不论出身，不分贵贱，唯才是用，重用外来人才，这是秦国
自封国后一贯的用人制度。秦国是平王东迁时始立，立国时处境异常艰
难，平王赐给秦襄公的"岐以西之地"尚在犬戎手中，还常常遭受犬戎
的侵扰。恶劣的生存环境，使得秦国在人才选择上只能是唯才是用，而不
能像晋、鲁等国采用"尊尊亲亲"的世袭的用人原则。春秋战国时期秦
国各个国君都继承了这一用人制度。因此，在其他国家可以看到影响政局
的世家大族，秦国却没有出现这一现象。可以说，秦国偏居西北，最终能
够相继灭了六国统一全国，与秦国的用人制度有直接关系。

战国中后期，随着商鞅变法的成功，秦国势力的逐步东扩，秦国成为
了当时的头号强国。秦国在当时诸侯国中的这一地位，对士人无疑有着莫

大的吸引力，当时的士人纷纷从各国汇聚到秦国。战国晚期，秦都咸阳已经成为了当时最为繁荣的学术中心。

战国中晚期秦都咸阳学术中心的形成，主要经历了四个阶段。

1. 秦孝公时期（前361年—前338年）的二十余年间

这一时期是咸阳学术中心形成的开端。秦孝公时期一项重要的政令就是在孝公元年颁布了《求贤令》：

> 孝公元年……秦僻在雍州，不与中国诸侯之会盟，夷翟遇之。孝公于是布惠，振孤寡，招战士，明功赏。下令国中曰："昔我缪公自岐、雍之间，修德行武，东平晋乱，以河为界，西霸戎翟，广地千里，天子致伯，诸侯毕贺，为后世开业，甚光美。会往者厉、躁、简公、出子之不宁，国家内忧，未遑外事，三晋攻夺我先君河西地，诸侯卑秦，丑莫大焉。献公即位，镇抚边境，徙治栎阳，且欲东伐，复缪公之故地，修缪公之政令。寡人思念先君之意，常痛于心。宾客群臣有能出奇计强秦者，吾且尊官，与之分土。"①

商鞅就是在看到《求贤令》后自魏国入秦的。魏国当时文化较为发达，尤其是魏文侯（前445年—前396年在位）礼贤下士，魏国聚集了许多文人，成为当时的文化中心之一。魏国发达的文化显然对商鞅有很大影响，商鞅就是带着魏国李悝的《法经》入秦的，"（李）悝撰次诸国法，著《法经》六篇……商君受之以相秦"②。商鞅还曾师从鲁人尸佼，《汉书·艺文志·诸子略》"杂家"著录有《尸子》二十篇。班固注曰："名佼，鲁人，秦相商君师之。鞅死，佼逃入蜀。"可见，商鞅虽以法家著称，他对其他诸家思想也是熟悉的。商鞅见孝公，分别以帝道（道家）、王道（儒家）以及霸道（法家）游说孝公，也说明了这一点。

商鞅入秦后孝公任为左庶长，颁布了变法令。变法取得了巨大成功，商鞅也由左庶长升为大良造。商鞅最后虽然被杀，但是法家思想并没有随着商鞅的被杀而在秦国消失，反而由于变法的成功，法家思想在秦国得以正式确立。在商鞅的倡导下，秦国出现了一批商鞅的后学，《汉书·艺文

---

① 《史记·秦本纪》。
② 《晋书·刑法志》。

志》载"《商君》二十九篇"，属法家。又载"《公孙鞅》二十七篇"，属
兵权谋家。《荀子·议兵》："故齐之田单，楚之庄蹻，秦之卫鞅，燕之缪
蚳，是皆世俗所谓善用兵者也。"说明战国时人就认为商鞅不仅是法家人
物，也是兵家人物。学者们研究，《商君书》多数篇目并非出自商鞅之
手，但是出自商鞅后学是可以肯定的。这些篇目从内容看都是站在秦国的
立场，反映的是秦国的实际情况，因此都应该撰写于秦国。① 商鞅后学具
体情况虽然无从考知，但商鞅死后仍有大批的法家人物留在秦国是可以确
定的。

孝公时期见于史籍的文人还有商鞅的反对派甘龙、杜挚。他们的情况
史籍记载不多。关于甘龙，《史记·商君列传》中《索隐》曰："孝公之
臣，甘姓，名龙也。甘氏出春秋时甘昭公子带之后。"

孝公时期可考知的士人不多，但孝公颁布《求贤令》后从六国来到
秦国的文人一定不少。《求贤令》的颁布，拉开了咸阳学术中心的
序幕。

2. 秦惠王时期（前337年—前311年）的二十余年间

这一时期是咸阳学术中心形成的准备阶段。秦惠文王在位二十七年，
惠王时期延续了孝公时期的治国方略，秦国国力仍处于急速上升时期。凭
借强盛的国力，惠王踌躇满志，将惠文君改为惠文王，在秦国历史上首次
称王。

惠王时期秦国招揽的客卿数量更为庞大，这一时期活跃在秦国的主要
是法家、兵家、纵横家、墨家人物。纵横家张仪是惠王时期最重要的文
人，惠王时期在官职上最重要的变化就是国君之下设相，张仪就是秦国第
一个相。当时的许多大事件张仪都曾参与，如与公子华一起率兵攻魏，为
秦出使魏、楚、韩、齐、赵、燕等国，为人熟知的用商于六百里欺骗楚国
一事，张仪就是总导演。《史记》中专列《张仪列传》，《汉书·艺文志》
载张仪曾有《张子》十篇，汉武帝建元元年，"丞相绾奏：'所举贤良，
或治申、商、韩非、苏秦、张仪之言，乱国政，请皆罢。'奏可。"② 可见
其书在汉初犹存。

除张仪外，惠王时期的士人还有陈轸、公孙衍（犀首）、司马错、甘

---

① 张林祥：《〈商君书〉的成书与思想研究》，人民出版社2008年版。

② 《汉书·武帝纪》。

茂、乐池、管浅，冯章、寒泉子等。① 陈轸与张仪俱事惠王，曾为秦出使齐国，劝谏惠王对义渠戎采用安抚的办法使其归顺。公孙衍为魏之阴晋人，惠王时为大良造，张仪卒后入相秦，曾率兵攻魏。乐池，亦相秦惠王。

墨家人物在惠王时期非常活跃，秦墨是当时墨家三大分支中最重要的一支。如墨家之钜子腹䵍，惠王时居秦。唐姑果，亦为秦之墨者。东方之墨者谢子，曾西见惠王。田鸠，惠王时居秦三年。这些墨家人物对于秦国墨家思想的传播有重要意义。关于秦墨的相关记载，下文将有详述。

惠王时期打破了孝公时期法家占主要地位的局面，这一时期纵横家、兵家、墨家等人物也纷纷参与到秦国的政治生活中，为咸阳学术中心的形成以及《吕氏春秋》的编撰奠定了良好的基础。

3. 秦武王、秦昭王时期（前310年—前251年）约六十年间

这一时期是咸阳学术中心形成的前奏。武王在位三年，武王将惠王时期设置的相又分设左右相，如樗里疾、甘茂、屈盖等都曾任过武王时相。樗里疾为惠王弟，曾为秦出使周。甘茂，楚人，曾为秦出使魏、赵。屈盖亦为楚人。此外，惠王时期的冯章在武王时依然是重要文人，武王三年他出使楚。②

昭王在位五十六年，这一时期人才最为集中，就丞相论，就有樗里疾、向寿、魏冉、孟尝君、楼缓、芈戎、范雎、蔡泽、金受、寿烛、杜仓。③ 向寿，楚人，为宣太后外族，曾为秦出使魏、楚。魏冉，宣太后弟，任秦相共五次达二十五年之久，是秦相在位最长者。孟尝君为战国四公子之一，身边有不少门客，他在秦昭王时期虽然只任秦相一年，但这一时期齐国稷下学宫学术繁荣的余绪尚在，孟尝君及其门客必然会把齐国百家争鸣的学术思想带到秦国。范雎曾建议秦昭王对六国实行远交近攻的策略。芈戎为宣太后同父弟，昭王十一年使楚。蔡泽曾说范雎功

---

① 张仪、司马错事迹见《史记·张仪列传》与《战国策·秦策》，陈轸、公孙衍、乐池事迹见《史记·张仪列传》，甘茂事迹见《史记·甘茂列传》，管浅、冯章、寒泉子事迹见《战国策·秦策》。

② 樗里疾事迹见《史记·樗里疾列传》，屈盖事迹见《战国策·秦策》。

③ 魏冉、范雎、蔡泽、孟尝君事迹分别见《史记·穰侯列传》、《史记·范雎列传》、《史记·蔡泽列传》、《史记·孟尝君列传》，楼缓、金受事迹见《史记·秦本纪》，寿烛事迹见《史记·穰侯列传》，杜仓事迹见《韩非子·存韩》，芈戎事迹见《战国策·韩策》。

成身退。

昭王时期还出现了一批文臣武将，如公孙眜，昭王元年出使韩。司马错，昭王拜为客卿。白起，军事家，昭王时期的多次战役任将帅。司马蕲，司马错孙，事武安君白起。造，客卿，曾说穰侯。胡伤，卫人，昭王时为客卿。蒙骜，官至上卿。公子池，惠王之子，昭王之兄，昭王十一年使齐、韩、魏。姚贾，昭王时使魏。王稽，昭王时使魏，曾引荐范雎进见秦昭王。吕礼，齐康公七世孙，事昭王。冷向，秦臣。司马庚，秦大夫。许绾，秦臣，为宜阳令。韩春，秦大臣，曾说昭王取齐女为妻。庸芮，秦臣，曾说宣太后。①

荀子在昭王时期也来到秦国，他在秦国与范雎有一段谈话：

> 应侯问孙卿子曰："入秦何见？"孙卿子曰："其固塞险，形势便，山林川谷美，天材之利多，是形胜也。入境，观其风俗，其百姓朴，其声乐不流污，其服不挑，甚畏有司而顺，古之民也。及都邑官府，其百吏肃然莫不恭俭、敦敬、忠信而不楛，古之吏也。入其国，观其士大夫，出于其门，入于公门，出于公门，归于其家，无有私事也，不比周，不朋党，偶然莫不明通而公也，古之士大夫也。观其朝廷，其闲听决百事不留，恬然如无治者，古之朝也。"②

荀子对秦国的山川形势、民风民俗、都邑官府、朝廷制度、文武百官、市井下人等都作了评论，说明他在秦国并非短暂的逗留，应该是生活了较长的一段时间，才会对秦国有如此全面的了解。儒家大师来到秦国，推动了儒家思想在秦国的传播。

总之，昭王时期秦国统一天下的趋势日渐明朗，这一时期的秦国对六国士人具有更大的吸引力，一批文臣武士纷纷汇聚到秦国这个大的政治舞

---

① 公孙眜事迹见《史记·韩世家》，白起事迹见《史记·白起列传》，司马蕲事迹见《史记·太史公自序》，胡伤事迹见《史记·秦本纪》及《史记·穰侯列传》，蒙骜事迹见《史记·蒙恬列传》，造、公子池、韩春、庸芮事迹见《战国策·秦策》，姚贾事迹见《史记·韩非列传》、《战国策·秦策》及《史记·秦始皇本纪》，王稽事迹见《史记·范雎列传》，吕礼事迹见《史记·秦本纪》及《史记·穰侯列传》，冷向事迹见《战国策·韩策》，许绾事迹见《战国策·魏策》及《吕氏春秋·应言》。

② 见《荀子·强国》。

台，力求一显身手。从秦统治者而言，统一天下是秦人从未经历过的重大历史使命，也需要一批有识之士的辅佐，以便统一大业能够顺利进行，因此对士人的渴求超过了之前任何一个时期。可以说，昭王时期是咸阳学术中心形成的前奏。

4. 秦庄襄王到秦王政前期（前250年—前221年）约三十年间

这是战国晚期咸阳学术中心的形成期，也是《吕氏春秋》从酝酿到编辑成书的时期。

庄襄王时期以及秦王政前期主要是吕不韦当政，权倾一时的吕不韦身边必然聚集了大批士人。除了昭王时期的一批人依然活跃在这一时期外，重要士人还有李斯、尉缭、昌平君、昌文君、王翦、王贲、李信、蒙武、蒙恬、蒙毅、顿弱、中期、茅焦等。① 李斯为楚人，曾为相，秦始皇时的许多大事件李斯都是参与者。尉缭为战国末期重要思想家，曾游说过秦王政，《汉书·艺文志》载"《尉缭》二十九篇"，属杂家。兵形势家有"《尉缭》三十一篇"。昌平君为楚公子，秦王政九年，嫪毐作乱，秦王"令相国昌平君、昌文君发卒攻毐"，②《索隐》："昌平君，楚之公子，立以为相，后徙于郢，项燕立为荆王，史失其名。昌文君名亦不知也。"王翦及其子王贲俱为秦始皇时大将。蒙武为蒙骜之子，蒙恬、蒙毅为蒙武之子，蒙氏三代四人均为秦国重要将帅，尤其是蒙恬，史载其尝书狱，典文学。顿弱，始皇时使韩、魏、燕、赵。中期，曾与秦王政争论。茅焦，齐人，因嫪毐事向秦王进谏。

法家人物韩非也曾使秦，在韩非使秦前，他的作品早已流传到秦国，并得到秦王政的高度赞赏，《史记·韩非列传》："人或传其书至秦。秦王见《孤愤》、《五蠹》之书，曰：'嗟乎！寡人得见此人与之游，死不恨矣！'"韩非使秦后，李斯嫉妒韩非，逼迫韩非服毒自杀。

《吕氏春秋》是吕不韦召集门客编撰而成，史籍中还记载了吕不韦的两个门客。甘罗，甘茂孙，事文信侯吕不韦。司空马，三晋人，少事文信

---

① 李斯事迹见《史记·李斯列传》，尉缭事迹见《史记·秦始皇本纪》，王翦、王贲事迹见《史记·王翦列传》，李信事迹见《史记·王翦列传》以及《史记·秦始皇本纪》，蒙骜、蒙武、蒙恬、蒙毅事迹均见《史记·蒙恬列传》，顿弱事迹见《战国策·秦策》，中期事迹见《说苑·正谏》，茅焦事迹见《史记·吕不韦列传》。

② 《史记·秦始皇本纪》。

侯，为尚书。①

秦国还不乏其他方面的人才，如李冰为蜀守时修建了大型水利工程都江堰，韩国水工郑国入秦修建了郑国渠，可见秦国科技方面的成就。秦国还有相马专家伯乐、九方皋，秦简《日书》中有《马禖》篇，学者考证是中国最早的相马经。②《史记》还记载了被称为"秦倡侏儒"的艺人优旃。③《吕氏春秋》的内容包罗万象，堪称当时的百科全书，战国末期秦国士人的知识结构也说明当时秦国文化之丰富。

战国养士之风盛行，《史记·吕不韦列传》："当是时，魏有信陵君，楚有春申君，赵有平原君，齐有孟尝君，皆下士喜宾客以相倾。吕不韦以秦之强，羞不如，亦招致士，厚遇之，至食客三千人。"吕不韦门下尚有食客三千，其时秦国之士人数量应该远远大于这一数字，由此可见当时秦国人才聚集的盛况。

战国时期出现的秦国作品也证明了当时秦国士人的繁盛。目前能见到的战国中后期秦文学作品，除《吕氏春秋》外，还有《秦记》、《诅楚文》、《秦曾孙骃告华大山明神文》、《商君书》、《谏逐客书》、《南郡守腾文书》等，《诅楚文》与《谏逐客书》向来为人称颂，是文学史上难得的佳作。秦国下层社会也有文学作品出现，有些作品甚至具有追溯源流的重要文献价值，如睡虎地秦简中的《为吏之道》可与《荀子·成相》互证，从军士兵的两封家书是目前见到的最早的家书，放马滩秦简中的《墓主记》是目前见到的最早的志怪故事，有学者指出比《搜神记》早了五百多年。④ 这些都说明战国时期的秦国从上流阶层到下层社会，都有比较好的文化基础，说明当时秦国文人数量之庞大。

从孝公下诏《求贤令》始，到秦王政统一全国前夕，秦国在国力日渐强盛的同时，也吸引了许多士人，以上只就史籍所见重要士人做了梳理。这些士人多数为法家、兵家、纵横家人物，但也不乏其他方面的人才。有的本为秦人，大多数则为外来人士，他们在秦国活动时间长短不

---

① 甘罗事迹见《史记·甘茂列传》，司空马事迹见《战国策·秦策》。

② 贺润坤：《中国古代最早的相马经——云梦秦简〈日书·马〉篇》，《西北农业大学学报》1989 年第 3 期。

③ 李冰事迹见《风俗通》及《水经注》，郑国事迹见《史记·河渠书》，伯乐事迹见《韩非子·说林下》，优旃事迹见《史记·滑稽列传》。

④ 李学勤：《放马滩简中的志怪故事》，《文物》1990 年第 4 期。

一，共同促成了咸阳学术中心的繁荣。战国中后期咸阳学术中心的繁荣为《吕氏春秋》的编撰奠定了坚实的基础。

（二）史籍所见秦国思想文化状况

咸阳学术中心的形成，促进了战国中晚期秦国思想文化的发达。《吕氏春秋》的编撰，还与战国中晚期秦国思想文化的发达有关。下面分别论之。

1. 秦之墨家

《韩非子·显学》："自墨子之死也，有相里氏之墨，有相夫氏之墨，有邓陵氏之墨。故孔、墨之后，儒分为八，墨离为三。"《韩非子》中明确记载了墨子之后墨学曾离为三。墨家三派究竟有什么不同？《庄子》中作了简略说明，《天下篇》云："相里勤之弟子，五侯之徒，南方之墨者若获、己齿、邓陵子之属，俱诵《墨经》，而倍谲不同，相谓别墨；以坚白同异之辩相訾，以觭偶不仵之辞相应；以巨子为圣人。皆愿为之尸，冀得为其后世，至今不决。"现当代学者对墨学三派分布地域以及特点作了细致的考证，如蒙文通言："三墨者，即南方之墨、东方之墨、秦之墨。秦之墨为从事一派，东方之墨为说书一派，南方之墨为谈辩一派。"[①]

秦墨在秦惠王时期最为活跃，前引田鸠、谢子、唐姑果以及墨家钜子腹䵍在惠王时期都活跃于秦国。墨家钜子居秦，说明当时墨家在秦国影响之大。《吕氏春秋·去私》：

> 墨者有钜子腹䵍，居秦，其子杀人，秦惠王曰："先生之年长矣，非有它子也，寡人已令吏弗诛矣，先生之以此听寡人也。"腹䵍对曰："墨者之法曰：'杀人者死，伤人者刑'，此所以禁杀伤人也。夫禁杀伤人者，天下之大义也。王虽为之赐，而令吏弗诛，腹䵍不可不行墨者之法。"不许惠王，而遂杀之。

秦国从孝公开始，任用商鞅变法，变法的内容之一就是严刑罚，即"王子犯法与庶民同罪"。惠王为孝公子，这时法家思想在秦国确立时间并不长，变法内容还需要严格执行。但惠王却因腹䵍之故要赦免其子，并

① 蒙文通：《论墨学源流与儒墨汇合》，收入刘梦溪主编《中国现代学术经典·廖平蒙文通卷》，河北教育出版社1996年版，第584页。

且称腹䵍为先生，可见腹䵍深受惠王的礼遇与敬重，墨家在秦国地位非同一般。

墨家在秦国地位如此之重要，自然会吸引一些墨家人物进入秦国。《吕氏春秋·首时》："墨者有田鸠欲见秦惠王，留秦三年而弗得见。客有言之于楚王者，往见楚王，楚王说之，与将军之节以如秦，至，因见惠王。"《淮南子·道应训》也有记载，文字略异。高诱注："田鸠，齐人，学墨子术。"田鸠属东方之墨无疑。《汉书·艺文志》载有《田俅子》三篇，《绎史》："田鸠即田俅。"田鸠有著作传到汉代，在当时应为墨家重要人物。遗憾的是，田鸠居秦三年欲见惠王而弗得见，田鸠在秦国停留三年之久等待惠王的接见，也说明当时秦国墨学在战国时期各国影响巨大。

《吕氏春秋·去宥》又载：

> 东方之墨者谢子将西见秦惠王。惠王问秦之墨者唐姑果。唐姑果恐王之亲谢子贤于己也，对曰："谢子，东方之辩士也，其为人甚险，将奋于说以取少主也。"王因藏怒以待之。谢子至，说王，王弗听。谢子不说，遂辞而行。

此事又见《淮南子·修务训》、《说苑·杂言》，唐姑果又作唐姑梁、唐姑等，谢子又作祁射子。高诱注："唐姓，名姑梁，秦大夫。"当东方之墨者谢子将见秦惠王时，惠王征求唐姑果的意见，并最终采纳了唐姑果的意见，足见唐姑果深得惠王的信任。东方之墨者田鸠与谢子在秦国都遭到排斥，可见《韩非子·显学》载墨子之后墨学三个分支之间分歧很严重，它们已经属于不同集团，很难融合。

秦墨还有著作传世，今传《墨子·备城门》以下诸篇，不少学者考证就应该出自秦墨者之手。如蒙文通通过将《墨子》中《备城门》、《号令》等篇与秦法和秦国官制相比较，认为："自《备城门》以下诸篇，备见秦人独有之制，何以谓其不为秦人之书？……推而明之，其为秦墨之书无惑也。"①

《吕氏春秋》中《去私》、《节丧》、《安死》、《当染》等篇都反映的

---

① 蒙文通：《论墨学源流与儒墨汇合》，收入刘梦溪主编《中国现代学术经典·廖平蒙文通卷》，河北教育出版社1996年版，第587页。

是墨家思想，这些篇章应该就是居秦的墨家后学所作。

墨家思想还渗透到了秦国的政治、军事、法律思想中，是秦国立国思想的重要组成部分。上引腹䵍一段中腹䵍没有听从惠王的一片好意，而是坚决杀了自己的儿子，就颇有法家的作风，墨家钜子执法之严格于此可见。《墨子》中有关内容也反映了墨法之间的相似之处。如《墨子·号令》："奸民之所谋为外心，罪车裂。""四面之吏亦皆自行其守，如大将之行，不从令者斩。诸灶必为屏，火突高出屋四尺，慎无敢失火，失火者斩其端，失火以为事者车裂。伍人不得，斩；得之，除。救火者无敢讙哗，及离守绝巷救火者斩。其正及父老有守此巷中部吏，皆得救之。部吏亟令人谒之大将，大将使信人将左右救之，部吏失不言者斩。诸女子有死罪及坐失火皆无有所失，逮其以火为乱事者如法。""归敌者，父母、妻子、同产皆车裂。先觉之，除。当术需敌，离地，斩。伍人不得，斩；得之，除。""其以城为外谋者，三族。"

以上引文中提到的三族、车裂等，均是秦之重法。引文语言风格也与《商君书》、睡虎地秦简语言如出一辙，颇有法律条文斩钉截铁、冷酷无情之风格。三族之法，秦国古已有之，《史记·秦本纪》载，秦文公二十年（前746年），"法初有三族之罪"。而车裂之法，不见于《商君书》以及睡虎地秦简，应来自于秦墨之法。郭沫若曾指出："墨者与秦王既相得，我们要说秦法之中有墨法参入，总不会认为是无稽之谈吧。"[1] 认为墨法是秦立国思想的重要组成部分，这是很有见地的。这不仅进一步证明战国后期秦国是墨家的重要活动中心，而且说明秦国的法律深受墨家的影响。

2. 秦之道家

秦国也出现了道家人物。《列子·汤问》："唯黄帝与容成子居空峒之上。"容成子据称是老子之师，《列仙传》："容成公者，自称黄帝师，见于周穆王……事与老子同，亦云老子师也。"容成子籍贯不可考，但他居住的崆峒山，近于秦地。《庄子·寓言》又载："老聃西游于秦。"《列仙传》也有相关记载。老子西入秦的时间，赵逵夫先生考证应是在前501年前后，"老子当生于前570年前后，至其入秦之时，已七十来岁。我以为他应是在彻底厌倦了当时的社会之后，从人生的方面考虑问题，一方面

---

① 郭沫若：《青铜时代》，科学出版社1957年版，第179页。

希望逃避在耄耋之年死于刀兵；另一方面想进一步了解秦地所传重生、养生的思想。"老子晚年入秦后还收授门徒，杨朱就是老子晚年所收弟子。《庄子·应帝王》："阳子居见老聃。"《山木》有"阳子之宋"，成玄英疏："姓杨名朱，字子居，秦人也。"阳子居即杨朱。秦地另一个与老子有关的人是秦失。《庄子·养生主》："老聃死，秦失吊之，三号而出。"学者们考证秦失也是秦人，其思想与老子有一致之处。《庄子·齐物论》、《人间世》等篇中提到的南郭子綦（也作南伯子綦），也为秦人。孙以楷等学者考证南郭子綦是庄子的老师。赵逵夫先生就秦地出现众多的道家人物总结道："我认为从春秋时代开始，秦地就有一种重生的观念，这种观念因为老子思想的影响进一步理论化，成为后来老子思想承传者所张扬的思想中一个重要的内容，而这一内容又成了后代道教思想产生的獭孽。"①

赵逵夫先生认为从春秋时代开始，秦地就有一种重生的观念，甚有见地。关于秦地盛行重生养生观念，还可以从其他方面得到证实。

秦国医学水平在春秋时期就已经为各国之冠，连当时的北方霸主晋国也要去秦国求医。《左传·成公十年》载："医缓者，秦人也……晋景公疾病，求医于秦。公使缓为之。"而秦景公时的医和，在为晋平公诊断时的一番话已经触及许多医学中的基本理论原则。

> 晋侯求医于秦，秦伯使医和视之，曰："疾不可为也，是谓近女，室疾如蛊。非鬼非食，惑以丧志。良臣将死，天命不佑。"公曰："女不可近乎？"对曰："节之。先王之乐，所以节百事也，故有五节；迟速本末以相及，中声以降。五降之后，不容弹矣。于是有烦手淫声，慆堙心耳，乃忘平和，君子弗听也。物亦如之。至于烦，乃舍也已，无以生疾。君子之近琴瑟，以仪节也，非以慆心也。天有六气，降生五味，发为五色，征为五声。淫生六疾。六气曰阴、阳、风、雨、晦、明也，分为四时，序为五节，过则为菑：阴淫寒疾，阳淫热疾，风淫末疾，雨淫腹疾，晦淫惑疾，明淫心疾。女，阳物而晦时，淫则生内热惑蛊之疾。今君不节、不时，能无及此乎？"②

---

① 赵逵夫：《论老子重生思想的源流与道教思想的孕育》，《兰州大学学报》2007 年第 4 期。

② 《左传·昭公元年》。

《国语·晋语八》亦载此事，略异。医和将阴阳、六气与疾病相联系，开了《内经》中病因、病理学的萌芽，"他是见载于书的把阴阳和医学联系的第一位医家"。①《吕氏春秋》中的《尽数》一篇，就是对医和理论的继续发展，中医学的奠基之作《内经》中的许多基本概念和论点，就是由医和与《尽数》中的观点发展而来的。可以说，医和的理论是中医学理论探讨的开始，虽然还显得有些简单，但毕竟是从单纯的就医论医向更加系统化、理论化、实质化的研究迈出了可贵的一步，为后来的探索指出了方向。阴阳、五行、六气之说是中国传统文化的核心，许多学科中的观点如天文历法、音乐、地理等都由此生发，医和将自己的理论纳入中国传统文化的大系统中，可见秦国医学之成就。

名医扁鹊也曾入秦，"扁鹊名闻天下。过邯郸，闻贵妇人，即为带下医；过雒阳，闻周人爱老人，即为耳目痹医；来入咸阳，闻秦人爱小儿，即为小儿医：随俗为变。秦太医令李醯自知伎不如扁鹊也，使人刺杀之"②。扁鹊为齐国人，他经邯郸，过洛阳，最后入咸阳，说明他这次旅程的目的地就是咸阳。扁鹊不远万里来到秦地，与其久闻秦地发达的医学不无关系。

秦国医学的发达，与重生观念有直接关系，重生的观念，推动了秦国医学的发展。医学、重生养生思想又吸引了道家人物来到秦国，推动了秦道家的发展。

3. 秦之天文历法与五行思想

20世纪以来有大量的秦简出土，这些秦简中除了法律文书外，数量最多的就是有关选择时日吉凶的数术书《日书》了。目前出土的秦简《日书》主要有两种，一种是1975年出土于湖北云梦县睡虎地十一号秦墓的睡虎地秦简《日书》甲、乙种，另一种是1986年出土于甘肃天水市北道区党川乡放马滩一号秦墓的放马滩秦简《日书》甲、乙种。睡虎地秦简抄写于秦昭王时期（前306年—前251年），放马滩秦简主要抄写于秦代。

从事推择时日吉凶的人被称为日者，日书就是日者用来决凶择吉的工

① 赵石麟：《春秋战国时期秦医学的历史地位》，《陕西中医》1989年第2期。
② 《史记·扁鹊仓公列传》。

具书。《史记》中褚先生补记《日者列传》，但所记录者均为汉代人。《汉书·艺文志》数术类中也记载了大量日书，可惜大都已经亡佚。对于汉代之前的日书情况史籍记载很少，秦简《日书》为我们了解这些书籍提供了珍贵的资料。

睡虎地十一号秦墓墓主喜曾做过令史等小官，他将日书作为随葬品，足见当时人对日书之重视。《史记·秦始皇本纪》载，秦始皇时曾云："吾前收天下书不中用者尽去之，悉召文学方术士甚众，欲以兴太平，方士欲练以求奇药。"秦始皇曾广召方术士，说明秦代方术士颇受礼遇。秦始皇焚书，"所不去者，医药卜筮种树"，由此也看出方士在当时影响之巨大、数术之盛行。

秦简《日书》中有相当的内容是有关历法及家事的，反映了当时秦国下层社会的文化水平。从《日书》记载看，当时秦国民间文化水平远远超出人们之前的认识。放马滩秦简中记载的内容除了门忌、日忌、占卦、巫医等内容外，还出现了月忌，即说明一年十二月中每月应该做什么，不可做什么。① 如"正月东方，四月南，七月西方，十月，凡是是咸池会月矣。不可垣其乡（向）；垣高厚，死。取谷、兵，男子死；谷坏，女子死"。② 《吕氏春秋》中《十二纪》每篇之前都有一段有关时令的文字，文字内容与《礼记·月令》很相似，这些与《日书》中载月忌作用、性质一致，前后渊源关系十分明显。

择日总是与天文历法相配合禁忌，日书通常会吸收天文、历谱、杂占等思想。《日书》中已经出现了二十八宿星座的名称以及运行情况的记载，睡虎地秦简《日书》"玄戈"篇详细排列了一年十二个月中二十八宿与地支十二辰的对应变化顺序，以星宿表示吉凶，如"十月，心、危、营室大凶，心、尾致死，毕、此（觜）觿大吉，张、翼少吉，招（招）榣（摇）（系）未，玄戈（系）尾"。③ 秦人还将一天分为十六个时辰："平旦生女，日出生男，夙食女，莫（暮）食男，日中女，日西中男，昏则女，日下则男，日未入女，日入男，昏女，夜莫（暮）男，夜未中女，

---

① 李零称之为"月讳"，见《中国方术考》（修订本），东方出版社 2001 年版，第 43 页。
② 吴小强：《秦简日书集释》，岳麓书社 2000 年版，第 283 页。
③ 同上书，第 45 页。

夜中男，夜过中女，鸡鸣男。"① 十六时辰分别为平旦、日出、夙食、暮食、日中、日西中、昏、日下、日未入、日入、昏、夜暮、夜未中、夜中、夜过中、鸡鸣，其中"昏"出现两次疑为抄写之误。

当时人还观测到一年中白天黑夜的长短比例，如放马滩秦简《日书·甲种》载：

> 正月，日七夕九，二月，日八夕八，三月，日九夕七，四月，日十夕六，五月，日十一夕五，六月，日十夕六，七月，日九夕七，八月，日八夕八，九月，日七夕九，十月，日六夕十，十一，日五夕十一，十二月，日六夕十。②

睡虎地《日书·乙种》中也有类似记载。这段文字意思是说，正月，一天白昼是七分，夜晚是九分；二月，一天白昼是八分，夜晚也是八分等。一年中，以五月日最长夜最短，以十一月日最短夜最长。

放简《日书·乙种》中出现了用十二地支与动物相配的文字，分别为子鼠、丑牛、寅虎、卯兔、辰虫、巳鸡、午马、未羊、申猴、酉鸡、戌犬、亥豕③，十二种动物与现在十二生肖大体相似。甲种中也有类似记载。这些记载对我们了解十二生肖之源流演变有重要意义。

秦简《日书》中还记载了五行思想。秦始皇时期用五德始终说，德水，尚黑，改十月为岁首，秦始皇的这一改制，学者多认为是接受了齐人邹衍的五德相胜学说。事实上，在邹衍五德始终说传入秦国前，秦国民间就已经出现了五行思想。睡虎地秦简中两处提到五行概念，《日书·甲种》："金胜木，火胜金，水胜火，土胜水，木胜土。东方木，南方火，西方金，北方水，中央土。"④《日书·乙种》"十二月"中有"丙丁火，火胜金；戊己土，土胜水；庚辛金，金胜木；壬癸水，水胜火；丑巳金，金胜木。未亥胜土；辰申子水，水胜火"。⑤ 放马滩秦简《日书·乙种》：

---

① 吴小强：《秦简日书集释》，岳麓书社 2000 年版，第 262—263 页。
② 同上书，第 182 页。
③ 同上书，第 267—268 页。
④ 同上书，第 156 页。
⑤ 同上书，第 210 页。

"土生木，木生火，火生土，土生金。"① 这些记载说明战国后期秦人已经掌握了五行之间相生相胜的关系。五行思想贯穿于《日书》中许多章节，日者往往按照五行的观点和逻辑来解说吉凶。饶宗颐就曾指出"秦人已用十二律吕配五音、五行以占出、行之休咎"。②

秦简《日书》的出土为我们展现了战国后期秦国下层社会文化发展的水平。如果说睡虎地秦简《日书》呈现的还是秦楚文化杂糅融合的特质与现象，还有楚文化因素的话，放马滩秦简《日书》呈现的就是纯秦文化的特征了。从简文看，战国晚期的秦文化并不落后于其他国家文化，秦国在天文历法等方面已经达到了较高的成就。

4. 秦之儒家、兵家

《史记·仲尼弟子列传》有"秦祖字子南"、"壤驷赤字子徒"之记载，《集解》俱曰："郑玄曰秦人。"这是秦国有儒家人物的明证，在尚功利的秦国出现儒家人物，颇为难得。

秦国还出现了战国后期最著名的军事家白起、王翦，二人俱为秦人。司马迁高度赞扬二人，称赞白起"善用兵"，称赞王翦"少而好兵"。在秦国统一六国的战争中，白起、王翦起了重要作用。古今学者认为战国时期秦精神文化落后的原因是秦国没有产生思想家，没有产生影响深远的著作。就兵学思想而言，秦国没有产生重要的军事著作，但是这并不意味着秦人没有掌握军事理论、秦人不善于带兵作战，秦先后灭亡六国雄辩地说明了秦人是精于兵学的。秦人之所以很少将他们的作战经验与军事理论书之竹帛，与秦人尚实用的风习有关。注重实践能力，忽视理论的提升、总结与整理，是导致秦人理论著作缺乏的主要原因。严耕望就指出："秦之白起、王翦皆名将，善用兵，而不传书说，盖秦人尚质，见之行事，不托之于文辞与?"③

除法家外的其他思想也存在于秦国，还可以有其他佐证，《史记·秦本纪》载：

---

① 吴小强：《秦简日书集释》，岳麓书社 2000 年版，第 284 页。

② 饶宗颐：《秦简中的五行说与纳音说》，收入《古文字研究》（第十四辑），中华书局1986 年版，第 261—280 页。

③ 严耕望：《战国学术地理与人才分布》，收入《中国史学论文选集》（第三辑），台北幼狮文化事业公司 1979 年，第 225—270 页。

（秦昭襄王）二十一年……赦罪人迁之……二十六年，赦罪人迁之穰……二十七年，错攻楚。赦罪人迁之南阳……二十八年，大良造白起攻楚，取鄢、邓，赦罪人迁之……孝文王元年，赦罪人，修先王功臣，褒厚亲戚，弛苑囿……庄襄王元年，大赦罪人，修先王功臣，施德厚骨肉而布惠于民。

昭王到庄襄王时期的几次大赦罪人，庄襄王时期的"施德厚骨肉而布惠于民"，这些与法家思想都格格不入，反而更接近于儒家、道家思想。这些政令的颁布也说明儒家、道家思想在战国时期的秦国是存在的，有时甚至影响到国家政令。

秦国出土文献也反映了这一现象。睡虎地秦简中有《为吏之道》一篇，关于本篇之作时，学者们考证，《为吏之道》中有"则"、"正"，不避秦昭王、秦王政讳，其抄写应在孝文王、庄襄王时。[①]从内容看，《为吏之道》是对当时基层官吏进行教育的教科书。反映的思想较为复杂，有儒家、道家、法家等成分，具有融合诸家的鲜明倾向，说明了当时官吏精神世界之丰富。如对官吏有关规定的一段：

以此为人君则鬼，为人臣则忠；为人父则慈，为人子则孝；能审行此，无官不治，无志不彻，为人上则明，为人下则圣。君鬼臣忠，父慈子孝，政之本也；志彻官治，上明下圣，治之纪也。[②]

此段明显反映的是儒家思想。秦国以儒家的行为准则来教导官吏，这与人们通常了解的与夷狄同俗、"虎狼之国"、落后野蛮、好战剽悍的秦人截然不同。文中其他文字如"怒能喜，乐能哀，智能愚，壮能衰，勇能屈，刚能柔，仁能忍，强良不得"又近于道家思想，"审当赏罚"、"敬上勿犯"等句又有法家的影子。总体来说，《为吏之道》中反映儒家、道家思想较为突出，法家却居次要位置。

李斯在《谏逐客书》中列举了秦王享用的许多"娱心意，悦耳目"的宝物都来自山东六国，可以设想秦国在吸收这些宝物时，六国思想文化

---

①　赵逵夫主编：《先秦文学编年史》（下），商务印书馆 2010 年版，第 1289 页。

②　睡虎地秦墓竹简整理小组：《睡虎地秦墓竹简》，文物出版社 1978 年版，第 285 页。

也会随着这些宝物与士人传入秦国。

由上可知，除法家外，儒家、道家、墨家、兵家等思想在秦国都曾存在，有的还对后代产生了重要影响，秦国医学也居各国之首。战国晚期秦国精神文化与科学技术已经达到一定水平。《吕氏春秋》中熔汇诸家学说为一炉，为《汉书·艺文志》所载而已散佚的战国诸家学说，大多数都能在《吕氏春秋》中找到一些片段，《吕氏春秋》是秦国学术大繁荣的标志。

战国时期秦国士人数量与结构表明战国中晚期秦都咸阳已经成为当时的学术中心。战国后期，秦在思想文化方面也达到全国的先进水平。秦国已经具备了编撰一部汇聚各家思想、具有百科全书性质的著作的条件，《吕氏春秋》就是在这样的背景下编撰而成。

第二节　《吕氏春秋》的编撰意义

东汉高诱评《吕氏春秋》"大出诸子之右"，章学诚曾经说："吕氏将为一代之典要。"① 两家对《吕氏春秋》评价甚高。《吕氏春秋》的编撰，在秦文化以及先秦文化的发展中有重要意义。

一　《吕氏春秋》在秦文学、秦文化中的意义

将《吕氏春秋》放到整个诸子散文中看，其文学成就虽不及《庄子》、《韩非子》、《荀子》，但是远比《论语》、《墨子》、《尉缭子》等富有文采。该书文风平实畅达，朴实明快，为战国秦文学画上了圆满的句号。

战国时期秦文学较之春秋时期，数量有了增加，但是依然缺少成系统的著作。出土文献中除两篇祝祷文以及《为吏之道》外②，其他文学性较明显的篇章寥寥无几；传世文献中《商君书》因质木无文历来不被文学家重视。可以说，这一时期秦文学以《吕氏春秋》在后代影响最大。尤

① 章学诚：《文史通义校注》，叶瑛校注，中华书局1985年版，第171页。

② 战国时期秦国的两篇祝祷文是《诅楚文》与《秦曾孙骃告华大山明神文》。前者见郭沫若《石鼓文研究诅楚文考释》，科学出版社1982年版；后者见王辉《秦曾孙骃告华大山明神文考释》，《考古学报》2001年第2期。《为吏之道》见《睡虎地秦墓竹简》，文物出版社1978年版。

其是书中所记载的近三百则寓言，有的在后代广为流传，有的甚至还活跃在今天的语言中。《吕氏春秋》成为继《秦风》、《石鼓文》之后秦文学的又一高峰。刘勰称"吕氏鉴远而体周"①，信矣。

《吕氏春秋》还是战国晚期秦文化的大总结。历来提到秦国，人们自然首先会想到法家思想。然而，除法家外，其他诸子思想也在秦国得到了一定程度的发展。在《吕氏春秋》中，各家思想共存，甚至各派的一些分支也有反映，为我们全面了解先秦诸子思想提供了重要依据。除此之外，宇宙、自然、社会、历史、人生、逻辑、教育、农业、艺术、医药、天文等无所不包，有的理论达到了先秦最高成就，是先秦学术的一大集成。秦国文化从建国伊始就体现出多元性和开放性的特点，《吕氏春秋》就是这一特点的最好说明。

《吕氏春秋》历来被归入杂家。"杂"并非杂编、杂凑、汇编，而是有一以贯之的指导思想，那就是实用，是否能够服务于政治是作者们取舍材料的基本标准。正如有的学者指出："它继承了儒家的'德政'、'重民'思想，却摒弃了其繁琐的礼节，不切实际的说教；它吸收了法家'变法'、'耕战'的主张，却反对一味强调'严刑峻法'；它选取墨家'节葬'、'用贤'、'尚俭'之说，却摒弃'明鬼'、'非攻'、'非乐'的主张；它选取道家法自然的思想，却抛弃其以自然排斥社会的主张。"②吕本中也从寓言的角度说明："如果跨越学派界限，把《吕氏春秋》寓言作为一个整体来审视，我们就会发现，《吕氏春秋》寓言重点阐明三个方面的道理：一是治国，二是处世，三是养生。而且这三个方面都围绕着一个中心展开，这个中心就是政治。也就是说，在一部《吕氏春秋》中，所有寓言故事，无论作者属于何家何派，但在对人物和事件进行评价时，都是从政治角度来阐明道理，或者点明寓意的；文章的思想理论指向，不仅是哲学的，道德的，而更重要的是政治的。"③综合百家，取各家所长，共同为即将建立的大一统政治服务，《吕氏春秋》的编撰活动不但回应了秦国统一的时代主题，更是直接服务于秦国实现统一的政治意图。因此，与其说《吕氏春秋》是一部杂家类子书，不如说是一部政治理论著作更

---

① 《文心雕龙·诸子》。
② 王启才：《吕氏春秋研究》，学苑出版社 2007 年版，第 29 页。
③ 吕本中：《先秦寓言史》，河南大学出版社 2001 年版，第 290—291 页。

为确切。编撰目的决定了该书具有强烈的事功精神和实用主义，这与秦文化的核心价值观——实用性、功利性相统一。《吕氏春秋》正是在继承秦文化的核心价值取向的基础上吸收、改造东方文化，为其所用。

《吕氏春秋》虽对各家内容进行了一定的取舍，但是并没有彻底打乱各家的思想体系。章学诚曾言："《吕氏春秋》，先儒与《淮南鸿烈》之解同称，盖谓集众宾客而为之，不能自命专家，斯固然矣。然吕氏、淮南，未尝以集众为讳，如后世之掩人所长以为己有也。"① 书中对各家之间相抵牾甚至相攻击之说均予以保留，各家体系都相对完整。这一特点的形成得益于该书巧妙的编撰方法。《吕氏春秋》有明确的编撰体例和写作要求，书中大到《十二纪》、《八览》、《六论》，小到每一部分内部的体例，都有周密的安排，统一的规划，构思精巧，体制宏大。如《十二纪》就是按照"春生夏长秋收冬藏"的理念进行编排。为了体现这一理念，作者们采用的是每一主题集中编排的方式。如有关养生的篇章就集中出现在《孟春纪》和《仲春纪》，既符合春生的总的要求，又使得有关养生的篇章集中出现，没有割裂、杂乱之感。同样，有关音乐的内容在《仲夏纪》和《季夏纪》，有关战争杀伐的篇章在《孟秋纪》和《仲秋纪》，有关节葬的文字在《孟冬纪》等。这样，全书虽然思想体系不一，却并不杂乱，而是井然有序，浑然一体。有学者指出《吕氏春秋》具有类书的一些特点，对后代类书的编撰产生了影响，这有一定道理。需要说明，《吕氏春秋》虽然已经具备了类书的编排思想，但是本书并不是类书，而是一部政书，其体例远比类书系统，而体现的思想更非类书可比。学者称"它上承先秦诸子学说之余绪，并远溯上古三代官学之旧，而开秦汉学术新思潮之先河"②，并不为过。

《吕氏春秋》是我国古代第一部有组织、有计划、由多人合作编撰的大型学术著作，就中国散文史、文章学角度讲，这种组织严密，明确地自定书名，百科全书式的著作，在先秦首推此书。在古代书籍的编辑史以及学术史上，其地位不可忽视。程千帆对《吕氏春秋》的结构甚为赞誉：

> 荀韩之文……篇之观念成立，然尚未尝自集诸篇以为一书。及吕

---

① 章学诚：《文史通义校注》，叶瑛校注，中华书局 1986 年版，第 170—171 页。
② 周桂钿、李祥俊：《中国学术通史》（秦汉卷），人民出版社 2004 年版，第 13—14 页。

不韦门客，始合八览、六论、十二纪以为吕氏春秋，系统分明，而书之观念乃定。章进为篇，篇更进为书，遂为先秦诸子书最完密之形式，此则吕氏春秋对于文体衍进之贡献，而为读者所不甚注意也。①

由上述《吕氏春秋》的成就不难看出战国晚期秦文化所达到的高度。随着秦在政治上即将统一，在文化上秦人大量吸取了有利于自身发展的其他六国文化，咸阳成为继稷下学宫之后又一学术中心。在服务于政治这一中心的统摄下，各家思想在这里有了一次综合，为建立秦帝国提供了思想准备和理论纲领。如果说稷下学宫的学术文化主要是百花齐放，以完善自家学说为目的，这时秦国的学术文化活动则是百家文化在碰撞后的融合。

二　《吕氏春秋》在诸子学发展中的意义

诸子学说的融合并不始于《吕氏春秋》，如《管子》以法家为主融合了道家、名家、兵家、阴阳家，荀子以儒家为主糅合了法家思想。先秦诸子面对的是相同的社会现实，讨论的都是相近的问题，因此各家在争鸣的同时，也可以相互吸收。到战国晚期，各家各派之间已经不像以前一样泾渭分明，而是或明或暗地接受别家学说。战国中晚期以后，不但诸子学说出现取长补短，吸取其他学说以完善自我的趋势，而且还出现了一些对各家学说进行总结、梳理、批判的专门性篇章，如《庄子·天下》、《荀子·非十二子》、司马迁父子的《论六家要指》、刘向父子的《七略》等。但是《管子》、荀子是以一家为主，吸收其他思想，有较为明确的学术渊源、立言宗旨与派别归属。而《天下》、《非十二子》等又是从学术上作的总结批判，并没有在剖析各家优劣基础上综合各家所长而提出新的理论体系。《吕氏春秋》则不然，它一方面保留了各家的思想宗旨与体系；另一方面又从政治的角度出发，对各家做出了一定的取舍，同时还在此基础上有所创新，如教育、音乐、农业、养生等方面的思想都较先秦其他古籍系统，对一些具体问题也有不少独到的见解。该书的编撰实际是欲尝试解决两个问题：一、解决先秦诸子学派之间的相互冲突；二、利用学术为政治服务，解决学术如何为政治服务的问题。尽管这种尝试因为种种原因

---

① 程千帆：《先唐文学源流论略》（之二），《武汉师范学院学报》1981 年第 2 期。

（主要是吕不韦与秦始皇之间的思想冲突）在吕不韦被迫自杀后宣告流产，未能在政治生活中得以实践，但是这种不主一家、广泛综合各家学说从而为政治服务的尝试，却真正开启了后代学术与政治紧密结合的先河（《吕氏春秋》之前法家学说也与政治相结合，但法家是主动迎合政治，《吕氏春秋》则是从政治的角度出发综合学说，相比而言，后者更具有政治自觉性，与政治结合更为紧密）。汉初黄老思想、汉武帝时独尊儒术，就是这一尝试的继续发展。从此，学术成为统治者进行统治的思想工具，政治主宰了学术的命运，学术的发展并不主要取决于社会的实际需要，而是取决于统治者的需要。在政治权威的干预下，学术不再是百花齐放，中国学术文化大发展的"轴心时期"，先秦百家争鸣的繁荣时代宣告结束。《吕氏春秋》的编撰同时也预示着先秦多元的地域文化向一元的帝国文化的转变，成为封建社会学术发展的里程碑。在中国漫长的封建社会，再没有出现像战国这样言论自由、学派林立、群星闪耀的时代。

《吕氏春秋》能以较为自觉的态度跟随时代和文化发展的潮流，非但不拘泥于一个学派，而是有意识地破除学派成见，具有汇千江万河以成大海的气魄，它在先秦诸子面前采取了择善而从的态度，不掩前人之长，不夺他人之功以增己誉，对于前人积极肯定者多，批评贬抑者少，以继承和发扬为主。这与战国初中期诸子之间互相攻击贬损形成明显对比。《吕氏春秋》这种对待先秦诸子的态度，毫无疑问是正确的。就其总结的广度而言，包容了孔、老、庄、墨、邹、杨、慎、商等诸子，涉及政治、经济、哲学、军事、道德等门类，汇合了荆楚、邹鲁、三晋、燕齐等地区文化传统。用这种较为客观的态度在理论上对先秦文化进行大规模系统整理的，在当时只此一家。《吕氏春秋》作者的这种态度，既显得理性，又符合当时历史条件，是完全可取的。

《吕氏春秋》在编排上虽无法完全避免重叠、杂合、牵强等缺点，但有一个大致严整的系统，其中各个部分皆有一个相对突出的重点论题。全书从论天，到治国，到做人，到养生；从哲学，到政治，到道德，到军事，到历史，到音乐，到经济，到农业，面面俱到。一个封建国家所应处理的各个方面的问题，它基本上都提出了一套设想。《吕氏春秋》应当算作我国封建社会初期一部最完整的治国法典。

《吕氏春秋》代表了先秦思想文化发展的最后形态，该书不仅仅是对诸子百家思想的总结与汇集，而且在融合的基础上有所创新，它是对先诸子综合创新的文化成果。这是《吕氏春秋》在思想学术史上的意义所在。《吕氏春秋》在构建自己的理论时，能够突破学派限制，不受任何束缚，兼容并包百家学说，融会贯通多种文化，最终形成了自成一体的思想体系，这种"和而不同"的文化观念和理论方法，在今天依然有借鉴意义。

第三节　《吕氏春秋》的文学价值

《吕氏春秋》不但在哲学史、思想史上具有重要价值，该书的文学成就同样不可忽视。其文学性主要表现在以下几方面。

一　《吕氏春秋》的文学成就

（一）感情真实，褒贬分明

先秦诸子著作多是非清楚，褒贬分明。春秋战国战乱的社会，给士人提供了较为宽松的言论空间，诸子们敢于直面社会中的邪恶势力，毫不留情对之进行讽刺与鞭挞。《吕氏春秋》是经时任秦相的吕不韦对著作的体例、结构、篇章等进行了精心规划，在一定的哲学思想指导下编撰的一部著作，可以说是一种政府行为。尽管写作的动机、过程与其他诸子迥然不同，但是《吕氏春秋》的作者们在写作时并没有对当权者表现出谄媚和顺从，而是依然继承了诸子们真实反映现实这一优良传统，书中对历史事件、人物或赞扬，或揭露，是非分明，显示出明确的情感倾向性。

书中对理想社会、理想人物寄寓了很大的希望，作了高度赞扬和热情歌颂。《下贤》："以天为法，以德为行，以道为宗，与物变化而无所终穷，精充天地而不竭，神覆宇宙而无望。莫知其始，莫知其终，莫知其门，莫知其端，莫知其源。其大无外，其小无内。此之谓至贵。"这是作者心目中的理想社会，有明显的道家思想的影子。《上德》："为天下及国，莫如以德，莫如行义。以德以义，不赏而民劝，不罚而邪止。此神农、黄帝之政也。以德以义，则四海之大，江河之水，不能亢矣。"这一理想社会又近于儒家。《士容》："士不偏不党。柔而坚，虚而实。其状朗然不儇，若失其一。傲小物而志属于大，似无勇而未可恐狼，执固横敢而不可辱害。临患涉难而处义不越，南面称寡而不以侈大。今日君民而欲服海外，节物甚高而细利弗赖。耳目遗俗而可与定世，富贵弗就而贫贱弗竭。德行尊理而羞用巧卫，宽裕不訾而中心甚厉，难动以物而必不妄折。此国士之容也。"《士节》："士之为人，当理不避其难，临患忘利，遗生行义，视死如归。"《不苟》："贤者之事也，虽贵不苟为，虽听不自阿，必中理然后动，必当义然后举，此忠臣之行也。"这又是作者心目中贤者的形象，受人爱戴的君子应该是志向远大，坚忍不拔，勇敢坚毅，重义轻利，舍生忘死，不苟且偷生，不阿谀逢迎。表达了作者对君子由衷的呼唤和期盼。

与赞美称颂相比，《吕氏春秋》对统治者荒淫昏暗的嘲讽、批判，对时世的揭露要更多、更尖锐些。有时是对人主苦口婆心的劝谏，《尊师》："今尊不至于帝，智不至于圣，而欲无尊师，奚由至哉？"语气委婉，言辞恳切。有时是对国君不指名的批评，《本生》载："出则以车，入则以辇，务以自佚，命之曰'招蹷之机'。肥肉厚酒，务以自强，命之曰'烂肠之食'。靡曼皓齿，郑卫之音，务以自乐，命之曰'伐性之斧'。"有的讽刺人主刚愎自用，如《似顺》："世主之患，耻不知而矜自用，好愎过而恶听谏，以至于危。耻无大乎危者。"有时又将统治阶级的骄奢淫逸和百姓的饥寒交迫进行对比，揭露社会的黑暗。如《听言》：

> 今天下弥衰，圣王之道废绝。世主多盛其欢乐，大其钟鼓，侈其台榭苑囿，以夺人财；轻用民死，以行其忿；老弱冻馁，夭瘠壮狡，汔尽穷屈，加以死虏；攻无罪之国以索地，诛不辜之民以求利；而欲宗庙之安也，社稷之不危也，不亦难乎？

这样鲜明的对比，批判的锋芒、揭露的深度不难见出，千载之后读之，依然能体会到作者内心无法压抑的激愤。作者有时将批判的矛头直指今世，《先己》："当今之世，巧谋并行，诈术递用，攻战不休，亡国辱主愈众，所事者末也。"《功名》："今之世，至寒矣，至热矣，而民无走者，取则行钧也。"《振乱》："当今之世，浊甚矣，黔首之苦，不可以加矣。天子既绝，贤者废伏，世主恣行，与民相离，黔首无所告愬。"有时直接口诛笔伐，语气急切，愤慨激越，类似后代檄文。如《怀宠》：

> 先发声出号曰："兵之来也，以救民之死。子之在上无道，据傲荒怠，贪戾虐众，恣睢自用也，辟远圣制，謷丑先王，排訾旧典，上

> 不顺天，下不惠民，征敛无期，求索无厌，罪杀不辜，庆赏不当。若此者，天之所诛也，人之所雠也，不当为君。今兵之来也，将以诛不当为君者也，以除民之雠而顺天之道也。"

历数统治者的一系列罪行，九句四言句式一气而下，如排山倒海，滚滚滔滔。最后直接点明这样的国君"不当为君"，应当诛之以除民仇，以顺天道。作者言人之欲言而不敢言之语，确实解人心头之恨。

避讳是古人很重要的写作原则。《吕氏春秋》最可贵的一点是，并没有对秦之先祖的缺点进行隐讳，而是直接指出他们的错误。如秦晋殽之战，秦穆公应该对秦国的惨败负主要责任。《吕氏春秋》并没有因为穆公曾有开疆拓土的伟绩就隐讳其缺点和错误，而是客观指出："此缪公非欲败于殽也，智不至也。智不至则不信。言之不信，师之不反也从此生，故不至之为害大矣。"（《悔过》）说明穆公在这件事上罪责难逃，对穆公的不智丝毫不加掩饰。

秦惠王是战国时继孝公之后又一位有作为的国君，他在位期间，各国文人云集秦国，军事上取得了一系列战绩。然而书中所载一件事，使我们得以了解惠王的另一面。如《去宥》中载墨家人物唐姑果出于一己私利，在惠王面前诋毁谢子，惠王竟然轻信了唐姑果的谗言，果然甚为怠慢谢子，导致谢子"遂辞而行"。交代事情的原委后，作者对惠王的老朽昏聩、不辨是非直接加以指责，直呼其名，毫不避讳。

> 不以善为之悫，而徒以取少主为之悖，惠王失所以为听矣。……人之老也，形益衰，而智益盛。今惠王之老也，形与智皆衰邪！

方孝孺曾云："世之谓严酷者，必曰秦法，而为相者乃广致宾客以著书，书皆诋訾时君为俗主，至数秦先王之过无所惮。若是者皆后世之所甚讳，而秦不以罪。呜呼！然则秦法犹宽也。"[①] 他通过《吕氏春秋》中有诋訾时君俗主的言论，得出"秦法犹宽"的结论，并不确切。观数量众多的秦律，秦法之严苛骇人心目。书中出现这些言论恐怕与当时吕不韦的

---

① 方孝孺：《逊志斋集·读〈吕氏春秋〉》，见《四部丛刊》初编，集部，上海商务印书馆影印本，第97页。

权位有关，有谁敢问罪于身为相位职掌国柄的吕不韦呢？但是方孝孺的话却指出了吕不韦以及门客们对待政治、当权者的态度，实事求是，不粉饰，不隐讳。

《吕氏春秋》鲜明地表达了作者们的褒贬感情，体现了明确的情感倾向性，那种对理想社会、理想人格的由衷的歌颂、赞扬、期盼，对丑恶社会的不满、憎恶、愤恨，是当时人在天下尚未一统的乱世的真实心理表露，既有对前代、当世社会的理性认识，又有对未来社会的向往。当时山东六国谈到秦国，多以"虎狼之国"言之，认为秦国所用文人，似乎也多是像张仪一样的靠游说、阴谋来达到目的的纵横策士。这些策士虽然在政治上很活跃，但是德行、操守大都无足取。从《吕氏春秋》可以发现，到战国晚期，秦国所网罗的文人中不乏有识之士，他们敢于揭露社会的弊端，甚至对最高统治者也进行讥讽、抨击，表现出正直文人对社会的高度责任感。

（二）多种修辞手法的运用

《吕氏春秋》行文整饬流畅，这与书中修辞格的运用有直接关系，书中运用了多种修辞手法，主要有比喻、排比、对偶、顶真等。

比喻是先秦诸子使用频率非常高的修辞手法，孟子、庄子、荀子无不"长于讽喻"，《吕氏春秋》亦然，书中比喻俯拾即是。如《明理》：

> 其云状：有若犬、若马、若白鹄、若众车；有其状若人，苍衣赤首，不动，其名曰天衡；有其状若悬釜而赤，其名曰云旌；有其状若众马以斗，其名曰滑马；有其状若众植华以长，黄上白下，其名蚩尤之旗。

这一段用了博喻手法，连用八个比喻描绘出了云的特点，具体形象，使得异彩纷呈、形态各异的云气如在眼前。再如《悔过》："穴深寻，则人之臂必不能极矣。是何也？不至故也。智亦有所不至。所不至，说者虽辩，为道虽精，不能见矣。"由穴深人之臂不及，进而说到人的智慧有时也会像臂一样有所不及，将抽象、无形的事理变得形象具体。比喻的运用，大大增强了说理、叙事的形象性和趣味性。

《吕氏春秋》中的排比形式多样，有四句排、五句排、六句排、九句排、十句排、十二句排、二十句排，有单句与单句排、复（多）句与复

（多）句排、大排比中套小排比。此外，还有结构相近的段落并列，组成段落排比。试举几例。如八言四句排，《功名》："水泉深则鱼鳖归之，树木盛则飞鸟归之，庶草茂则禽兽归之，人主贤则豪桀归之。"二十句排，《勿躬》："大桡作甲子，黔如作虏首，容成作历，羲和作占日，尚仪作占月，后益作占岁，胡曹作衣，夷羿作弓，祝融作市，仪狄作酒，高元作室，虞姁作舟，伯益作井，赤冀作臼，乘雅作驾，寒哀作御，王亥作服牛，史皇作图，巫彭作医，巫咸作筮。此二十官者，圣人之所以治天下也。"一口气列举二十个人，这样的排比与汉大赋中的铺排句式非常相似。另外像复句与复句之间的排比，《别类》："小方，大方之类也；小马，大马之类也；小智，非大智之类也。"大排比中套小排比，《孝行》："养有五道：修宫室，安床第，节饮食，养体之道也。树五色，施五采，列文章，养目之道也。正六律，和五声，杂八音，养耳之道也。熟五谷，烹六畜，和煎调，养口之道也。和颜色，说言语，敬进退，养志之道也。"

排比句式之间，有的是并列关系，有的是程度的递增，有的是递减。这些排比句的运用，大大增加了文章的容量，显得宏阔磅礴，使得行文更加气势冲畅，有如排山倒海，江海决堤。形式上，句式整饬，节奏和谐，富于音乐美。

对偶也是《吕氏春秋》中惯用的修辞。与排比相似，书中的对偶也样式繁多，有单句对、双句对、正对、反对等。如十四言双句对，《先识》："国之兴也，天遗之贤人与极言之士；国之亡也，天遗之乱人与善谀之士。"十七言双句对，《观表》："天为高矣，而日月星辰云气雨露未尝休也；地为大矣，而水泉草木毛羽裸鳞未尝息也。"再如反对，《不侵》："汤、武，千乘也，而士皆归之。桀、纣，天子也，而士皆去之。"从相反的角度说明事理，对比鲜明。这些对偶句式整齐匀称，音韵和谐，读起来朗朗上口，听起来节奏鲜明。

《吕氏春秋》中还运用了顶真的手法。如《圜道》："物动则萌，萌而生，生而长，长而大，大而成，成乃衰，衰乃杀，杀乃藏，圜道也。"通过句与句之间的蝉联，把万物由萌动、生长、壮大、成熟、衰败、死亡的一系列过程之间的顺序、关系揭示了出来，整个句式也犹如颗颗珠玉一线串之，具有和谐流动之美。再如《节丧》："且死者弥久，生者弥疏；生者弥疏，则守者弥怠；守者弥怠而葬器如故。"由此我们看到了死者、生者、守者、葬器之间的前后承传关系。

顶真的巧用不但给人回环复沓、生动活泼、流转自如的美感，同时还显得层次清楚、结构紧密，而且对于揭示事物之间的内在逻辑关系，起到其他句式不可替代的作用。这种句式步步紧跟，环环相扣，层层深入，从一个前提出发，推出一个结论，再以新的结论为前提，推出下一个结论，这样一步步推理，使得论证更加严密，极具说服力。

以上是《吕氏春秋》运用较为广泛的几种修辞格。可以看出，《吕氏春秋》对这些修辞格的运用已经达到完全成熟的程度，修辞手法灵活多样，富于变化，许多其他先秦古籍中罕见的修辞样式都可以在《吕氏春秋》中找到范例，这些修辞格的运用共同形成了《吕氏春秋》的句式音节之美。

（三）语言平实质朴，精练准确

《吕氏春秋》虽有少数篇章语气急切，慷慨陈词，但全书总体语言风格是平实畅达，率直质朴。各家思想汇聚一书，但是书中没有战国诸子论辩时的剑拔弩张，针锋相对，多数篇章都是心平气和地谈论问题。如《情欲》：

> 天生人而使有贪有欲。欲有情，情有节。圣人修节以止欲，故不过行其情也。故耳之欲五声，目之欲五色，口之欲五味，情也。此三者，贵贱、愚智、贤不肖欲之若一，虽神农、黄帝，其与桀、纣同。圣人之所以异者，得其情也。由贵生动则得其情矣；不由贵生动则失其情矣。此二者，死生存亡之本也。

首先肯定情欲是人之常情，接着说明圣人与常人的不同，在于能够节制情欲。说理平心静气，娓娓道来。

《吕氏春秋》用词力求准确、形象、生动。据统计，全书中使用动词近一千三百个，其中只表示徒手动作的动词就有三十多个，如持、操、捉、把、扶、携、抱、抚、拊、扣、控、指、援、摇、曳、推、据、拔、擎、扬、抑、采、搏、拱、揖、牵、投等，充分表明作者平时观察细致，描写精细准确。《吕氏春秋》不但用词准确，且形象生动，如《诬徒》："达师之教也，使弟子安焉、乐焉、休焉、游焉、肃焉、严焉。"用六个词将弟子们在达师教育下的反应、心情、表现等活脱脱地刻画出来。《节丧》："世俗之行丧，载之以大辒，羽旄旌旗、如云偻翣以督之，珠玉以佩之，黼黻文章以饬之，引绋者左右万人以行之，以军制立之然后可。"描写了人们在举行葬礼时的铺张、奢华场面，万人送葬的浩浩荡荡的队伍，飘扬的旌旗，耀眼的珠玉，光彩夺目的黼黻文章，如云的偻翣，送葬场面如在眼前。

书中有些句子、词汇在追求准确、形象的同时，还具有概括性，是对生活现象的高度总结，闪烁着智慧的思想火花。如"石可破也，而不可夺坚；丹可磨也，而不可夺赤"，"欲知平直，则必准绳，欲知方圆，则必规矩"，"以贵富有人易，以贫贱有人难"，"至忠逆于耳、倒于心"，"全则必缺，极则必反，盈则必亏"，"故知美之恶，知恶之美，然后能知美丑矣"，等等。有的则成为我们今天依然活用的成语典故，如流水不腐、户枢不蝼、不知轻重、伐性之斧、因噎废食、高山流水、掩耳盗铃、竭泽而渔、尝鼎一脔、刻舟求剑、纲举目张、三豕涉河、舍本逐末、贪小失大、五脏六腑、折冲千里、逐臭之夫等。这些词汇能有经久不衰的生命力，正是源于《吕氏春秋》的语言简练概括、形象生动这一特点。

二 《吕氏春秋》的寓言成就

首先需要对我们所讨论的寓言作一界定。寓言的基本要素有二：第一，必须有寓意；第二，必须有故事情节。依据这两个要素，我们将一些反映历史真实的故事也作为寓言。[①]

《吕氏春秋》中的寓言，据陈蒲清统计，有283则。[②] 与《吕氏春秋》本身所反映的思想相同，这些寓言也是为阐发各家思想服务，体现了不同派别的特点。

（一）寓言故事使说理更具有说服力

《吕氏春秋》是为即将统一的秦王朝制定施政纲领，这一编撰目的决定了该书重在说理，尤其是侧重讲与政治有关的道理。但是，作者们在讲道理时并不是进行干瘪的说教，而是采用寓言使所讲道理更易于为人接受，说理更为形象、生动。寓言的运用使得本书既具有现实指导性，同时

---

① 本书对寓言的界定参照赵逵夫《论先秦寓言的成就》，《陕西师范大学学报》2006 年第 4 期。

② 陈蒲清：《中国古代寓言史》，湖南教育出版社 1983 年版，第 70 页。

又具有很大的可读性。《吕氏春秋》多数篇章中寓言是主体，占很大篇幅。抛开其中的直接说理部分，单是这两百多则故事中的性格各异的人物，幽默诙谐的情节，含蓄深刻的寓意，就足以吸引读者了。可以说，《吕氏春秋》在后代得以广泛流传，与寓言的使用有着重要关系。

寓言中的人物，有古帝圣王，如尧、舜、文王、武王等；有前世贤君，如秦穆公、齐桓公、晋文公等；有昏君乱主，如夏桀、商纣王、周幽王、晋厉公等；有重臣贤士，如管仲、百里奚、祈奚、子罕等；有诸子学人，如墨子、孔子、颜回等；还有一些有着高尚品德的社会下层人物。他们有的令人肃然起敬，有的却让人鄙视痛恨。整部书犹如一幅画廊，为我们呈现了社会上不同身份、不同性格的各种人物。

寓言虽然大多篇幅短小，但是作者能抓住人物性格中最核心的部分，寥寥几笔，人物形象尽现。如《自知》：

> 范氏之亡也，百姓有得钟者。欲负而走，则钟大不可负。以椎毁之，钟况然有音。恐人闻之而夺己也，遽掩其耳。

得钟人本来想要背着钟走，可钟太大背不动，于是就用椎敲碎钟，又担心别人听见，急忙捂紧了自己的耳朵。得钟人做贼心虚、自欺欺人、愚蠢可笑的形象如在眼前。"况然"不但渲染了钟声的响亮宏厚，更写出了钟声在得钟人心里造成的震撼力量，"遽"则准确地刻画了他在听到钟声的一瞬间紧张害怕的心理。虽只有四十余字，得钟者的形象却活灵活现。再如《必己》：

> 孟贲过于河，先其五。船人怒，而以楫虓其头，顾不知其孟贲也。中河，孟贲瞋目而视船人，发植，目裂，鬓指，舟中之人尽扬播入于河。

孟贲为古代大勇士，据说能生拔牛角。船人因为不认识孟贲，用楫敲他的头，孟贲大怒，"发植，目裂，鬓指"，身体随之摇动，船上的人瞬间纷纷落入水中。这是勇士发怒时的情形，确实令人不寒而栗。如《异用》：

> 孔子之弟子从远方来者，孔子荷杖而问之曰："子之公不有恙

乎?"搏杖而揖之,问曰:"子之父母不有恙乎?"置杖而问曰:"子
之兄弟不有恙乎?"曳步而倍之,问曰:"子之妻子不有恙乎?"

儒家讲人与人之间要有严格的等级,但是像孔子这样通过"杖"的不同
使用来体现贵贱之等,亲疏之别,未免使人觉得有些可笑。这则故事应是
根据儒家思想虚构出来的。

寓言大都有完整生动的故事情节,有波折,有冲突,有理趣,有的令
人捧腹大笑,有的让人掩卷沉思。如《士节》:

> 齐有北郭骚者,结罘罔,捆蒲苇,织萉屦,以养其母,犹不足,
> 踵门见晏子曰:"愿乞所以养母。"晏子之仆谓晏子曰:"此齐国之贤
> 者也。其义不臣乎天子,不友乎诸侯,于利不苟取,于害不苟
> 免。今乞所以养母,是说夫子之义也,必与之。"晏子使人分仓粟、分府金
> 而遗之,辞金而受粟。有间,晏子见疑于齐君,出奔,过北郭骚之门
> 而辞。北郭骚沐浴而出,见晏子曰:"夫子将焉适?"晏子曰:"见疑
> 于齐君,将出奔。"北郭子曰:"夫子勉之矣。"晏子上车,太息而叹
> 曰:"婴之亡岂不宜哉?亦不知士甚矣。"晏子行。北郭子召其友而
> 告之曰:"说晏子之义,而尝乞所以养母焉。吾闻之曰:'养及亲者,
> 身伉其难。'今晏子见疑,吾将以身死白之。"著衣冠,令其友操剑
> 奉笥而从,造于君庭,求复者曰:"晏子,天下之贤者也,去则齐国
> 必侵矣。必见国之侵也,不若先死。请以头托白晏子也。"因谓其友
> 曰:"盛吾头于笥中,奉以托。"退而自刎也。其友因奉以托。其友
> 谓观者曰:"北郭子为国故死,吾将为北郭子死也。"又退而自刎。
> 齐君闻之,大骇,乘驲而自追晏子,及之国郊,请而反之。晏子不得
> 已而反,闻北郭骚之以死白己也,曰:"婴之亡岂不宜哉?亦愈不知
> 士甚矣。"

北郭骚及其友为国为友而死的精神确实可歌可泣。晏子在出奔时向北郭骚
辞别,北郭骚仅以轻描淡写的"夫子勉之"一句应对,没有安慰,没有
劝谏,这对于因见疑而正欲出奔的晏子无疑是精神上的又一重打击,似乎
北郭骚是一个不懂知恩图报的无情无义之徒,难怪晏子会深深叹息:"婴
之亡岂不宜哉?亦不知士甚矣。"然而令人没有想到的是,北郭骚竟愿

"以身死白之",情节发生了根本性的转变。北郭骚的死果然使齐君"大骇,乘驲而自追晏子",直接促成了晏子的重新被重用。篇末晏子又一次感慨:"婴之亡岂不宜哉?亦愈不知士甚矣。"两次感慨,意义迥异。

书中最有趣的是那些具有讽刺意味的寓言,作者往往通过夸张、变形等手法,将主人公的愚蠢、可笑暴露无遗。虽然生活中不可能发生,但是并不给人虚假的感觉,反而真实可信,有浓厚的民间文学气息。这种真实性正是源于故事中蕴含的哲理来自于生活,具有很强的普遍性和真实性。如《去尤》:

> 人有亡鈇者,意其邻之子,视其行步窃鈇也,颜色窃鈇也,言语窃鈇也,动作态度无为而不窃鈇也。抇其谷而得其鈇,他日复见其邻之子,动作态度无似窃鈇者。

情节虽然简单,但亡鈇者的前后心理形成了明显的反差,这则故事是对主观臆断者绝好的讽刺。

用寓言故事进行说理,不但使得文章本身具有一定的文学性,同时更具有启发性、趣味性,更易于说服人。如《顺民》讲要顺应民心,以民为本,便以汤为例:

> 昔者汤克夏而正天下。天大旱,五年不收,汤乃以身祷于桑林,曰:"余一人有罪,无及万夫。万夫有罪,在余一人。无以一人之不敏,使上帝鬼神伤民之命。"于是翦其发,枥其手,以身为牺牲,用祈福于上帝,民乃甚说,雨乃大至。则汤达乎鬼神之化,人事之传也。

汤祷于桑林祈雨的故事在先秦两汉流传很广,《荀子》、《淮南子》、《说苑》等书都有记载。言及上古贤君,后人常常将商汤与尧、舜、禹等并列。故事中的汤勇于担当责任,他"余一人有罪,无及万夫。万夫有罪,在余一人"的自省之言、"翦其发,枥其手,以身为牺牲"的虔诚形象连鬼神都被感动了,用这样的事例来说明顺应民心的道理,自然会有不小的说服力。

《吕氏春秋》中的寓言故事有的是历史传说,有的采自诸子文章,有的来源于民间生活，有的则完全是虚构，但都有一定的故事情节，亲切自然，语言浅近平实，是篇章中不可或缺的重要组成部分，无论是说理的深度，还是文学的形象性方面，这些故事都起了关键性的作用。

（二）独特的寓言编排方式

《吕氏春秋》是在一定的编撰宗旨、编撰方法指导下进行的，书中寓言的编排也体现出作者们的匠心。一般先指出论点，再用一个或数个故事来证明论点，有时在故事末作几句总结，或进一步揭示故事所蕴含的寓意。一篇中的数个故事之间形成寓言群，共同为一个论点服务。形成一个寓言群的数个故事有时从不同的角度进行论证，如《察今》用了三个故事，《循表夜涉》、《刻舟求剑》、《引婴儿投江》，分别从"时"、"地"、"人"三方面论证了泥古不化的危险，证实了变法的重要性和迫切性。总的来说，各个寓言之间是并列的，都为证明论点而存在。

数个寓言集中论述一个问题，在《吕氏春秋》之前，以《庄子》最为突出。但《吕氏春秋》在《庄子》的基础上又作了进一步的发展。首先，《庄子》的寓言只是用于论证道家思想，无论在寓言的数量还是广度上都不及《吕氏春秋》。《吕氏春秋》被列入杂家，书中各家并存，互不统摄。因此寓言群所蕴含的寓意也不尽相同，有各派思想的明显印记，显得更为丰富多彩，从中可看到先秦寓言的繁荣和当时的学术概貌。其次，在具体编排上，《吕氏春秋》较《庄子》体现出更为明确的编撰目的与标准。《庄子》使用寓言，某种意义上是作者创作时灵感、才情的自然流露，感性成分较多，这也是《庄子》被誉为诸子散文中最具文学性的原因之一。《吕氏春秋》不同，虽然对所涉及人物也有明显的褒贬之情，但是这种感情是间接的，渗透在字里行间，书中整体上表现出较为理性的色彩。在寓言的编排上没有《庄子》天马行空、异想天开式的幻想，即使是情感的表达，也比较有节制。每个寓言篇幅短小，针对性较强，只要能证明论点即可，不作过多的引申发挥。当然，这也导致了《吕氏春秋》中寓言的文学性不及《庄子》。

学者们论及战国寓言的完全成熟和集大成著作，都会说到《韩非子》。诚然，韩非子对一些历史故事、格言谚语进行了改造，使之成为更易吸引人的寓言，在寓言的创造方面胜于《吕氏春秋》。他还编辑了寓言专集，大大便利了时人对寓言的使用。但是，与《庄子》相近，《韩非子》中其他论说文中的寓言都是为韩非子的法家理论服务的，反映思想的广度远不及《吕氏春秋》。专门的寓言集如内外《储说》，又基本是寓言资料汇编，一个个故事自成一体，没有可以统摄这些故事的核心思想，更没有按照思想的不同进行条分缕析的编排。而《吕氏春秋》中寓言的寓意与作者想要表达的思想、观点完全吻合，二者合之双美，离之两伤，相得益彰。故事为观点服务，同时，作者在故事前（后）所阐述的论点，又使读者进一步明确了寓言所蕴含的寓意。

总之，《吕氏春秋》中的寓言有不同于其他子书的特点和价值。公木曾说："一部《吕览》，真堪为一座春光满目的寓言大花园，不仅令读者流连忘返，更使人有幸窥见先秦寓言的'概貌'。这种现象，在先秦史籍中是独一无二的。即或在集大成的韩非子寓言里也很难见到。因为韩非子虽采撷众芳，却自成一体；而吕书则汇集百花，任其开放，即有所削，也不伤筋骨，较为真实地保存了诸花之本色。因此，《吕氏春秋》又似一座诸子百家寓言的陈列室和展览馆。"① 这一评论很有见地。《吕氏春秋》兼收并蓄，集百家思想之大成，同时也是先秦寓言的大总结。

三 《吕氏春秋》的文艺思想

《吕氏春秋》在《仲夏纪》与《季夏纪》中有八篇集中论述文艺思想，此外，在其他篇章中也有零星记载，是先秦诸子著作中讨论文艺思想篇幅最多的著作。就该书文艺思想的认识与评价，有两种截然相反的观点。敏泽认为，"（《吕氏春秋》）总体上说在融合中属于重要的创见并不多，并未形成自己完整的体系，加上吕不韦在从政期间虽多有建树，却一直因为他曾从事政治投机活动而被视为'小人'，所以对后世的影响，除《淮南子》外，是很小的"②。而曹利华等认为《吕氏春秋》的美学思想自成体系，有所创新，是向汉代美学过渡的桥梁。③

《吕氏春秋》中有非常丰富的文艺思想，如关于艺术的起源、审美、功用等，都有涉及或阐释，犹以音乐理论最为突出，在中国音乐理论史上具有重要意义。先秦时期，文学、音乐、舞蹈还没有完全独立，《吕氏春秋》中关于音乐的讨论也适用于文学。鉴于前贤关于书中文艺思想已经

---

① 公木：《先秦寓言概论》，齐鲁书社 1984 年版，第 158 页。
② 敏泽：《中国美学思想史》（第一卷），中国社会科学出版社 2007 年版，第 219 页。
③ 曹利华：《中华传统美学体系探源》，北京图书馆出版社 1999 年版，第 92—95 页。

有较为深入的述论，尤其是音乐学界的学者，在这方面取得了丰硕的成果，因此，在讨论《吕氏春秋》中的文艺思想时，重点就有关文学这一门类的言、意关系作一论述，其他与音乐、舞蹈共通的理论只作简单介绍。

（一）《吕氏春秋》的言意观

《吕氏春秋》中有关言意关系的文字，主要见于《离谓》、《淫辞》、《精谕》、《贵直》、《重言》、《直谏》、《去宥》等篇章，以《离谓》、《淫辞》、《精谕》最为集中。总的来说，大致包含三方面的内容。

1. 言以尽意

《精谕》云："言者谓之属也。"陈奇猷曰："谓（即意旨）为主体，言所以释明谓，故言为谓之属。"① 这实际是说语言从属于思想，受思想支配，语言是表达思想的工具。《离谓》："言者以谕意也。"语言的作用是使思想更加易于为人理解，与"言者谓之属也"隐含的意思相同。《淫辞》也有类似说法："凡言者以谕心也。""心"就是指说话者所要表达的意思、思想。《离谓》又曰："夫辞者，意之表也。"这句话说得很明确，言辞是思想的外在表现形式。

《吕氏春秋》作者认为，言与意是相对应的一组范畴，言是用来表达意的，意为主，言仅仅是工具，二者地位有主次之别。那么，言能否充分表达说话者内心的思想？《离谓》："听言者以言观意也。"语言的接受者通过说话者的所言进而了解他的内心世界，说明语言是可以充分表达思想的，言可以尽意。这一点与儒家的言意观有许多相似之处。《论语·卫灵公》："子曰，辞达而已矣。"《左传·襄公二十五年》："仲尼曰：'《志》有之："言以足志，文以足言。"不言，谁知其志？'"孔子认为，人的内心志向、品德修养甚至事理、想象都是可以通过语言传达的。这是《吕氏春秋》与儒家言意观的相同点。

但是，二者表面的相似背后却有本质的不同。儒家所说的言意是指语言与思想即内容与形式的关系，重点说明语言的表达问题，表达得准确与否（即言是否达意）只与说话者驾驭、使用语言的能力有关。《吕氏春秋》却不然，虽然也承认言可以谕意，但是，言准确表达意的前提是说话者应该真诚，要真实地表达他的思想，不欺诈，不隐瞒。这实际上已经

---

① 陈奇猷：《吕氏春秋新校释》，上海古籍出版社 2002 年版，第 1184 页。

把所讨论的话题由言与意本身的矛盾转化成了说话的主体与言的矛盾，或曰他的言与他内心的真实的意之间的矛盾，这一矛盾的产生并不是说话者本身语言表达能力的欠缺造成的，而是他有意为之，说话者有意隐瞒自己的真实想法，是一种政治权术。来看《吕氏春秋》中所举的事例。《精谕》篇载晋襄公欲往三涂山求福而假道于周，结果趁机灭了聊阮、梁、蛮氏三个小国。在襄公向周王请求假道时，周之大夫苌弘就识破晋襄公的计谋，"夫祈福于三涂，而受礼于天子，此柔嘉之事也，而客武色，殆有他事，愿公备之也"。很显然，晋襄公所言求福与他灭三国的真实意图之间是矛盾的，或曰襄公的言与行之间存在矛盾。这一矛盾的产生乃晋襄公有意为之，是他为实现自己的目的而玩弄的一种权谋，并非他表达不善造成的。从这个事例可以看出《吕氏春秋》所说的言意是指向外部的，即指向说话者，是指说话人是否真诚地表达了他的思想。可以说，《吕氏春秋》的言意观与儒家的言意观形同而实异。

2. 得意舍言

《离谓》云："夫辞者，意之表也。鉴其表而弃其意，悖。故古之人，得其意则舍其言矣。"《精谕》又曰："圣人相谕不待言，有先言言者也。""求鱼者濡，争兽者趋，非乐之也。故至言去言，至为无为。"这很容易让我们联想到道家的"得意忘言"理论，二者甚至有一些句式都相仿。

前已说明，《吕氏春秋》认为意是表达的核心，言仅仅是用以表达意的工具，二者有明显的主次之分。由这一理论再进一步向前发展，那就是如果能直接得意，言就可以舍去，表达意的最好方式——"至言"，就是"不言"。如《精谕》：

> 齐桓公合诸侯，卫人后至。公朝而与管仲谋伐卫，退朝而入，卫姬望见君，下堂再拜，请卫君之罪。公曰："吾于卫无故，子曷为请？"对曰："妾望君之入也，足高气强，有伐国之志也；见妾而有动色，伐卫也。"明日君朝，揖管仲而进之。管仲曰："君舍卫乎？"公曰："仲父安识之？"管仲曰："君之揖朝也恭，而言也徐，见臣而有惭色，臣是以知之。"君曰："善。仲父治外，夫人治内，寡人知终不为诸侯笑矣。"桓公之所以匿者不言也，今管子乃以容貌音声，夫人乃以行步气志，桓公虽不言，若暗夜而烛燎也。

卫姬通过齐桓公的行步气志知道桓公将要伐卫，管仲通过桓公的容貌音声知道他已经放弃伐卫的计划。这里桓公虽无言，但是他的内心世界显露无遗。卫姬和管仲通过桓公的容貌、表情、动作觉察到了他的心理活动。这就是说，除了语言之外，其他肢体行为也可以起到表意的作用，有时这些肢体行为甚至比直接的话语更为有效，听话者通过察言观色便可以与说话者思想相通。这在处处是权谋的战国社会，当事双方通过肢体行为心领神会，又不易被其他人察觉，实在是一种最高明的"言"——"至言"。如果当事双方可以不借助语言就可以交流、沟通，那么言完全可以舍弃。这就是《吕氏春秋》所说"得意舍言"、"至言无言"的含义。

至此，《吕氏春秋》与道家言意观的区别就十分清楚了。《老子》五十六章："知者不言，言者不知。"《庄子·外物》："荃者所以在鱼，得鱼而忘荃；蹄者所以在兔，得兔而忘蹄；言者所以在意，得意而忘言。"道家的言意观建立在"言不尽意"的前提下，在老庄看来，再精确美妙的语言也无法表达玄妙深奥的"道"的真正含义。与儒家相同，道家的言意观也是指向言意自身内部的，即形式与内容是否相吻合的问题，道家认为，言不能够充分、准确表达意，这与语言的传达主体是否真诚表达、接受主体是否能够与传达主体心领神会无关。庄子所说的"忘言"是他欲达到的一种理想境界和状态，《吕氏春秋》的"舍言"仅仅是舍弃语言，而改用其他交流方式。因此，《吕氏春秋》与道家的言意观看似相似，实则不同。

3. 言意相离

儒、道两家仅仅提出言是否能尽意的问题，却没有说到言意相离。《吕氏春秋》正式提出言意相离的问题，难能可贵。

《淫辞》云："非辞无以相期，从辞则乱。乱辞之中又有辞焉，心之谓也。言不欺心，则近之矣。凡言者以谕心也。言心相离，而上无以参之，则下多所言非所行也，所行非所言也。言行相诡，不祥莫大焉。"《吕氏春秋》强调说话要真诚，主张言不欺心，坚决反对言意相离。《离谓》曰："言意相离，凶也。乱国之俗，甚多流言，而不顾其实，务以相毁，务以相誉，毁誉成党，众口熏天，贤不肖不分。以此治国，贤主犹惑之也，又况乎不肖者乎？"指出言意相离，会造成国家大乱。传达主体有意掩盖自己的真实想法，淫辞邪说，流言蜚语，都造成了言意的相离。前引晋襄公所言去三涂山祈福就是言意相离的典型事例。言意相离推衍到文艺创作中，就是文艺的创作者和批评者都要真诚表达自己的思想、感情，勿无病呻吟，勿作谗辩诡辞。

以上分析了《吕氏春秋》中言意观的三方面内容。《吕氏春秋》中体现的言意观与儒、道两家的言意观均不同。《吕氏春秋》的作者并不关心言能否尽意以及语言的表达功能这些纯理论问题，而是直接讨论言是否合意、言如何合意的问题。因此既没有儒家言以尽意的理论思索，更没有道家"得意忘言"的哲学高度，在理论性和思辨性上远远不及儒、道。《吕氏春秋》从实用的角度尤其是从政治生活出发，提出言要合意，言合意的前提是说话要真诚，言的最高境界是"不言"，即通过其他肢体行为进行沟通，这些都有一定的实用性，带有很大的政治功利性。

（二）《吕氏春秋》中的其他文艺思想

1. 文艺的起源

《吕氏春秋》对艺术的起源问题作了探讨，主要表现在对音乐、舞蹈的论述中。书中将音乐置于阴阳五行的宇宙图式当中，《音律》载：

> 大圣至理之世，天地之气，合而生风。日至则月钟其风，以生十二律。仲冬日短至，则生黄钟。季冬生大吕。孟春生太蔟。仲春生夹钟。季春生姑洗。孟夏生仲吕。仲夏日长至，则生蕤宾。季夏生林钟。孟秋生夷则。仲秋生南吕。季秋生无射。孟冬生应钟。天地之风气正，则十二律定矣。

将十二律与十二月相配，将音乐与自然相联系，包含着艺术来自自然、艺术与自然相统一的直观朴素的思想。这是《吕氏春秋》对艺术的总体认识。

《大乐》又载：

> 音乐之所由来者远矣，生于度量，本于太一。太一出两仪，两仪出阴阳。阴阳变化，一上一下，合而成章。浑浑沌沌，离则复合，合则复离，是谓天常。天地车轮，终则复始，极则复反，莫不咸当。日月星辰，或疾或徐，日月不同，以尽其行。四时代兴，或暑或寒，或短或长，或柔或刚。万物所出，造于太一，化于阴阳。萌芽始震，凝寒以形。形体有处，莫不有声。声出于和，和出于适。先王定乐，由

此而生。

这段话的中心意思是，音乐之声来自于自然之声，音乐之和来自于自然之和。很显然，这是一种自然天道观，与书中对音乐的总体认识相一致。音乐来自于自然这一思想在春秋晚期就已经出现。秦景公时的医和为晋平公就诊时的一段话中就有"天有六气，降生五味，发为五色，征为五声"数句。① 但是医和所说过于简略，没有具体说明"六气"是如何产生"五声"的。而《大乐》在医和理论的基础上作了很大发展，明确提出太一生阴阳，阴阳生万物，万物有形有声，先王据此声以作乐，这就把音乐的产生说得更加具体明确，同时还将音乐纳入整个宇宙中。

《音初》又载："凡音者，产乎人心者也。感于心则荡乎音，音成于外而化乎内。"这是首次提出音乐与人心、与人心所感的关系，指出音乐产生的直接动因是人类抒发情感的需要。文中追溯了东、南、西、北四方音调的源起，认为这些音乐的产生都关乎情性，都与个人的不幸遭际有关，由于情绪激动而发乎声音，声音又可以反过来陶冶人们的感情。遗憾的是，音乐"本于太一"与"产乎人心"之间的关系问题，文中没有具体说明。

2. 文艺的审美、鉴赏

对于艺术的审美鉴赏问题，书中也有较为深入的论述。

从审美客体即作品本身而言，要符合具体的度量标准，这一标准就是"适中"、"平和"。如《适音》：

> 夫音亦有适。太巨则志荡，以荡听巨则耳不容，不容则横塞，横塞则振。太小则志嫌，以嫌听小则耳不充，不充则不詹，不詹则窕。太清则志危，以危听清则耳谿极，谿极则不鉴，不鉴则竭。太浊则志下，以下听浊则耳不收，不收则不特，不特则怒。故太巨、太小、太清、太浊皆非适也。
>
> 何谓适？衷，音之适也。何谓衷？大不出钧，重不过石，小大轻重之衷也。黄钟之宫，音之本也，清浊之衷也。衷也者，适也，以适

① 《左传·昭公元年》。

听适则和矣。乐无太，平和者是也。

声音太大会使人心志动荡，太小会心志疑惑，太高会心志不安，太低会心志卑下。音乐要合于度，即"衷"。针对这一标准，又提出与"适音"对立的范畴"侈乐"。何谓"侈乐"？《侈乐》载："为木革之声则若雷，为金石之声则若霆，为丝竹歌舞之声则若噪。以此骇心气、动耳目、摇荡生则可矣，以此为乐则不乐。""夏桀、殷纣作为侈乐，大鼓、钟、磬、管、箫之音，以巨为美，以众为观；俶诡殊瑰，耳所未尝闻，目所未尝见，务以相过，不用度量。"若雷、若霆、若噪、以巨为美、以众为观、俶诡殊瑰，这样的音乐都不符合"衷"的标准。

就审美主体而言，《吕氏春秋》既反对墨家的"非乐"主张，又反对不加限制地放纵欲望。一方面肯定了人对音乐的审美欲望，另一方面又主张节欲。《重己》：

> 昔先圣王之为苑囿园池也，足以观望劳形而已矣；其为官室台榭也，足以辟燥湿而已矣；其为舆马衣裘也，足以逸身暖骸而已矣；其为饮食酏醴也，足以适味充虚而已矣；其为声色音乐也，足以安性自娱而已矣。五者，圣王之所以养性也，非好俭而恶费也，节乎性也。

肯定了追求声色音乐是人的天性，而这种追求是为了"安性"、"养性"，是出于维护个体生命的需要，近于道家。

听乐者能否感受到愉悦，不但取决于音乐是否"适"，与听者的心境也有直接关系。听者能够感受到音乐之美的前提是要做到"心适"。《适音》：

> 耳之情欲声，心不乐，五音在前弗听；目之情欲色，心弗乐，五色在前弗视；鼻之情欲芬香，心弗乐，芬香在前弗嗅；口之情欲滋味，心弗乐，五味在前弗食。欲之者，耳目鼻口也；乐之弗乐者，心也。心必和平然后乐。心必乐，然后耳目鼻口有以欲之。故乐之务在于和心，和心在于行适。

只有平和的主观心境与适中的客观之乐相结合，即"以适听适"，才能真正获得审美愉悦。那么如何才能使心和适？《适音》的回答是"胜理"。"胜理以治身则生全以，生全则寿长矣。胜理以治国则法立，法立则天下服矣。故适心之务在于胜理。""胜理"包括治身和治国两个方面：治身之理就是六欲皆得其宜，既不纵欲，也不禁欲，一切服从于全性、全生；治国之理就是《大乐》所说"天下太平，万民安宁，皆化其上"。一方面要从有利于养生出发，满足人们正常的审美需求，要有平和的心境；另一方面，还要有适合于享受音乐艺术的安宁太平的社会环境。

不但作品的鉴赏者能够以平和之心领会作品的意趣，鉴赏者还可以与演奏者产生共鸣，达到二者思想、精神的交流与感应。《本味》所载为人熟知的伯牙鼓琴的故事中，钟子期听了伯牙的琴音就能领会其志在太山流水，两人产生共鸣的基础是都具有高远宽广的心胸和深厚的音乐修养。

总之，《吕氏春秋》的审美鉴赏论始终贯穿着道家养生、贵生、法天贵真的思想。

3. 文艺的社会功能

《吕氏春秋》直接强调音乐与政教以及道德的关系。如：

> 乐所由来者尚也，必不可废。有节有侈，有正有淫矣。贤者以昌，不肖者以亡。①

音乐可以表现感情，感情又是由外界环境的激发而产生，音乐就能反映出时代政治的治乱兴衰。《适音》一段论述更为明确：

> 故治世之音安以乐，其政平也；乱世之音怨以怒，其政乖也；亡国之音悲以哀，其政险也。凡音乐通乎政而移风平俗者也。俗定而音乐化之矣。故有道之世，观其音而知其俗矣，观其政而知其主矣。故先王必托于音乐以论其教。

一方面，政治的兴亡治乱会影响到音乐的整体格调，人们可以通过音乐来

---

① 《吕氏春秋·古乐》。

观政，音乐成为了政治状况的"晴雨表"。另一方面，音乐也会对政治产生一定的影响，音乐对人们的思想起着潜移默化的教育作用，同样有助于改变世风。强调了音乐的教化作用与社会功能。因此，首先要辨别音乐是否和适，再用和适之乐去治理国家，教导万民。如《音初》：

> 闻其声而知其风，察其风而知其志，观其志而知其德……郑卫之声，桑间之音，此乱国之所好，衰德之所说。流辟、诪越、慆滥之音出，则滔荡之气、邪慢之心感矣；感则百奸众辟从此产矣。故君子反道以修德，正德以出乐，和乐以成顺。乐和而民乡方矣。

肯定文艺的"观"的功能，乃是源于"凡音者，产乎人心者也"这一基本前提，但《吕氏春秋》作者只注意到了"心"自"声"出，在讨论"声"对"心"的反作用时，只讨论到"声"对整个社会的能动关系，却忽略了对个体的影响。

音乐除了教化与移风易俗的作用外，还有为统治者歌功颂德的功能。

> 禹立，勤劳天下，日夜不懈。通大川，决壅塞，凿龙门，降通漻水以导河，疏三江五湖，注之东海，以利黔首。于是命皋陶作为《夏籥》九成，以昭其功……成王立，殷民反，王命周公践伐之。商人服象，为虐于东夷。周公遂以师逐之，至于江南，乃为《三象》，以嘉其德。①

《吕氏春秋》中还提到了"用众"与"不二"的问题。"用众"与"不二"是探讨如何发挥集体的智慧和力量，以及如何统一众人思想的问题，反映了《吕氏春秋》编者的基本政治思想以及对学说和言论的看法。主要见于《贵公》、《用众》、《不二》几篇。《贵公》："天下，非一人之天下也，天下之天下也。阴阳之和，不长一类；甘露时雨，不私一物；万民之主，不阿一人……天地大矣，生而弗子，成而弗有，万物皆被其泽，得其利，而莫知其所以始。此三皇五帝之德也。"《用众》又曰："物固莫不有长，莫不有短。人亦然。故善学者，假人之长以补其短。故假人者遂

---

① 《吕氏春秋·古乐》。

有天下。"由大自然中阴阳、甘露的泽被万物，进而说到天下亦非一人之天下，而是天下人之天下。在推行集权、专制，即将统一天下的秦国，这样的声音，无疑具有明显的针对性，起到振聋发聩的作用，非有胆有识者不能为此言。《吕氏春秋》编辑成书不久，吕不韦便被迫迁蜀并自杀，恐怕与书中此类言论有直接关系，独断、残暴的秦始皇能够允许这样的言论存在吗？《吕氏春秋》最可贵的一点是，看到了任何事物都有所短，也有所长，不能因为有缺点就将其一棍子打死，而要扬长避短，取人之长，补己之短。这一思想用于政治，就是要虚心听取众人的意见，充分发挥每个人的长处，集中众人的力量和智慧，这样才能天下无敌。如《任数》：

> 耳目心智，其所以知识甚阙，其所以闻见甚浅。以浅阙博居天下、安殊俗、治万民，其说固不行。十里之间而耳不能闻，帷墙之外而目不能见，三亩之宫而心不能知。

个人的认识和视听范围总是有限的，要治理幅员辽阔的国家，绝不能专恃一己的认识能力。作为国君，要善于积极听取、采纳臣下意见，广开言路；作为大臣，要向君主尽谏诤的责任。书中不但明确提出了"用众"的理论，吕不韦还积极实践这一理论，《吕氏春秋》的编撰就是在这一思想指导下进行的。这部著作就是集体智慧的凝结。在成书后，吕不韦依然精益求精，欲广泛听取社会意见，公开以高价征求批评意见。这一创举，在整个封建社会都属罕见。

有了民主，还需要有集中，《吕氏春秋》对此也有论述。《不二》："有金鼓所以一耳也；同法令所以一心也；智者不得巧，愚者不得拙，所以一众也；勇者不得先，惧者不得后，所以一力也。故一则治，异则乱；一则安，异则危。夫能齐万不同，愚智工拙皆尽力竭能，如出乎一穴者，其唯圣人矣乎！"人心不同，观点各异，如果对什么都予以听从、采纳，就会造成混乱。因此，国家的法令必须统一，以保证全国有一致的行动准则，使不同的人都能在统一的法令下发挥其聪明才智。

很显然，《吕氏春秋》提出的这一治国方略有很大的合理性。遗憾的是，虽然在战国晚期秦国也吸纳了一批学术人才，但是除法家外，这些人对秦国政治的影响并不大，秦始皇不但未能很好地实行这一原则，连吕不韦本人也不得不离开国都。《吕氏春秋》中的这一声音在当时显得多么微弱。

　　"用众"与"不二"的思想主要是针对政治而提出，但对于文艺同样适用。文艺批评中若能够畅所欲言，各抒己见，听取各方面的意见，对于我们从不同角度全面认识文学现象无疑有很大益处。《吕氏春秋》的编撰就是"用众"思想指导下的成功范例。

　　《吕氏春秋》的文艺思想是在吸收各家思想的基础上，进而提出了自己全面系统的理论，因此，说《吕氏春秋》的文艺理论只有综合没有创新是不确切的。

第二章

秦汉时期《吕氏春秋》接受概说

第一节　秦汉时期接受《吕氏春秋》的
历史背景与基础

从整个中国学术思想的发展看，《吕氏春秋》在秦汉学术史上具有重要的地位。秦汉学术的特点是与现实社会政治紧密联系，在学术上具有综合性，思想上以天人、古今问题为关注中心。这些，也正是《吕氏春秋》努力的目标。

秦汉时期是中国封建社会的早期阶段，这一时期从总体上呈现出政治统一、社会稳定发展的局面。统一的时代需要统一的学术思想，先秦时期诸子百家争鸣的局面必然会随着政治的统一而终止。那么，政治统一后学术该如何统一，秦汉时期的学者们和政治家们都在苦苦探索，寻找能适应变化了的社会政治格局的学术形态。如果说，吕不韦组织编撰《吕氏春秋》是这一探索的开始，到了汉代采用黄老思想直到董仲舒的罢黜百家、独尊儒术，就是这种探索的继续。学术上的统一虽然结束了先秦诸子百家争鸣的局面，但并没有将诸子百家学说简单抛弃，而是依据时代需要，将百家融会贯通为一个综合的体系。

秦汉学术发展的主线索是综合前代学术成果，建立适应时代需要的新官学，学术要为政治服务。从《吕氏春秋》到汉武帝时期，是建立新官学的探索时期。《吕氏春秋》试图综合先秦诸子百家的精华，建立一个贯通天人、古今的学术体系，作为秦王朝的官学。以《吕氏春秋》为代表的新官学思潮的兴起，反映了中国古代贵族文化向官僚文化、多元的地域文化向一元的帝国文化的转变，这些转变的完成甚至奠定了统一的华夏民族的学术根基。由于吕不韦政治上的失败，《吕氏春秋》的理论未能付诸实践，但其综合诸子学说建立新官学的学术探索却为后来者效仿。秦汉时期，与君主专制主义集权政治相适应的大一统的学术面貌虽时有变化，如有时是杂家，有时是黄老，有时是儒家经学，但其为政治服务的宗旨始终未变。

由此看来，《吕氏春秋》开了建立一种能够综合百家学说、贯通天人古今以及为政治服务的新官学的先河，为秦汉学术的发展指出了方向，秦汉时期的学术就是沿着《吕氏春秋》的思路继续前进，到董仲舒，基本完成了这一历史使命。这是秦汉学者对《吕氏春秋》多有接受的深层社会原因。

《吕氏春秋》是一部综合性的杂家著作，它继承了前人的成就而有所发展，汲取了诸子的精华而有所批判，反映了战国时代各项研究的最高水平，如天文、历法、农业、养生、乐律等各种思想，都涵盖其中，涉及的领域非常广泛。《吕氏春秋》对先秦思想进行了融合，是以政治为宗旨，在对各派思想、各种学说进行去粗取精的基础上，进行了整合，从而形成了自己独特的思想体系。也就是说，《吕氏春秋》舍弃了先秦各种思想中的消极的、不适合政治社会的因素，而吸收了它们的精华。先秦思想中的精华要素都聚集于《吕氏春秋》中，汉代学者所需要的各种资料在《吕氏春秋》中大都出现，这是秦汉学者接受《吕氏春秋》的重要基础。

《吕氏春秋》为先秦思想的大总结，为汉代学者全面了解、研究先秦思想提供了材料。许多经秦火失传的文献，经《吕氏春秋》得以流传，汉代学者正是通过《吕氏春秋》掌握了一些失传的先秦文献，这是他们接受《吕氏春秋》的另一原因。

吕不韦组织门客编撰《吕氏春秋》的直接目的是为即将统一的秦帝国制定治国纲领。《吕氏春秋》是一部以服务于政治为宗旨，意在为统一的政权提供治国方略的著作。战国末期到汉初，正是政治逐渐走向统一的时期，统治者都面临着如何使政局统一以及如何巩固统一政权的问题，这一时期的统治集团以及思想家们都处于摸索试验的阶段。尽管秦统一全国之前，《吕氏春秋》已编撰成书，遗憾的是，秦始皇并没有采纳《吕氏春秋》中的政治主张，而是继续以法家思想为指导，结果是秦王朝迅速土崩瓦解。降及汉代，学者们一方面看到了秦王朝运用法家思想失败的惨痛现实；另一方面依然在继续寻找大一统帝国的治国纲领，这时战国末期就形成的却未被秦始皇采用的系统的治国方略——《吕氏春秋》正好为汉代学者提供了参考，他们自然会想到去《吕氏春秋》中寻找思想与经验，因此，《吕氏春秋》成为他们学习、模仿、研究的对象，他们对《吕氏春秋》多有吸纳与阐释成为这一时期接受《吕氏春秋》的主要特点。《吕氏春秋》融合百家思想而又自成一家的理论方法，也被汉代许多著作借鉴，使得汉初的几部著作都带上了"杂"的色彩。

《吕氏春秋》在对先秦思想融合的同时，还有一些创新，对一些思想根据政治实际作了改造与发展，尤其是论述了其他著作中未涉及的内容。如《音律》是目前见到的最早的系统论述乐律的文字，《上农》几篇是目前见到的最系统的农学著作。《吕氏春秋》将星空划分为九个区域，并与地上的九州相对应，开后世分野说。《吕氏春秋》中《十二月纪》[①]对物候的记载，是七十二候最早最完整的记载。这些都给了汉人很大的启发，这也是秦汉时期学者接受《吕氏春秋》的基础。

第二节　秦汉时期接受《吕氏春秋》的演进过程

秦始皇统一中国后，继续采用李斯的法家学说，压制其他学说的发展。由于秦始皇与吕不韦之间的矛盾，吕不韦本人在政治上的失败，连带着《吕氏春秋》在秦王朝统治时期也被湮没，除了批判外，秦代学者几乎未敢正面提及评价吕不韦与《吕氏春秋》。因此，从表象看，秦代没有采纳《吕氏春秋》中的主张。但是，细细考察，秦始皇客观上却无法阻挡《吕氏春秋》在当时的传播与造成的影响，秦代的有些思想还是接受了《吕氏春秋》中的一些内容。

秦代政治最大的特点就是推行"五德终始说"，这一学说影响到了秦代政治的许多方面，德水、尚黑、以六为纪、以十月为岁首等，都与这一思想有关。而阴阳五行思想正是《吕氏春秋》的重要思想之一，将阴阳五行与朝代更迭、四季、方位、天文、音律、政事等相结合，不但是《吕氏春秋》中《十二月纪》的主要内容，在《应同》等篇中也有系统阐述。秦代的"五德终始说"对《吕氏春秋》中的这些思想做了全面吸收。秦代盛行的另一重要思想就是神仙方术。神仙方术思想追求长生不

---

①　《吕氏春秋》中《十二纪》按照一年十二月编排，每一纪包含五篇文章，其中每一纪的第一篇文章主要说明该月的祭祀活动、物候、天文、历法、乐律等，学界习惯将这十二篇文章统称为《十二月纪》。

老，得道成仙，与《吕氏春秋》中的生死观截然相反，但《吕氏春秋》中丰富的养生、医学理论，又被秦代的方士或直接或间接地进行了吸收与阐释，当然，他们的阐释有的是遵循《吕氏春秋》原义，有些则是歪曲的解释。

降及汉代，统治者出于反秦的心理，也很少提到吕不韦和《吕氏春秋》，但从当时的政治统治思想来看，汉代统治者还是吸收了《吕氏春秋》的学术思想，特别是《吕氏春秋·十二纪》所阐发的大一统的宇宙系统论，更成为汉代以至中国传统政治的基本信条。

西汉的大部分学者都对《吕氏春秋》有继承与吸纳，这一方面源于政治实践的需要；另一方面也由于《吕氏春秋》本身理论的周密。他们还能够以较为公正客观的态度评价吕不韦以及《吕氏春秋》。这一时期吕不韦以及《吕氏春秋》的命运较秦代有了明显的改变。

陆贾的《新语》，历来被认为是最纯的儒家代表作，所谓"汉儒自董仲舒外，未有如是之醇正者"[1]。但此书也吸收了其他学派的思想，胡适就认为"此书是一种'杂家'之言，虽时时称引儒书，而仍不免带点左倾的色彩，故最应该放在《吕氏春秋》和《淮南王书》之间"[2]。如：

> 道莫大于无为，行莫大于谨敬。何以言之？昔舜治天下也，弹五弦之琴，歌《南风》之诗，寂若无治国之意，漠若无忧天下之心，然而天下大治。周公制作礼乐，郊天地，望山川，师旅不设，刑格法悬，而四海之内，奉供来臻，越裳之君，重译来朝。故无为者乃有为也。[3]

这段话的核心是道家无为思想，但也糅合了儒家思想，是《吕氏春秋》君道无为的具体化。陆贾还吸取了《吕氏春秋》中天人相感、类同相召的思想。

---

① 《四库全书总目提要》（卷九一）。

② 胡适：《述陆贾的思想》，收入《张菊生先生七十生日纪念论文集》，商务印书馆1937年版。

③ 《新语·无为》。

　　安危之要，吉凶之符，一出于身；存亡之道，成败之事，一起于善行；……故世衰道失，非天之所为也，乃君国者有以取之也。恶政生恶气，恶气生灾异。螟虫之类，随气而生；虹蜺之属，因政而见。治道失于下，则天文变于上；恶政流于民，则螟虫生于野。①

　　汉初的陆贾和贾谊都号称儒者，但他们都是在综合了道、法各家思想的基础上对儒家的复归，思想中都有"杂"的因素。

　　汉初盛行的黄老思想，对《吕氏春秋》多所吸收。黄老思想与《吕氏春秋》有着许多相似点，都融合百家，都为当时的政治服务，加上《吕氏春秋》中本身也有不少黄老思想的成分，这些都是汉初黄老学者学习《吕氏春秋》的基础。可以说，汉初在黄老无为而治思想指导下，当时政治中的许多举措如德刑结合、君主无为臣下有为等思想，都承《吕氏春秋》而来。

　　对《吕氏春秋》做了全面吸收的是汉初刘安主持编撰的《淮南子》。《吕氏春秋》与《淮南子》也是《汉书·艺文志》杂家类中现存最完整的两部著作。《淮南子》从编撰目的、编撰过程乃至编撰方法都对《吕氏春秋》进行了模仿与学习，在结构、思想、史料等方面都对《吕氏春秋》有吸纳，书中有些段落直接模仿或引用《吕氏春秋》，有些篇目是在《吕氏春秋》的基础上作了改变、发展与扩大。《淮南子》就是直接以《吕氏春秋》为蓝本写成的。

　　提出"罢黜百家、独尊儒术"的董仲舒，也对《吕氏春秋》有借鉴与吸收。董仲舒最著名的"天人感应"论中的"天命论"，就是在《吕氏春秋》中《十二月纪》以及《应同》、《召类》、《精通》天人思想基础上发展而来，而他的"天人谴告"说又是《吕氏春秋》中天降灾祸的进一步系统化。总体说，董仲舒的天人感应思想内容大都继承《吕氏春秋》，他吸纳了《吕氏春秋》中的天人思想，并做了进一步的发挥和阐释，使之成为了系统的理论。董仲舒的大一统论和"罢黜百家、独尊儒术"也有与《吕氏春秋》的相合之处，董仲舒所独尊的"儒术"实质是在儒家的旗帜下对诸子百家的综合，与《吕氏春秋》的融合百家相一致，唯一不同的是，《吕氏春秋》融合百家以"王治"为宗旨，董仲舒的"儒术"

---

　　① 《新语·明诚》。

则是以儒家为核心。

司马迁是首次对吕不韦以及《吕氏春秋》作评价的学者，他在《史记》中专列《吕不韦列传》，对吕不韦的生平事迹尤其是他后半生的政治活动作了详细记载，同时，在《太史公自序》、《十二诸侯年表》中对《吕氏春秋》给予很高评价，司马迁的这些评价对于扭转当时人对吕不韦政治投机的偏见，对《吕氏春秋》杂凑的认识起了很好的纠正作用。《史记》中儒道并重的思想也与《吕氏春秋》一脉相承，司马迁"不虚美"、"不隐恶"的修史原则与《吕氏春秋》贵公尚信的取材标准相统一。此外，在具体写作上如互见法、情节、语言等方面，《史记》都有对《吕氏春秋》的明显借鉴。

刘向父子以及班固是首次对《吕氏春秋》的学派归属作出明确说明的学者，在《汉书·艺文志》诸子类十家中"杂家类"位居其一，班固在《汉志》中还对杂家学派的特征进行了具体阐释，并且著录了二十种杂家著作。班固将杂家独立出来，使《吕氏春秋》有了自己的学派归属，这是对《吕氏春秋》性质的理论认识，显示出汉代人对《吕氏春秋》的研究从就书论书上升到了学术演进的高度，将《吕氏春秋》置于整个学术发展的大背景下讨论其特点性质。《汉书·艺文志》对《吕氏春秋》杂家学派的归属对后代目录学著作产生了重要影响。

刘向还曾对《吕氏春秋》的作者以及该书的主要宗旨有简略说明："秦相吕不韦集知略之士而造《春秋》，亦言薄葬之义，皆明于事情者也。"① 他肯定了吕不韦的主编之功，同时又强调其门客的著述成就，将他们称作知略之士。班固对《吕氏春秋》的评价就直接源于刘向，甚至连句式都十分相仿。需要说明，刘向对《吕氏春秋》一书主旨的认识有些偏颇，"言薄葬之义"近于墨家思想，书中《节丧》、《安死》等篇就是发挥墨家薄葬观点的，但这只是《吕氏春秋》中诸多思想中的一部分，并不能代表该书的整体倾向。

刘向父子不但对《吕氏春秋》有评点，刘向的《说苑》、《新序》中有些内容也取自《吕氏春秋》。

> 古有行大公者，帝尧是也。贵为天子，富有天下，得舜而传之，

---

① 《汉书·楚元王传》所附《刘向传》。

不私于其子孙也……此盖人君之至公也。①

《吕氏春秋·去私》：

> 尧有子十人，不与其子而授舜；舜有子九人，不与其子而授禹；
> 至公也。

《说苑》无论是思想还是事例都本于《吕氏春秋》。《新序》中有些片段则是直接抄自《吕氏春秋》。

> 天生人，而使其耳可以闻，不学，其闻则不若聋；使其目可以
> 见，不学，其见则不若盲；使其口可以言，不学，其言则不若喑；使
> 其心可以智，不学，其智则不若狂。②

《吕氏春秋·尊师》：

> 且天生人也，而使其耳可以闻，不学，其闻不若聋；使其目可以
> 见，不学，其见不若盲；使其口可以言，不学，其言不若爽；使其心
> 可以知，不学，其知不若狂。

《新序·节士》："其知弥精，其取弥精；其知弥粗，其取弥粗。"《吕氏春秋·应同》有："其智弥粗者，其所同弥粗；其智弥精者，其所同弥精"两书仅个别字不同。

　　除对吕不韦以及《吕氏春秋》持肯定者外，汉代也不乏对吕不韦颇有微词者。扬雄对吕不韦奇货可居的行为就十分不满：

> 或问："吕不韦其智矣乎，以人易货？"曰："谁谓不韦智者与？
> 以国易宗。不韦之盗，穿窬之雄乎？"③

---

① 《说苑·至公》。
② 《新序·杂事》。
③ 《法言·渊骞》。

扬雄反对时人将吕不韦作为智者，他认为吕不韦是"以人易货"、"以国易宗"，甚至直接将吕不韦指斥为盗贼，其鄙薄、愤怒之情溢于言表。很显然，扬雄还是站在儒家的立场来衡量吕不韦其人其事，不免显得有些迂阔。

从西汉初的陆贾、贾谊，到刘安、董仲舒、司马迁，一直到西汉末的刘向，都吸取了《吕氏春秋》中的思想，有的在吸取的同时还作了发挥和改造，有的甚至直接抄录了《吕氏春秋》中的段落。西汉对《吕氏春秋》的吸纳贯穿始终。

到了东汉，学者们对《吕氏春秋》的学习和关注逐渐减少，这主要源于以下原因。第一，董仲舒"独尊儒术"后，汉代的官方意识形态得以确立，到东汉，已经彻底巩固，这时学者们无须再去《吕氏春秋》中寻找治国方略，对《吕氏春秋》的关注也逐渐减弱。第二，东汉兴起了新的思想体系道教和佛教，这些新的思想对学者有更大的吸引力，学者们遂将注意力转移到这些新思想中。第三，东汉时期中国封建专制集权制度得到巩固，《吕氏春秋》中的一些理论已经不再适应当时社会，如贵公、君权有限等，这些理论不但不会被统治者采纳，反而是统治者极力回避甚至是禁止的，这也影响到了社会对《吕氏春秋》的关注。第四，东汉以后，名教、门第观念日渐盛行，在这种风气之下，吕不韦仅是"奇货可居"的商人，他这样的出身自然为那些世家、名士们所不齿，《吕氏春秋》也因之受到冷落。

生活于两汉之际的桓谭对《吕氏春秋》评价甚高，"秦吕不韦请迎高妙，作《吕氏春秋》"。[①]　"高妙"也是类似于智略之士一类的赞美之语，桓谭对吕不韦以及《吕氏春秋》的称美之意十分明显。

汉末王充又从另外的角度来审视吕不韦编撰《吕氏春秋》一事。

　　　或曰：……吕不韦作《春秋》，举家徙蜀；淮南王作道书，祸至灭族；韩非著治术，身下秦狱。身且不全，安能辅国？夫有长于彼，安能不短于此？深于作文，安能不浅于政治？
　　　答曰：……古以言为功者多，以文为败者希。吕不韦、淮南王以

---

①　《新论·本造》。又见《文选》收杨德祖《答临淄侯笺》，李善注引，上海古籍出版社1980年版，第1819页。

他为过，不以书有非；使客作书，不身自为，如不作书，犹蒙此章章之祸。①

针对有的人认为吕不韦是因为主持编撰《吕氏春秋》才导致了"举家徙蜀"、引鸩自杀后果，王充提出不同的看法，他认为正是吕不韦自身的原因才导致灾祸，与著书无关，即使他不主持编书，也仍然会有灾祸发生。王充一方面批判了吕不韦性格中的缺点；另一方面也否定了吕不韦主持编撰《吕氏春秋》之功绩，这不免有些纠枉过正。但是王充看到了吕不韦一字千金故事背后的真正缘由。

淮南、吕氏之文不无累害，所由出者，家富官贵也。夫贵，故得悬于市；富，故有千金副。观读之者，惶恐畏忌，虽见乖不合，焉敢遣一字？②

当时没有人能为《吕氏春秋》增损一字，盖慑于吕不韦的权势，并非《吕氏春秋》本身完美无缺。王充一语道破事情真相。

王充还就《吕氏春秋》的风格作了点评，"陈元言讷，范叔（升）章诎，《左氏》得实，明矣。言多怪，颇与孔子不语怪力相违返也。《吕氏春秋》亦如此焉"。③ 认为《吕氏春秋》多言怪异之事，不合于孔子"不语怪力乱神"之准则。王充以唯物主义的观点审察《吕氏春秋》，夸大了书中所载怪异之事的成分，有些片面。从《吕氏春秋》全书看，虽然有一些怪异之事的记载，尤其是有关阴阳五行的论述，但整体风格却是平实质朴的。

王充虽然对《吕氏春秋》有微词，但他还是吸纳了《吕氏春秋》中的一些思想，如他强调自然无为，天地乃含气之自然，人的智慧是禀受了精气而成的。这些观点与《吕氏春秋》的天道观一脉相承。《论衡·自然》：

---

① 《论衡·书解》。
② 《论衡·自纪》。
③ 《论衡·案书》。

天地合气，万物自生，犹夫妇合气，子自生矣……夫天覆于上，地偃于下，下气烝上，上气降下，万物自生其中间矣。

这段文字显然是从《吕氏春秋·大乐》中"阴阳变化，一上一下，合而成章……万物所出，造于天一，化于阴阳"发展而来。

由最初的评点、模仿、吸取，到两汉之际杂家学派的提出，汉代学者们对《吕氏春秋》的认识逐渐深入，到了东汉末年，受当时注书大潮的影响，学者们开始了对《吕氏春秋》文本的注释校勘工作，预示着对《吕氏春秋》的研究由外部评价转入对文本本身的关注。卢植作《吕氏春秋训解》，大儒高诱打破了汉儒只将眼光局限于经书的局面，独具慧眼，选择了《吕氏春秋》，为它作注，且对《吕氏春秋》评价甚高。高诱的工作包括了释义、校勘、音注、训释典章制度等，为后人研究《吕氏春秋》提供了重要的版本，为《吕氏春秋》的流传，立下了不朽之功。

对于《吕氏春秋》中《十二月纪》与《礼记·月令》孰先孰后问题，自东汉始就出现了截然相反的两种观点。郑玄主张应该是《月令》抄袭《十二月纪》，"名曰'月令'者，以其记十二月政之所行也。本《吕氏春秋》十二月纪之首章也。以礼家好事抄合之，后人因题之名曰《礼记》"。① 他同时还指出《吕氏春秋》书名为"春秋"的缘由，"吕氏说月令而谓之'春秋'，事类相近焉"。② 认为《十二月纪》按照一年十二月四季来安排结构，故谓之春秋。与郑玄相反，蔡邕则是主张《十二月纪》抄自《月令》。

《周书》七十一篇，而《月令》第五十三。秦相吕不韦著书，取《月令》为纪号。淮南王安亦取以为第四篇，改名曰《时则》，故偏见之徒，或云《月令》吕不韦作，或云淮南，皆非也。③

蔡邕认为《月令》本于《周书》，《吕氏春秋》、《淮南子》又本于《月令》。郑玄、蔡邕两家发其端，后代学者就此问题或步郑玄，或随蔡邕，

① 《三礼目录》中《礼记·月令疏》引。
② 《礼记·礼运注》。
③ 《蔡中郎集》，见《四库全书》本。

形成了两大阵营，时至今日仍未有定论。

汉代学者除了对《吕氏春秋》的编撰目的、方法，政治思想、哲学思想、内容等有所接受外，对《吕氏春秋》中的其他思想如文艺思想、乐律理论、天文历法思想、农业思想、农业技术理论、养生医学思想也从不同的角度进行了吸取与阐释。

《吕氏春秋》中多篇集中论述文艺思想，包括言意的关系、艺术的起源、艺术的批评鉴赏、文艺的社会功用等问题，《礼记·乐记》、《诗大序》、《淮南子》、《论衡》对这些问题都有接受，《春秋繁露》则将《吕氏春秋》中文艺移风易俗的功能片面发展为文艺只能歌颂政治，走向了极端。《吕氏春秋》中的《音律》是古代最早的律学专篇，对十二律的次序以及相生方法作了具体说明，提出了十二律相生的三分损益法。在《十二月纪》中还将乐律与阴阳五行、政令、月份、节气等相配合，开了后世将乐律与政治相比附的先河。汉代全面吸收了《吕氏春秋》所载十二律相生的三分损益法，有的还作了进一步的发展，同时还将对乐律理论的介绍正式列入正史中，自《史记》中列《乐书》、《律书》始，《汉书》、《后汉书》以及后代的正史大都把《律历志》列入其中。

我国古代，天文历法往往与农业生产、社会生活有着密切的关系，《吕氏春秋》的《十二月纪》将天文、历法、节气、物候、祭祀、五方、五帝、五音等与五行、月份相配合，虽然有些迷信的成分，但总体讲包含了大量的科学的天文历法思想。《十二月纪》记载了一年十二个月昏、旦、午三个时辰的宿位。《有始览》中将星空划分为九个区域，配以二十八宿，与地上的九州对应，开后世九天之说。《史记·天官书》、《汉书·天文志》、《汉书·地理志》中的相关记载，都本于《吕氏春秋》。《吕氏春秋》中还记载了二十四节气中的八种最基本的节气，到了《淮南子》，则出现了完整的二十四节气的记载。《吕氏春秋》中首次出现了完整的七十二候的记录，汉代出现的月令类著作如《淮南子·时则训》、《逸周书·时训》、《礼记·月令》、《四民月令》等对节气、物候的记载都是在吸纳《吕氏春秋》的基础上形成。《吕氏春秋》中天文历法思想最大的特点就是与灾异说相结合，利用天文历法为政治服务，汉代学者将这一思想作了充分发挥，最终导致了谶纬思想的泛滥，直接影响了汉代的政治。儒家典籍《礼记》中《月令》一篇与《吕氏春秋》中《十二月纪》内容相同，这是在汉代阴阳五行思想盛行的大背景下，学者抄录《十二月纪》

以成《月令》，这也说明汉代学者对《吕氏春秋》的重视与吸收。

《吕氏春秋》中养生思想也十分丰富，认为养生须顺应自然规律，要讲究"适"；饮食起居需有节制，保持阴阳平衡。强调运动对身体的重要性，注意到了生活环境对人体健康的影响，认识到了养生与食物、心理的关系等。汉代的重要医学著作《黄帝内经》无论是宏观指导思想还是具体养生方法，都对《吕氏春秋》有接受。《黄帝内经》全面吸纳了《吕氏春秋》以阴阳五行为指导思想的思路，并且将这种思维方式运用于对人体的解释、疾病的诊治上。《黄帝内经》主张保持人体精气畅通、注重环境对人体健康的影响、动静结合、强调人的心理精神对治疗的作用等，都是在《吕氏春秋》基础上的发展。

《吕氏春秋》除了《十二月纪》中对农业生产生活有记载外，《上农》、《辩土》、《任地》、《审时》四篇是我国最早的系统的农学著作。书中提出的"三才"思想、以农业为主兼顾其他经济的农业思想，汉代学者都有阐释。《吕氏春秋》中最重要的农学理论是对农业技术的论述，诸如精耕细作、土地利用、掌握农时、栽培技术等，都有详细论述。汉代出现的代田法以及农学著作《氾胜之书》中记载的区田法，都是在《吕氏春秋》载"上田弃亩"基础上的发展，《氾胜之书》的耕作理论如"趣时"、"和土"等也是《吕氏春秋》"三才"理论在耕作栽培方面的具体化。汉代的另一部农学著作《四民月令》按照一年十二月来安排农业生产活动，直接模仿《吕氏春秋》的《十二月纪》。

总观汉代学者对《吕氏春秋》的称引、吸纳与阐释，有以下几个特点：

1. 总体看，两汉学者对吕不韦以及《吕氏春秋》的评价大都承司马迁而来，持肯定态度者居多，但也不乏否定者。

2. 汉代学者对《吕氏春秋》中的天人感应思想和阴阳五行学说里的神秘成分，作了充分发挥，并将之广泛渗透到社会政治文化等各个领域。他们使《吕氏春秋》中的支流思想，成为汉代的主流思想，这对汉代唯心主义哲学和宗教迷信思想产生了重要影响，汉代盛行的谶纬学说皆发端于此。《汉书》始设《五行志》，将春秋时期直到王莽时发生的各种灾异以及政治变故一一列出，并且还附了汉代经学家的解释。秦火之后，先秦邹衍学派的资料所存甚少，《吕氏春秋》中的《十二月纪》、《应同》、《召类》等篇成为汉代阴阳五行思想的重要来源。

3. 先秦学术文化的巅峰和代表是诸子之学，汉代则是经学，《吕氏春秋》在诸子学向经学的转化过程中发挥了重要作用。汉初的两部重要著作《淮南子》和《春秋繁露》，都对《吕氏春秋》有大量的吸收和阐释，可以说，《吕氏春秋》、《淮南子》、《春秋繁露》一脉相承，《吕氏春秋》充当了先秦诸子学向汉代经学过渡的载体和桥梁。

4. 汉代学者在著书时对《吕氏春秋》"整书"的观念、编撰方法也有吸收。《淮南子》、《史记》乃至刘向的《说苑》、《新序》等，无不是在学习《吕氏春秋》体例的基础上编撰而成的。

第 三 章

秦代对《吕氏春秋》的吸纳与接受

　　《吕氏春秋》成书后相当一段时间内，不被重视，这是因为吕不韦与秦始皇之间的权利争夺，最后以吕不韦的失败而告终，《吕氏春秋》一书也成为秦代的禁书。到秦始皇焚书坑儒时，融汇各家思想的《吕氏春秋》更成为了当时的批判对象。从表象看，《吕氏春秋》没有在秦代产生明显的影响，但如果进一步考察，就会发现，秦始皇还是无意中采用了《吕氏春秋》中提出的一些观点。

第一节　秦代"五德终始说"对《吕氏春秋》的吸纳

　　秦始皇时期，思想方面一个最重要的变化是将阴阳五行思想运用于政治，将君权神化，确立了"五德终始说"在政治思想中的地位，这种影响一直贯穿了整个封建时期。

　　　秦始皇既并天下而帝，或曰："黄帝得土德，黄龙地螾见。夏得木德，青龙止于郊，草木畅茂。殷得金德，银自山溢。周得火德，有赤乌之符。今秦变周，水德之时。昔秦文公出猎，获黑龙，此其水德之瑞。"于是秦更命河曰"德水"，以冬十月为年首，色上黑，度以六为名，音上大吕，事统上法……自齐威、宣之时，驺子之徒论著终始五德之运，及秦帝而齐人奏之，故始皇采用之。①

_____

① 《史记·封禅书》。

又《史记·秦始皇本纪》：

> 始皇推终始五德之传，以为周得火德，秦代周德，从所不胜。方今水德之始，改年始，朝贺皆自十月朔。衣服旄旌节旗皆上黑。数以六为纪，符、法冠皆六寸，而舆六尺，六尺为步，乘六马。更名河曰德水，以为水德之始。刚毅戾深，事皆决于法，刻削毋仁恩和义，然后合五德之数。于是急法，久者不赦。

《集解》曰："《汉书·郊祀志》：'齐人邹子之徒论著终始五德之运，始皇采用。'"邹子之徒为齐人邹衍、邹奭等。《汉书》称秦始皇运用的"五德终始说"采自邹子，邹子的学说就保存在《吕氏春秋》中。

在《吕氏春秋》中，阴阳五行说运用到了社会生活的各个方面，尤其是在《十二月纪》中，将五行、四季、方位、天文、历象、天干、神祇、动物、音律、五味、五臭、祭祀、君主起居、政事、禁忌、节气等都收罗进去，形成了一个包含社会生活许多方面的庞大体系。在《应同》篇中，直接利用邹衍的"五德终始说"来解释朝代的更迭。《吕氏春秋·应同》：

> 凡帝王者之将兴也，天必先见祥乎下民。黄帝之时，天先见大螾大蝼。黄帝曰"土气胜"，土气胜，故其色尚黄，其事则土。及禹之时，天先见草木秋冬不杀，禹曰"木气胜"，木气胜，故其色尚青，其事则木。及汤之时，天先见金刃生于水，汤曰"金气胜"，金气胜，故其色尚白，其事则金。及文王之时，天先见火，赤乌衔丹书集于周社，文王曰"火气胜"，火气胜，故其色尚赤，其事则火。代火者必将水，天且先见水气胜，水气胜，故其色尚黑，其事则水。水气至而不知，数备，将徙于土。

这一段文字系统说明了五行与朝代兴替的关系，"代火者必将水"正是秦始皇德水的重要理论依据。这段话与上引《秦始皇本纪》中一段有许多相同之处：水代火，水对应的颜色是黑，所以服饰都尚黑。不同的是，秦始皇认为，"刻削毋仁恩和义"、"急法"、"久者不赦"是与水德相应的。《吕氏春秋》则不同，它虽然主张以水德代替周的火德，但主张对老百姓要"爱利"。在《十二纪》中，与水德相应的冬季，也惩罚罪人，但惩罚的是"阿上乱法者"，此外，则是"赏死事，恤孤寡"，这些都与秦始皇完全相反。由此可见，在秦始皇统一中国之前，邹衍的"五德终始说"就已经传入秦国，并且有了很大影响，为秦人所熟知。邹衍、邹奭为齐国稷下学宫学者，在齐国稷下学宫日渐衰落，而秦国在灭六国的迅猛势头中日渐强大时，稷下学宫一些学者就从齐国来到了秦国，这些学者有的成为了吕不韦的门客，成为《吕氏春秋》的作者之一。到秦始皇统一天下，有人就向秦始皇上奏五德学说，因为五德终始说能够论证秦王朝的建立是所谓历史发展的必然法则，所以得到了秦始皇的欢心，秦始皇遂把"五德终始说"作为秦王朝立国的理论依据，成为了中国历史上第一个接受"五德终始说"的古代帝王。从秦始皇开始，"五德终始说"正式成为了中国古代封建王朝改朝换代的理论依据。《史记》称秦始皇时的"五德终始说"采自齐人，并非取自《吕氏春秋》。关于这一问题，大可不必太拘泥于《史记》的记载。《吕氏春秋》中有现成说法，且该书编成后吕不韦用"一字千金"产生了巨大的轰动效应，秦始皇对书中内容岂能不知？他应该是早就看中了《吕氏春秋》中的这部分内容，只是因为与吕不韦之间的矛盾不便明说，这时有齐人来奏，正中下怀，便欣然同意实行。可以看出，秦始皇完全采用了《吕氏春秋·应同》篇的历史观和《十二纪》中水德与黑色、六数相配的说法。秦始皇一方面打击吕不韦的势力，另一方面又运用了《吕氏春秋》中的思想。

第二节 秦代神仙方术思想对《吕氏春秋》的接受

秦代盛行的另一思想就是神仙方术。神仙是指经修炼而达到生命永恒与自由的人。神仙思想流行于战国时期的燕齐之地，鼓吹神仙说的人叫作神仙方士，他们可能懂得一些神奇的方术，或者收藏一些可以长生的药方。神仙方士既是神仙说的鼓吹者，又是神仙方术的实践者。神仙方术思想迎合了人们尤其是帝王欲长生成仙的心理，因此在古代非常盛行，成为道教理论的重要组成部分。

一 神仙方术思想的渊源与发展

神仙思想的产生与山海幻境、飞行动物、内练修养、药物作用等有关。如传说中的蓬莱等仙山在海中就与海市蜃楼有关；早期的仙人往往被描述为身披羽毛的怪状，后世形成了"羽化登仙"的说法，对仙人自由飞行的想象明显受到飞行动物的启发；内练修养不仅是一种健身术，还可以使人产生体轻以至腾空的感觉，《庄子》中描写的至人就属于这一类，"至人潜行不窒，蹈火不热，行乎万物之上而不栗"①。先民在生活实践中发现了许多自然物有治病健身的功效，就将有的药物神化，引出了"不死之药"的观念。这些都促成了神仙思想的产生与发展。

我国古代很早就有仙人以及不死之药的描述。《山海经》中已经出现了对不死之药与不死之民的记载，《大荒南经》："有不死之国，阿姓，甘木是食。"《海内西经》："开明东有巫彭、巫抵、巫阳、巫履、巫凡、巫相，夹窫窳之尸，皆操不死之药以距之。"《海外南经》："不死民在其东，其为人黑色，寿，不死。"《山海经》中屡屡言及"寿"，而且明确出现了"不死"的描述。这些人之所以能够不死，是因为具有了特殊的生存环境，如大荒之野等。后来的解释者把那些长寿不死的人称之为"仙"或"神仙"，他们生活的环境则称之为"仙境"。在此类仙境中还存在着能够使人"不死"的奇方仙药，如果能够获取这样的奇方仙药，就可以长生成仙。在这种观念的刺激下，社会上逐渐出现了专门从事向仙境求长生不老药的群体，即神仙家。《山海经》还出现了早期"羽人"的描写，《大荒南经》："又有成山，甘水穷焉。有季禺之国，颛顼之子，食黍。有羽民之国，其民皆生毛羽。"

《庄子》中多次描述神人、至人、真人等奇异的神仙行状，《逍遥游》："藐姑射之山，有神人居焉，肌肤若冰雪，绰约若处子；不食五谷，吸风饮露；乘云气，御飞龙，而游乎四海之外。其神凝，使物不疵疠而年谷熟。"《齐物论》："至人神矣！大泽焚而不能热，河汉沍而不能寒，疾雷破山而不能伤，飘风振海而不能惊。若然者，乘云气，骑日月，而游乎四海之外。死生无变于己，而况利害之端乎！"《庄子》中的"神人"、"至人"能够腾空飞行，长生不死，具有超人的神异功能，显示了非凡的气派，这些描写虽然并没有使用"神仙"的字样，但实际上已经塑造了神仙形象。《庄子》中描写的各式神仙人物、提出的各种长生方术对后代产生了深远影响，为后世方士、道士所称道。

---

① 《庄子·达生》。

战国前中期，燕齐沿海一带逐渐兴起了求仙活动，甚至波及上层统治者。《史记·封禅书》：

> 宋毋忌、正伯侨、充尚、羡门高最后皆燕人，为方仙道，形解销化，依于鬼神之事。驺衍以阴阳主运显于诸侯，而燕齐海上之方士传其术不能通，然则怪迂阿谀苟合之徒自此兴，不可胜数也。自威、宣、燕昭使人入海求蓬莱、方丈、瀛洲。此三神山者，其传在渤海中，去人不远。患且至，则船风引而去。盖尝有至者，诸仙人及不死之药皆在焉。其物禽兽尽白，而黄金银为宫阙。未至，望之如云；及到，三神山反居水下。临之，风辄引去，终莫能至云。

燕齐方士具体演绎了海上三神山的位置，并且描述了神山"其物禽兽尽白，而黄金银为宫阙"的令人神往的独特之处。在这种背景下，许多帝王接二连三派遣方士入海求仙，成为历史上颇受关注的现象。从《史记》、《汉书》这些正史中记载的大量有关资料，不难发现当时求仙风气之盛。

神仙思想还影响了文学创作，《楚辞》中已经有了这样的描写。《远游》中述说了成仙的方法，"餐六气而饮沆瀣兮，漱正阳而含朝霞"。诗中主人公曾向仙人王子乔请教成仙之道，在领受了仙人的教诲之后，主人公便开始了游仙修炼的历程。经养炼服食，终于成仙登遐，开始了自由飞行、游历天地的神仙生活。诗歌中的描写典型地反映了当时流行的神仙遐想。

《汉书·艺文志》在《方技略》中专辟"神仙"一类，著录了当时神仙十家二百余卷，可见当时神仙类著作的丰富，并且谈到当时人们心目中的神仙形象：

> 神仙者，所以保性命之真，而游求于其外者也。聊以荡意平心，同死生之域，而无怵惕于胸中。然而或者专以为务，则诞欺怪迂之文弥以益多，非圣王之所以教也。

刘向虽然把神仙家排斥于圣教之外，但他比较客观地陈述了他们的生命理想以及消除"生死界限"的追求，这是在掌握了当时流传的诸多神仙家历史文献基础上得出的结论，甚为可信。

二　秦代神仙方术思想的盛行

秦皇汉武时期是神仙方术思想最为流行的时期。秦始皇统一天下，极欲淫威，更想长生不死。方士们向他奏说的仙人及其不死之药，正好投合了他贪恋的心理，于是屡屡派遣使者访求。《史记·秦始皇本纪》与《封禅书》中此类记载颇多。如秦始皇二十八年（前219年），即统一全国两年后，"齐人徐市等上书，言海中有三神山，名曰蓬莱、方丈、瀛洲，仙人居之。请得斋戒，与童男女求之。于是遣徐市发童男女数千人，入海求仙人"①。（始皇）"即帝位三年……于是始皇遂东游海上，行礼祠名山大川及八神，求仙人羡门之属。"②"三十二年，始皇之碣石，使燕人卢生求羡门、高誓……使韩终、侯公、石生求仙人不死之药。"③

秦代在文化方面的一件大事就是焚书坑儒，焚书坑儒对中国文化造成了前所未有的破坏，而坑儒事件，也与方术之士有关。据《史记·秦始皇本纪》载，秦始皇三十五年（前212年），方士卢生向始皇上奏一事：

> 卢生说始皇曰："臣等求芝奇药仙者常弗遇，类物有害之者。方中，人主时为微行以辟恶鬼，恶鬼辟，真人至。人主所居而人臣知之，则害于神。真人者，入水不濡，入火不爇，陵云气，与天地久长。今上治天下，未能恬惔。愿上所居宫毋令人知，然后不死之药殆可得也。"于是始皇曰："吾慕真人，自谓'真人'，不称'朕'。"乃令咸阳之旁二百里内宫观二百七十复道甬道相连，帷帐钟鼓美人充之，各案署不移徙。行所幸，有言其处者，罪死。

始皇对卢生言听计从，但卢生等人为始皇寻找不死之药无果后，便合谋逃跑了。秦始皇被方士欺骗，勃然大怒，直接导致了坑儒的发生，又引发了秦始皇迁怒于长子扶苏、让他"北监蒙恬于上郡"一事。这两件事对秦王朝的统治产生了极为不利的影响，而这一切都是由秦始皇所宠信的神仙

---

① 《史记·秦始皇本纪》。

② 《史记·封禅书》。

③ 《史记·秦始皇本纪》。

方士直接引起的。

　　秦始皇不但屡屡派方士为他求取长生不死之药，三十六年，又下诏秦博士为他作《仙真人诗》。《仙真人诗》早已失传，其内容不得而知，但从题目来看，不外乎是秦博士迎合始皇好大喜功、追求长生不死的心理，在诗歌中一方面表达朝廷上下对始皇帝的赞颂；另一方面期望有这样的文治武功的皇上能够长生不死，在大臣们的赞扬与祝福下，秦始皇最后终于如愿以偿地成为了"仙真人"。

三　秦代神仙方术思想与《吕氏春秋》相关理论的暗合之处

（一）秦代神仙方术思想与《吕氏春秋》中的阴阳五行理论

　　阴阳五行思想是《吕氏春秋》中的重要思想，该书的整体结构就是以阴阳五行思想为架构进行编排的，而阴阳五行又与道教神仙方术有着千丝万缕的联系。

　　神仙方士吸收邹衍的阴阳五行学说，并将其与早期方术结合了起来。最早出现于燕齐沿海地区的方仙道，就是阴阳五行理论与早期方术结合后的产物。

　　《史记·封禅书》载："驺衍以阴阳主运显于诸侯，而燕齐海上之方士传其术不能通，然则怪迂阿谀苟合之徒自此兴，不可胜数也。"由此可见，方仙道"形解销化"的修炼成仙之术，其理论依据就是邹衍的阴阳五行思想，但是由于"不能通"而产生了很多"迂怪之徒"。神仙方术与阴阳五行相结合，使得神仙方士既有了"术"，又有了"学"，他们的学说就更具说服力与可信性。

　　道教神仙体系中的神灵也与阴阳五行有关系，其中比较明显的有东土公、西王母、酆都大帝、玄武大帝等。东王公又称木公，为太阳之神；西王母又称金母，《集仙录》称她为"二气之祖宗，阴阳之原本，仙真之主宰，造化之元气"。酆都大帝为阴神，陶弘景《真灵位业图》称他为"北阴大帝"。玄武大帝为北方水神。①

　　由于神仙方士将阴阳五行作为其理论根据，而邹衍靠阴阳五行学说受宠于诸侯的事实，对于战国中后期神仙方术的勃兴产生了直接的刺激作用。甚至邹衍本人也被仙化，在他死后，出现了一些有关他的神奇传说。

---

① 张兴发：《道教神仙信仰》，中国社会科学出版社 2001 年版，第 39 页。

如《淮南子》云："邹衍事燕惠王尽忠，左右谮之，王系之，仰天而哭，五月天为之下霜。"①刘向《别录》亦云："邹衍在燕，有谷寒不生五谷，邹子吹律而温至生黍也。"②邹衍本人给后世留下的就是一个典型的方士形象。

阴阳五行思想是《吕氏春秋》与神仙方术思想中的重要内容。在把阴阳五行作为立国理论依据且神仙方术思想大盛的秦代，《吕氏春秋》中的阴阳思想必然会受到关注。

（二）秦代神仙方术思想对《吕氏春秋》中养生、医学思想的吸收

神仙方术与养生之道之间有许多不同，追求不死与希望长生也不能等同，但是二者之间又很难有明确的界限划分，特别是在一些方法手段方面，更难以区分其目的究竟是为了保健养生，还是期望能够长生不死。两者之间最明显的区别是，神仙方术含有降神的内容，而养生之道、长生之术主要着眼于自身躯体的保养，没有接神、降神的内容。

与神仙家欲使人长生不死、羽化成仙相比，《吕氏春秋》的作者们对生死表现得较为达观，他们能够正确对待生死，《节丧》、《安死》等篇提出要养生安死，坦然面对死亡，任何追求长生不死的企图和行为都是徒劳，但人们可以通过努力适当延长自己的寿命。《吕氏春秋》中有丰富的医学与养生思想，《重生》、《贵生》、《孝行》、《本味》、《达郁》、《侈乐》、《尽数》等篇主要阐述养生理论，主张要知本去害、顺性适欲，强调运动对人形神保养的重要性等，这些思想在今天看来都是非常可贵的。

《吕氏春秋》中丰富的养生思想是对先秦长生不死思想的一种积极的回应，较之当时盛行的神仙方术思想，《吕氏春秋》的养生思想是相当唯物的，也很切合实际，认为养生的目的只是尽其天年，并不是长生不死，更不是得道成仙。《吕氏春秋》作者们能以冷静的、客观的而又辩证的思维来看待长寿与不死成仙的区别与关系，尤为难得。

神仙思想与医学有着千丝万缕的联系，《汉书·艺文志》"神仙"类就列入《方技略》中。秦人对《吕氏春秋》中的医学、养生思想不可能

---

① 《后汉书·刘瑜传》李贤注引刘安《淮南子》语，见范晔《后汉书》，中华书局1965年版，第1856页。

② 《文选》颜延年《秋胡诗》李善注引刘向《别录》语，上海古籍出版社1986年版，第1003页。

置之不理。《吕氏春秋》中关于人的生死的论述总的说是正确的、积极的、可取的。但是另一方面我们也应该看到，该书还未能彻底摆脱当时盛行的神仙思想的影响，尤其是书中道家思想非常突出，而得道成仙、追求长寿又是道家思想中的突出内容，因此，书中还是出现了一些与神仙思想相近或暗合的论述。如《重己》："世之人主贵人，无贤不肖，莫不欲长生久视，"直接指出当时人们普遍的心理就是欲"长生久视"。《求人》：

> 禹东至榑木之地……南至交阯、孙朴、续樠之国，丹粟、漆树、沸水、漂漂、九阳之山，羽人、裸民之处，不死之乡；西至三危之国，巫山之下，饮露、吸气之民，积金之山，共肱、一臂、三面之乡。

这段话主要说明禹为了寻找贤人，不避遥远劳苦，他向南到过不死之国，向西见到了巫山之下靠饮露、吸气而生的老百姓。这段记载应该是《吕氏春秋》根据传闻而写，但是长生不死不正是秦始皇梦寐以求的吗？现在在秦国的著作里明确记载有这样的国家，怎不令人神往？而饮露吸气就完全与古籍中记载的仙人的生活相同了。

在《吕氏春秋》中没有明确提到不死之药，但是书中有对于能够益寿的药物的介绍，《别类》："夫草有莘有藟，独食之则杀人，合而食之则益寿。"莘、藟两种毒草，单独食用会致人死亡，但合在一起食用，却可以延年益寿。这是早期的医者通过长期的临床实践，总结出的药物的搭配方式，对于改进药物性能、提高药物的疗效具有重要意义，对于我国药物学的发展起了积极作用。但这样的记载对于那个一心想要长寿的始皇帝来说无疑又看到了希望的曙光，使他更加坚定了世间存在不死之药的信念，更加执着地派人屡屡寻求。

（三）神仙方术"养炼精气"的修炼方式与《吕氏春秋》的精气说

《吕氏春秋》中对产生天地万物的本源——精气的解释也带有一定程度的神秘色彩，与神仙家所讲"养炼精气"的观点有相似之处。《尽数》：

> 精气之集也，必有入也。集于羽鸟与为飞扬，集于走兽与为流行，集于珠玉与为精朗，集于树木与为茂长，集于圣人与为夐明。精气之来也，因轻而扬之，因走而行之，因美而良之，因长而养之，因

智而明之。

精气到来，依附在轻盈的飞禽上，就使它飞翔；依附在可以跑动的走兽上，就使它行走；依附在具有美好特性的珠玉上，就使它精美；依附在具有生长特性的树木上，就使它繁茂；依附在具有智慧的圣人身上，就使他聪明睿智。如果说精气聚集在飞禽、走兽、珠玉、树木上，使它们的特性得以充分发挥尚属合理，但精气聚集在圣人身上使他更加聪明睿智，就混淆了物质与精神的界限，则是不可取的。

"精气"一词最早见于《管子》，由稷下学派提出。稷下学派认为，"精气"在人体内积聚到一定程度时，人就可以"心全于中，形全于外。不逢天灾，不遇人害"①。朝着这个方向再向前发展，通过积聚"精气"，"养炼精气"，人就可以实现"升仙不死"的梦想。神仙方士们正是在吸收稷下道家学派精气理论的基础上，进一步创立了他们"采集精气、吐故纳新"的神仙修炼方术。如《楚辞·远游》云："餐六气而饮沆瀣兮，漱正阳而含朝霞。保神明之清澄兮，精气入而粗秽除。"稷下学派的精气说出现以后，"精气"也逐渐成为后世神仙学说的一个重要概念。

（四）仙人与"得道之人"

《庄子》中屡屡提到真人、至人、神人，他们是真正懂得大道的人，在《吕氏春秋》中也有这样的得道之人，《下贤》：

> 得道之人……以天为法，以德为行，以道为宗，与物变化而无所终穷，精充天地而不竭，神覆宇宙而无望。莫知其始，莫知其终，莫知其门，莫知其端，莫知其源。其大无外，其小无内。

这里的得道之人以天为法则，以德为品行，以道为根本。他们随万物变化而没有穷尽。他们精神充满天下，没有尽竭，布满宇宙，不见边界。他们所具有的"道"，没有人知道是何时开始的，也没有人知道何时终结。这种带有神秘色彩的得道之人与《庄子》中的至人以及神仙家所讲的仙人非常相似。

总之，《吕氏春秋》作为战国末期编撰于秦国的一部重要著作，吕不

---

① 《管子·内业》。

韦在编成之后又以一字千金进行炒作，产生了轰动效应，这部书在秦国为人熟知是毫无疑问的。尽管秦始皇因为与吕不韦的矛盾斗争，而讳言采用书中观点，当时的政治措施也与《吕氏春秋》中的一些思想相左，但始皇帝客观上却无法阻挡《吕氏春秋》在当时的传播与影响，秦代的有些思想还是接受了《吕氏春秋》中的一些内容，这一点连他本人也未能避免。需要说明的是，秦代对《吕氏春秋》中阴阳五行思想的吸纳是主动的，而秦代神仙方术思想对《吕氏春秋》的接受则是不自觉的，有些甚至是对《吕氏春秋》记载的歪曲理解。

秦代一些政治制度、政治思想也有与《吕氏春秋》暗合之处，如秦代用"法"的同时也重视"术"和"势"，这与《吕氏春秋》中《审分览》八篇论述申不害和慎到之说暗合。秦代普遍推行郡县制，始皇不采用王绾、淳于越建议的分封诸子为王的分封制，而采纳了李斯建议的郡县制，以加强中央集权，这与《吕氏春秋》中《执一》、《不二》、《慎势》等篇要求加强中央集权，要以天子居中各地辅翼而使社会安定的理论，有潜在的相同之处。

第四章

汉初黄老思想对《吕氏春秋》的吸纳

第一节　汉初黄老思想对《吕氏春秋》的吸纳

一　汉初政治制度对《吕氏春秋》政治思想的运用

西汉初期选择黄老学作为指导思想，是当时学术发展、形势需要以及统治者选择的结果。

战国时期，兼并战争激烈，崇尚无为的黄老思想自然得不到统治者的重视，《史记·乐毅传》所载黄老学人物如河上丈人等，可能大都是民间的隐者。到了汉代，战乱之后广大百姓需要休养生息，而统治者也很注意总结秦王朝迅速覆灭的教训，也倾向于安定发展，于是黄老之学应运而盛。早年崇尚黄老的陈平，后来尊奉盖公的曹参，都是主张以黄老之学治天下的积极倡导者，甚至常常称引《诗》、《书》的陆贾，也说"夫道莫大于无为"①。在最高统治者中，高后、惠帝主张实行无为而治，其后的文帝、景帝、窦太后也都尊奉黄老之学。汉武帝之前，黄老之学盛极一时。统治者根据黄老之学的思想精髓，逐步制定出比较符合历史要求的政治主张和政治措施。取得了巨大的成功，出现了文景之治这样辉煌的盛世。

黄老之学指导下的政治制度究竟是什么样子？汉代人对此就已经有论述。汉宣帝曾曰："汉家自有制度，本以霸、王道杂之。"②《汉书·刑法志》亦曰：

> 汉兴，高祖躬神武之材，行宽仁之厚，总揽英雄，以诛秦、项。

---

① 《新语·无为》。
② 《汉书·元帝纪》。

任萧、曹之文，用良、平之谋，骋陆、郦之辩，明叔孙通之仪，文武相配，大略举焉。

这段话，概括了刘邦时期霸王道杂之的特点和内容。"躬神武之材，行宽仁之厚"、"文武相配"正是霸王道杂之。

从政治思想的学派归属来说，王道为儒家所提倡，主张德治；霸道为法家所崇尚，主张法治。秦始皇主要用的是韩非的学说，以霸道为主，排斥王道、仁义等儒家学说，这是把王道和霸道对立起来，结果是秦王朝很快灭亡。到了汉初，则用黄老思想，以道家为主，兼采法家、儒家等思想。霸王道杂之正是在黄老学指导下制定的政治措施。

汉初的政治思想和政治主张，在本质上，与《吕氏春秋》的思想惊人地一致，霸王道杂之，也正是《吕氏春秋》的特点。

就著书动机和内容讲，《吕氏春秋》就是一部系统地为统一后的秦帝国准备整套治国纲领和理论学说的著作，政治思想是《吕氏春秋》的重心所在，可以说，书中的哲学、军事、农业、教育、文艺、医学等思想都是为制订治国方案提供理论基础的。具体讲，《吕氏春秋》提出的理想的治国之道主要包括以下内容：

民为邦本，治国要采用德治为主法治为辅的政策。《吕氏春秋》中屡次提到"德"以及与之相关的范畴，如《精通》："德也者，万民之宰也。"《上德》："为天下及国，莫如以德，莫如行义。以德以义，不赏而民劝，不罚而邪止。此神农、黄帝之政也。"《爱类》："仁人之于民也，可以便之，无不行也。"书中这样的论述颇多。《十二纪》纪首记载的天子在每月发布的政令也是以仁德恩厚为主旨，这些都是讲德治理论。

施行德治是根本，但同时也要采用法治为辅助手段。法治表现为实行赏罚，赏罚的原则是据义行事，赏罚要做到恰如其分，反对严刑峻法。这些看法明显是针对秦人暴政提出的，同时又是对法家思想中合理因素的继承。《用民》："凡用民，太上以义，其次以赏罚。其义则不足死，赏罚则不足去就，若是而能用其民者，古今无有。"这是说，统治百姓，最上等的是靠义，其次才是赏罚。如果义不足以让百姓效死，赏罚不足以让百姓去恶向善，像这样而能长久统治百姓的人，从古至今都没有。他们即使享有天下，迟早会灭亡。这些理论不仅适用于战国末期，更适用于整个封建社会，不久之后秦王朝的短命就证实了这一理论的深邃。可以看出《吕氏春秋》作者政治眼光的长远和思想的深刻。

　　君主无为，臣下有为也是《吕氏春秋》政治思想的重要内容。作为人君要做到无为而治，选贤用能，去私贵公。作为人臣则要恪尽职守，自我修养，忠于国家。《知度》："故有道之主，因而不为，责而不诏，去想去意，静虚以待，不伐之言，不夺之事。"《先己》："无为之道曰胜天，义曰利身，君曰勿身。勿身督听，利身平静，胜天顺性。"无为之道就是听任天道，听任天道就是顺应事物的自然之性；无为之义就是利于自身，利于自身就会心境平和；无为之君就是不事必躬亲，不事必躬亲就能够避免偏听偏信。很显然，这是《吕氏春秋》"法天地"哲学思想在政治中的具体表现。《君守》：

　　　　故善为君者无识，其次无事。有识则有不备矣，有事则有不恢矣。不备不恢，此官之所以疑，而邪之所从来也。

善于当君主的人不担当任何职务，不做具体的事情。担当职务就会有不能完备的情况，做具体事情就会有不能周全的情况。不完备不周全，这是官吏产生疑惑、出现邪僻的原因。在《吕氏春秋》作者看来，具体职务、具体事务是臣下的事，君主不要随便插手，以使他们各尽其能，否则臣下就会无所适从，产生疑惑，甚至出现阿谀奉迎的邪僻行为。总的原则就是君虚臣实，君无为臣有为。

　　《吕氏春秋》提出的一套治国之道，对于统一的封建政权，是较为稳妥的、可以长期实行的国策，它虽然没有被秦始皇以及秦二世采纳，但中国两千年的封建社会的历史证明，它成为了封建社会治国的一般原则，这个原则的基本内容是：实行宽猛相济的政策，在坚持阶级统治的同时适当缓和阶级矛盾，以保证封建社会的稳定。凡是离开这一原则，使阶级矛盾激化的王朝，便不能长久维持下去。《吕氏春秋》的政治思想，表现了新兴地主阶级较为理性的认识，符合社会进步的要求。

　　由以上论述可以发现，汉初黄老思想指导下的政治制度与《吕氏春秋》的政治主张非常接近，这说明《吕氏春秋》的政治主张是符合战国末期历史发展潮流的。但二者一个最根本的区别是，汉初的政治制度，是在反秦和统一天下的过程中，总结秦亡的教训后，根据当时形势的需要，逐渐摸索而制定出的政治纲领，《吕氏春秋》则是在秦统一之前为即将统一的秦帝国所作的规划。汉代统治者根据当时形势摸索出的治国方案，在秦统一天下之前吕不韦及其门客们就已经从理论上作了大体相同的规划，前者是事后总结而来，后者是事前预先规划，中间隔了一个短命的秦王朝。可以说，秦朝的短命是促成汉初实行黄老之学的重要契机。前后比较，《吕氏春秋》编撰者们敏锐的政治眼光和政治卓识不能不令人佩服。我们可以设想，假如吕不韦在和秦王政的斗争中取得胜利，按照《吕氏春秋》的政治纲领去做，那么，历史将会少一些不必要的曲折，文景那样的盛世也许会早一些出现。

二　黄老学的产生与发展

　　战国诸子百家中，黄老学是产生较晚的一个学派。将黄帝与老子并称或合称，始于汉代，《史记》中多处出现这样的记载。《孝武本纪》："会窦太后治黄老言，不好儒术。"《老子韩非列传》："申子之学本于黄老而主刑名。著书二篇，号曰《申子》。"《孟子荀卿列传》："慎到，赵人。田骈、接子，齐人。环渊，楚人。皆学黄老道德之术，因发明序其指意。"《袁盎晁错列传》："邓公，成固人也……其子章以修黄老言显于诸公间。"《张释之冯唐列传》："王生者，善为黄老言，处士也。"《田叔列传》："叔喜剑，学黄老术于乐巨公所。"《汲郑列传》："黯学黄老之言，治官理民好清静，择丞史而任之。"《史记》中数次将黄老并称，足见当时黄老之学非常盛行，治黄老之学者很多，说明到汉初黄老思想已经成熟。黄老思想产生于什么时候？《史记》中提到的黄老派学者如前引申不害、慎到、田骈、环渊皆战国时人。黄老思想形成于战国时期可以确定。

　　《史记》记载了黄老学的传授系统。

　　　　乐臣公学黄帝、老子，其本师号曰河上丈人，不知其所出。河上丈人教安期生，安期生教毛翕公，毛翕公教乐瑕公，乐瑕公教乐臣公，乐臣公教盖公。盖公教于齐高密、胶西，为曹相国师。[①]

这里提到的河上丈人和安期生，据皇甫谧《高士传》记载，都是战国后

_____

　　① 《史记·乐毅传》。

期人。战国后期已经有黄老之学的传授。

　　黄老思想与先秦老庄道家思想相比，发生了一些变化，最主要的发展就是黄老思想以老子思想为主，同时又吸收了其他学派如法家思想等，使得黄老思想更加符合政治的需要，与政治联系更为紧密，换句话说，黄老思想就是直接为政治服务的，是老子思想为了更好地服务于政治而作出的自我调整。丁原明总结黄老学的特点有三：一是"道"论（"气化"论或规律论），二是虚无为本、因循为用的"无为"论，三是在对待百家之学上"采儒墨之善，撮名法之要"。其中心是围绕着道与治国、治身的问题而展开。① 熊铁基在比较了新道家（即黄老道家）和老、庄道家后这样总结秦汉新道家的特点：一、由批判儒墨变成了"兼儒墨、合名法"。二、由逃世变成了入世。三、与上述两点有关，也是最主要的一个不同点，那就是发展了老子天道自然无为的思想，把它创造性地运用到人生和政治上去了。② 两家论述可以说明，黄老思想的核心是以老庄道家为基础，道法结合，兼采其他思想，为政治服务是其最终目标。

　　战国时期有南方楚黄老学和北方齐黄老学的不同。南方楚黄老以《黄老帛书》、《鹖冠子》为代表，北方黄老学的代表人物有田骈、接子、慎到，《管子·心术》四篇也属于这一支。战国时期南北两支黄老学都是从原始道家衍生出来的道家支派，都以"道"为主融合百家之学，这是二者的共同点。但是因为它们是分别出现在楚国和齐国的社会文化环境中，故又有各自的特点。如南方黄老学是通过老庄道家的内分化发展而来；北方黄老学则是在道家系统外实现道与其他各家的结合。南方黄老学对黄帝的记载杂以神话传说，富于想象，具有超现实的浪漫主义精神；北方黄老学由于受儒家礼乐文化的影响，多以人为中心谈论黄帝，表现出实用性、功利性的特点。南方黄老学对"道"的阐释尚停留在学术层面，还没有被统治者直接采纳与运用；北方黄老学则处于由学术向政术转化的状态。③

　　到了汉初，黄老学成为官方哲学，产生了大量黄老学著作。《汉书·

---

① 丁原明：《黄老学论纲》，山东大学出版社 1997 年版，第 3—4 页。

② 熊铁基：《从〈吕氏春秋〉到〈淮南子〉——论秦汉之际的新道家》，收入作者《秦汉新道家》，上海人民出版社 2001 年版。

③ 丁原明：《黄老学论纲》，山东大学出版社 1997 年版，第 154—159 页。

艺文志》中仅托名黄帝的古籍就达二十余种。汉初黄老思想与战国黄老思想不同的是，汉初统治者将黄老思想用于政治，成为制定治国纲领的指导思想。

三 汉初黄老思想对《吕氏春秋》的吸纳

黄老之学又常常被学者们称为秦汉新道家、黄老道家、新道家。《汉书·艺文志》载黄老之学的著作虽大都失传，但它的特点还是清楚的。司马谈《论六家要指》中说道家："因阴阳之大顺，兼儒墨之善，撮名法之要"，这里的道家就是指黄老之学，它的特点是崇奉自然，又兼有儒、墨、名、法的思想。

战国末期吕不韦在组织门客编撰《吕氏春秋》时有一部分从事黄老之学的士人是可以肯定的，书中的宇宙观、无为思想等都是由道家思想生发而来。因此，有学者提出班固把《吕氏春秋》与《淮南子》列入杂家欠妥，这两部书应该属于秦汉新道家。①

《吕氏春秋》与《淮南子》是新道家还是杂家，我们倾向于班固的看法。两书中的确有不少黄老思想的记载，但是毫无疑问，两书中也同样记载了其他思想，如儒家、阴阳家、兵家、墨家等，特别是《吕氏春秋》，其中的儒家、阴阳家、墨家思想比重较大。只将其中的道家思想提出，称作新道家，容易抹杀其他思想在书中的地位。因此，我们还是赞同将这两部古籍归入杂家。

但是学者们将《吕氏春秋》与《淮南子》归入新道家，又从另一角度说明，《吕氏春秋》与黄老思想之间确实有着某种联系，《吕氏春秋》与黄老思想相似之处，主要有以下两点。

1. 采儒墨，撮名法，综合百家之学

《易大传》："天下一致而百虑，同归而殊途。"② 先秦诸子百家的学说，虽然因为各家论述的立场和角度不同，各执一端，但都产生于一个大的时代背景下，都是对同一社会现实的反映，都是为了解决共同的问题，

---

① 持这一观点的代表学者有熊铁基，见《从〈吕氏春秋〉到〈淮南子〉——论秦汉之际的新道家》，收入作者《秦汉新道家》，上海人民出版社 2001 年版；牟钟鉴：《〈吕氏春秋〉与〈淮南子〉思想研究》，齐鲁书社 1987 年版。

② 《史记·太史公自序》引。

因此，它们之间除了排斥与对立之外，还存在着同一的一面，具有互相吸引的可能。另一方面，诸子百家通过争鸣辩驳，都看到了各自的长处和短处，随着形势的变化和发展，如何"舍短取长，以通万方之略"① 成为人们共同关注的话题，因此，百家之学的融汇综合成为必然趋势，凡别家之说中于己有利的成分都拿来为我所用，这是战国时期诸子百家争鸣过程中的共同特点。高诱注："此书所尚，以道德为标的，以无为为纲纪，以忠义为品式，以公方为检格。"② 这是高诱对《吕氏春秋》综合百家思想的论述。无论是《吕氏春秋》还是黄老思想，都打破了一家之学的界限，不再严守门户之见，而是以一种阔达开放的情怀兼容并包各家思想中的精华，从而形成了一种新的学派，黄老思想与杂家思想，都为群星灿烂的诸子百家争鸣园地增添了更加绚丽的光彩。这种光彩，就来自于其容纳百家的胸怀和气魄。

2. 吸纳百家的宗旨与纲领是为政治服务

黄老思想和杂家学派都有明确的宗旨，那就是学术为政治服务。《吕氏春秋》因为吕不韦的自杀惨遭埋没，直到汉代，学者们也以在公开场合谈论《吕氏春秋》为一大忌讳。相比之下，黄老思想的命运好多了。如果说战国时期诸侯争战，未能给黄老思想提供施展其优长的机会和平台，降及汉代，黄老思想终于迎来了它的辉煌时期。窦太后治黄老言，不好儒术，"（曹参）闻胶西有盖公，善治黄老言，使人厚币请之。既见盖公，盖公为言治道贵清静而民自定，推此类具言之。参于是避正堂，舍盖公焉。其治要用黄老术，故相齐九年，齐国安集，大称贤相。"③ 西汉初年黄老思想受到了前所未有的重视和推广，这种重视无疑加速了黄老思想与政治的结合，同时也将黄老思想中为政治服务的理论发挥到了极致。这是政治与学术的一次成功的联姻，而能够成功联姻的基础便是黄老思想自身具有的为政治服务的特性。

从学术本身的发展来看，道家与杂家也并非水火不容。晚清学者江瑔对此有精彩论述：

---

① 《汉书·艺文志》。
② 高诱：《吕氏春秋》序。
③ 《史记·曹相国世家》。

其有得道家之正传，而所得于道家亦较诸家为独多者，则惟杂家。盖杂家者，道家之宗子，而诸家者皆道家之旁支也。惟其学虽本于道家，而亦旁通博综，更兼采儒、墨、名、法之说，故世名之曰"杂家"。此不过采诸家之说以浚其流，以见王道之无不贯，而其归宿固仍在道家也。①

他主张百家皆本于道家的观点我们还可以进一步讨论，但他确实指出了道家的一个特点。道家思想具有突出的辩证特点，善于从宇宙、事物的本质去阐述道理，如老子的"反者道之动"②，贵柔思想，无为无不为，庄子的齐物论等。这些观点有的不一定正确，但是却具有哲学抽象、思辨的特点，可以作为人们生活中的指导思想，道家的理论为诸子百家提供了理论基础。从这一角度看，杂家也以道家为哲学基础，杂家和道家之间的关系密切就不难理解了。

《吕氏春秋》与黄老思想之间的共同点决定了在汉初《吕氏春秋》必然会得到传播。尤其是战国黄老思想代表人物大都出现于《吕氏春秋》中，出于对这些思想与人物了解的需要，汉代学者也会认真阅读、研究《吕氏春秋》。《淮南子》直接模仿《吕氏春秋》，《史记》对《吕氏春秋》评价甚高，这些都是汉代学者对《吕氏春秋》的主动吸收。正如熊铁基言：

对于汉代黄老之学的兴盛有更大影响的是《吕氏春秋》，它是稷下黄老分散之后，又一次大的集中。虽然由于政治上的原因，汉初对于这部书似乎讳莫如深，但实际上"不韦迁蜀，世传《吕览》"（《史记·太史公自序》），在秦代和汉代都是公开或暗中传播的，《汉书·艺文志》有著录，高诱"家有此书"（《吕氏春秋》序），均可证明。很多人，特别是学黄老之人，收藏此书，阅读此书，从中学黄老之言，只不过心照不宣罢了，汉代的图书中有一些《吕氏春秋》

① 江瑔：《读子卮言》，华东师范大学出版社 2012 年版，第 71 页。
② 《老子》（四十章）。

的文字（如详加比较的话），就是很好的证明。①

《吕氏春秋》中的黄老思想是怎么出现的？战国时期齐国是北方黄老学的中心，当时的稷下学宫聚集了一大批学者，来稷下讲学与学习的人也很多，这些人被誉为稷下先生和稷下学士。《史记·田敬仲完世家》：

> 宣王喜文学游说之士，自如驺衍、淳于髡、田骈、接予、慎到、环渊之徒七十六人。皆赐列第，为上大夫，不治而议论。是以齐稷下学士复盛，且数百千人。

黄老学的代表人物，如接予，即《汉志》中的捷子，也作"接子"，《汉志》道家类载有"《捷子》二篇"。田骈，《汉志》道家类载"《田子》二十五篇"，颜师古注："名骈，齐人，游稷下，号天口骈。"慎到，《汉志》法家类载"《慎子》四十二篇。"颜师古注："名到，先申韩，申韩称之。"环渊不见于《汉志》，但《史记·孟子荀卿列传》载："慎到，赵人。田骈、接子，齐人。环渊，楚人。皆学黄老道德之术，因发明序其指意。故慎到著《十二论》，环渊著《上下篇》，而田骈、接子皆有所论焉。"可见环渊也有著作，在西汉时尚存，疑到西汉末就亡佚，因此《汉志》中未著录。田骈、接予、慎到、环渊均为稷下黄老学派代表人物。

战国末期，稷下学宫逐渐衰落，而这时的秦国正在以不可阻挡的势头横扫六国，在这样的背景下，秦国对士人便具有了更大的吸引力，稷下学宫中的一些文士便西移到秦国，这是《吕氏春秋》中著录黄老思想的重要原因。

四 《黄帝四经》与《吕氏春秋》

司马迁在《史记》中从总的方面对黄老之学作了阐述，梳理了黄老之学的传承，但并没有具体提到黄老学著作的传授情况。到了两汉之际，班固在《汉书·艺文志》中著录了以黄帝命名的典籍二十一种，分属于《诸子略》中的道家、阴阳家、小说家以及《兵书略》、《术数略》、《方

---

① 熊铁基：《从"稷下黄老"到"家人之言"——黄老道家的形成问题》，《中国哲学史》1993 年第 1 期。

技略》，可以看出，这些著作中既有一般的思想类著作，同时也包括了医学、军事、神仙等著作，其中应该有黄老学的代表作，可惜大多已失传。到底汉初黄老之学有哪些具体的观点？与老子思想又是什么关系？长期以来学者们一直无从得知。1973 年长沙马王堆汉墓出土了帛书《老子》甲卷和乙卷本，乙卷本前有《道原》、《经法》、《称》、《十大经》四篇古佚书，墓的主人是钛侯利仓之妻，抄写年代应在汉代初年。学界认为，这四种书就是《汉书·艺文志》道家类所记载的《黄帝四经》。

关于帛书《黄帝四经》的产生年代，学术界看法不一，影响比较大的主要有两种：一部分学者主张应产生在战国中前期，[①] 有的学者则认为应当产生在战国末期，秦汉之际。[②] 目前，多数学者赞同前一说。尽管《黄帝四经》产生在战国时期，但这四篇文章和《老子》放在一起，证明帛书在西汉初年和《老子》一样，深受贵族和统治集团重视，在汉初广泛流传，它们是流行于汉初的黄老著作当无疑义。因此学术界一致认为，这四篇文章可以作为研究西汉黄老思想的资料，论述汉初黄老思想，首先应该重点研究这四篇文章的思想。

从学术渊源上看，帛书以黄帝为旗号，以《老子》的道论为基础，融合了儒、墨、名、法、阴阳各家的思想，帛书对百家的综合非常明显。从内容看，包含了哲学、政治、军事各个方面。

帛书不同于老子的一个显著特点，就是不再拒绝"法"，反而从"道"的本体论高度对"法"产生的必然性与合理性，予以充分的肯定。《经法·道法》："道生法。法者，引得失以绳，而明曲直者也。故执道者，生法而弗敢犯也，法立而弗敢废也。"帛书认为法是从"道"的客观性特点所引申出来的一个范畴，法是判定得失曲直的度量和标准。

帛书思想以道、法为主，但并没有绝对排斥其他诸子思想，而是积极吸取了各家思想。《经法·六分》："主惠臣忠者，其国安。主主臣臣，上下不赿者，其国强。"《十大经·顺道》："体正信以仁，慈惠以爱人。"这是儒家的主张。《经法·君正》："兼爱无私，则民亲上。""兼爱无私"

---

① 这一观点的代表学者是唐兰，《马王堆出土〈老子〉乙本卷前古佚书的研究》，《考古学报》1975 年第 1 期。陈鼓应、白奚、金春峰等学者均从此说。

② 这一观点的代表学者是钟肇鹏，见其《论黄老之学》，《世界宗教研究》1981 年第 2 期。

一条，显然取自墨家。《道原》："分之以其分，而万民不争；授之以其名，而万物自定。"《十大经·成法》："吾闻天下成法，故曰不多，一言而止。循名复一，民无乱纪。"《十大经·前道》："名正者治，名奇者乱。"这些又接近名家。

帛书综合百家以形成自己独特的理论，同于《吕氏春秋》。唯不同的是，帛书中除了道家外，法家思想也很突出，这典型地反映了黄老思想道法结合的特点。而《吕氏春秋》中法家思想并不是主要思想。

帛书与《吕氏春秋》还有许多相似之处。《称》："立天子［者，不］使诸侯疑焉；立正敌（嫡）者，不使众庶孽疑焉；立正妻者，不使婢妾疑焉：疑则相伤，杂则相方（妨）。"《吕氏春秋》中也有类似论述：

> 故先王之法，立天子不使诸侯疑焉，立诸侯不使大夫疑焉，立适子不使庶孽疑焉。疑生争，争生乱。①

二者明显有渊源关系。

帛书中多次提到"理"。《经法·亡论》："兴兵失理，所伐不当，天降二殃。""犯禁绝理，天诛必至"。《经法·论约》："人事之理也，顺则生，理则成。"而《吕氏春秋·怀宠》："义理之道彰，则暴虐奸诈侵夺之术息也。暴虐奸诈之与义理反也，其势不俱胜，不两立。"《不苟》："贤者之事也，虽贵不苟为，虽听不自阿，必中理然后动，必当义然后举。此忠臣之行也。"

西周到春秋时期，基本上没有理的观念，支配社会生活的是奴隶制的"礼"及与此相联系的一系列道德伦理范畴，如义、忠、信等。帛书与《吕氏春秋》以"理"代替"礼"，其意义在于否定奴隶制的"礼"，而以合乎封建社会要求的"理"作为区分贵贱等级和节制人们行为的标准，为新的君臣、人伦关系提供理论根据。

帛书中提到"因"，《十大经·观》："天因而成之，弗因则不成，（弗）养则不生。"《称》："圣人不为始，不专己，不豫谋，不为得，不辞福，因天之则。"这里的"因"是指人做事要顺应天时，遵循规律，包含着主观能动性和客观规律性统一的思想。

---

① 《吕氏春秋·慎势》。

　　《吕氏春秋》中也多次提到"因"，把"因"提到了重要地位，首次对它进行了系统论述，赋予它深刻的哲学含义。书中专辟《贵因》一篇，"三代所宝莫如因，因则无敌。""汤、武以千乘制夏、商，因民之欲也。""汤、武遭乱世，临苦民，扬其义，成其功，因也。故因则功，专则拙。因者无敌。"在其他篇章也有关于"因"的论述，《任数》："古之王者，其所为少，其所因多。因者，君术也；为者，臣道也。为则扰矣，因则静矣。因冬为寒，因夏为暑，君奚事哉？"总观《吕氏春秋》中"因"的内涵，首先是要人认识和掌握自然现象的规律性，应该尊重、服从外界变化的规律，顺应事物发展变化的趋势。其次，强调人应该发挥主观能动性，利用客观事物的性质、规律，因势利导，因地制宜，灵活行事。这一思想与帛书完全一致。

　　帛书政治哲学的一个重要内容，就是把"道"与阴阳刑德结合在一起，它从环周不已的天道观念出发，认为君主要处理好一年四季中所遇到的问题，就必须按照天道的阴阳、动静的运行规律，去调节各种社会矛盾。因此，帛书《称》中把自然社会的各种事物按照阴阳区分为两类，一类是阳，一类是阴。君为阳，臣为阴；夫为阳，妻为阴；父为阳，子为阴；男为阳，女为阴；贵为阳，贱为阴；自然界天为阳，地为阴；春夏为阳，秋冬为阴。阳的属性是德，阴的属性是刑。德代表进展、运动、兴奋、扩展、生长，刑代表收敛、衰亡、抑止、凝聚、固定、静止，帛书把阴阳与刑德相结合，是对刑德思想的新的总结和发展。正是因为阴阳的矛盾以及两方面的结合，才促成了春夏秋冬的更替，万物的荣枯，以及一切事物的发展运动。因此，阴阳、刑德既是支配宇宙万物发展变化的基本原理，又是调节各种社会政治问题的基本手段，这样，帛书就从宇宙论自然过渡到政治论。这一理论与《吕氏春秋·十二纪》将阴阳五行与宇宙万物相配十分相似，不同的是，《吕氏春秋》较帛书更为系统。

　　帛书认为，刑德两方面相辅相成，但二者并不是没有主次之分，并不能平等对待，而是要以德为先，德起主导作用。《十大经·观》："先德后刑以养生。""夫并时以养民功，先德后刑，顺于天。"主张行德是为了慈惠爱民，用刑是为了伐乱禁暴。帛书把刑德并用又称为文武之道。《经法·君正》："因天之生也以养生，胃（谓）之文；因天之杀也以伐死，胃（谓）之武。[文]武并行，则天下从矣。"文武并用或曰刑德并用，就是霸道与王道的结合。这种刑德并用或曰霸王道杂之的思想，在汉初的政治中表现非常明显。汉代统治集团，并没有完全放弃法治，《史记》专列《酷吏列传》，且都是汉代人，就充分说明当时法治的严酷。《吕氏春秋》在对待民众问题上，主张要顺民心，不可专恃威势刑罚。《顺民》："行德爱人，则民亲其上。"《用民》："爱利之心论，威乃可行。""威愈多，民愈不用。"强调恩威并重，赏罚得当，但行德是关键，这与帛书相同。

肯定人的情欲，但又主张要节俭省欲，反对纵欲，是《吕氏春秋》对统治者提出的要求。如《节丧》篇认为送死要有一定的仪式，是出于活着的亲人们对死者的感情上的需要，但厚葬之风却不可取。书中批评了当时上层社会流行的厚葬风气：

> 孝子之重其亲也，慈亲之爱其子也，痛于肌骨，性也。所重所爱，死而弃之沟壑，人之情不忍为也，故有葬死之义……今世俗大乱，人主愈侈，其葬则心非为乎死者虑也，生者以相矜尚也。侈靡者以为荣，节俭者以为陋，不以便死为故，而徒以生者之诽誉为务。此非慈亲孝子之心也。

认为感官有欲求乃人的天性，但是不能任其泛滥，《情欲》："欲有情，情有节。"《本生》："圣人之于声色滋味也，利于性则取之，害于性则舍之，此全性之道也。"人不能放纵物欲，以损害健康作为享乐的代价，在物质享受上人应当有所选择和节制。帛书中也有主张节俭省欲的论述，《经法·四度》："黄金珠玉藏积，怨之本也。女乐玩好燔材，乱之基也。"《称》："宫室过度，上帝所恶。"

在对待战争方面，帛书与《吕氏春秋》也有共同之处。《吕氏春秋》并不把战争本身看作目的，而是认为战争只是达到一定政治目的的手段，用兵是为了行义。《怀宠》："今兵之来也，将以诛不当为君者也，以除民之雠而顺天之道也。"《荡兵》："兵诚义，以诛暴君而振苦民。"帛书主张义战，义战的标志是"伐乱禁暴，起贤废不宵（肖）"①。这种战争是为了民众的利益，所以能得到民众的拥护，这样才能"地广人众兵强，天

---

① 《十大经·本伐》。

下无适（敌）"①。

以上重点分析了《黄帝四经》与《吕氏春秋》的共同点，做这样的分析并非是要说明汉初流行的黄老著作《黄帝四经》吸收继承了《吕氏春秋》的观点。这里之所以将二者放在一起进行比较分析，是为了透过《黄帝四经》了解汉初黄老思想的具体内容，进而推测汉初黄老学对《吕氏春秋》的阐释和接受。通过上述分析，我们完全有理由相信，汉初黄老思想接受了《吕氏春秋》的思想，是毫无疑问的。

第二节 《淮南子》对《吕氏春秋》的模仿与发展

《淮南子》是淮南王刘安以及宾客所编撰。刘安，约生于汉文帝元年（前179年），刘长之子。刘长系高祖刘邦之子，文帝之弟，武帝叔父，曾封为淮南王。文帝六年（前174年），刘长因密谋造反，被发配蜀地，死于道中。文帝八年（前172年），刘安被封为阜陵侯。文帝十六年（前164年），改封淮南王。汉武帝即位后第二年，入朝献所作《内书》，深得武帝器重。武帝元狩元年（前122年），因谋反罪被杀。《史记·淮南衡山列传》、《汉书·淮南衡山济北王传》有传。

> 淮南王安为人好书，鼓琴，不喜弋猎狗马驰骋，亦欲以行阴德拊循百姓，流名誉。招致宾客方术之士数千人，作为《内书》二十一篇，《外书》甚众，又有《中篇》八卷，言神仙黄白之术，亦二十余万言。时武帝方好艺文，以安属为诸父，辩博善为文辞，甚尊重之。每为报书及赐，常召司马相如等视草乃遣。初，安入朝，献所作《内篇》，新出，上爱秘之。使为《离骚传》，旦受诏，日食时上。又献《颂德》及《长安都国颂》。每宴见，谈说得失及方技赋颂，昏暮然后罢。②

这段话记载了刘安的性格、思想倾向、著作以及与武帝的关系，刘安受诏作《离骚传》，又常常与皇上饮宴，深得武帝喜爱。《汉书·艺文志》载

---

① 《经法·六分》。
② 《汉书·淮南王传》。

杂家有"《淮南内》二十一篇"、"《淮南外》三十三篇"。今本《淮南子》
有二十一篇，系《汉志》所载《淮南内》。

《淮南子》与《吕氏春秋》俱为杂家之作。《淮南子》中一些篇目直
接继承《吕氏春秋》而来，其编撰体例也模仿《吕氏春秋》，在内容上更
是颇多因袭。

一 《淮南子》与《吕氏春秋》的相同点

（一）二书编撰背景相似

《吕氏春秋》编撰于战国末期，战国末期是诸子百家经过长期争鸣后
逐渐走向融合的时期。这一时期的各家思想都在不断的争鸣中取人之长，
补己之短，以求丰富完善自己学派的理论。如荀子思想中有明显的法家成
分，韩非子思想中有突出的道家成分。《吕氏春秋》编撰于秦统一六国的
前夕，这时秦国统一全国的趋势日趋明朗，现实社会为当时的秦国统治者
提出了一个问题：在诸侯割据五百多年之后，国家走向了统一，但是，统
一之后该如何统治全国，这是摆在秦国统治者面前的一个极其重要而且极
为迫切的问题。吕不韦召集门客编撰《吕氏春秋》就是为了解决这一问
题。在《吕氏春秋》中，将各家学说、各种思想都融入其中，而且从政
治角度出发，对这些资料进行了编排。

汉代初年，统治者实行休养生息、无为而治的政策，致力于恢复国
力。这时在政治中起主导作用的是黄老思想，但同时儒家、法家、阴阳五
行等思想也在社会中有一定影响。在这样的背景下，兼收各家思想的综合
性著作《吕氏春秋》自然会受到重视。尤其是平定吴楚七国之乱后，统
一的封建国家政权得到巩固，统治者需要选择能够长治久安的国策，思想
家们也在积极思考如何构建这样的理论体系。在这样的背景下，淮南王刘
安组织门客编撰了《淮南子》一书。

刘安本为诸侯国之王，他本人"好读书鼓琴"，是一个典型的文人，
加之又"招致宾客方术之士数千人"，在江淮间形成了一个学术中心。淮
南国战国时属于楚地，这里有深厚的文化积淀，尤其是道家思想影响较
大。这些都为《淮南子》的编撰提供了条件。

刘安主编《淮南子》为什么要直接学习百余年前的《吕氏春秋》呢？
两书同处于一个大的思想文化时期，这个时期可以称之为统一的封建帝国
确立统治思想的准备时期，它开始于战国末年，结束于汉武帝独尊儒术。

这一时期思想家的基本任务是探索封建帝国长治久安之道。战国中期以后，列国由角逐争雄走向政治的统一，与此同时，思想文化也在百家争鸣中加强了彼此间的渗透融合。这种文化融合趋势既受政治统一目标的推动，又为政治统一的实现做思想准备。《吕氏春秋》与《淮南子》的编撰，都是这一大的背景下的产物。

《吕氏春秋》提出的一套理论体系与治国方案，秦始皇没有采纳，而采用法家治国，结果遭到失败。到了汉初，刘安试图在更高的水平上阐发《吕氏春秋》的思想，并希望统治者能够推行《吕氏春秋》曾经提出的治国方案。事实上，由《吕氏春秋》提出并经《淮南子》进一步发展了的封建治国之道，确实包含着能够稳定封建秩序的一般原则。如肯定宗法等级制度的同时，主张君主要任贤使能，循名责实，大臣要刚直不阿，公而不私。要发展文化教育事业，广泛网罗人才等。在这些方面，《吕氏春秋》与《淮南子》是相同的。

《吕氏春秋》编撰时封建统一帝国即将诞生，《淮南子》编撰时封建统一帝国已经初步稳定。总结过去，规划未来，以适应新时代的要求，是这一时期地主阶级思想家的共同任务。《吕氏春秋》与《淮南子》是这一学术思潮的不同发展阶段的产物。加之秦朝是在斥吕尊法的情况下建立的，不久又在苛法严刑中灭亡，这自然会从另外的角度告诉世人《吕氏春秋》思想的合理性，无形中抬高了《吕氏春秋》的地位。而《吕氏春秋》又恰好与汉初黄老思想有许多合拍之处，这也使得汉初一部分学者重新评价《吕氏春秋》，以至于把它作为构建自己理论的范本。

（二）两书编撰目的、编撰过程和方法接近

《吕氏春秋》的编撰目的，书中已经明确说明：

> 盖闻古之清世，是法天地。凡《十二纪》者，所以纪治乱存亡也，所以知寿夭吉凶也。上揆之天，下验之地，中审之人，若此则是非可不可无所遁矣。①

《淮南子》的编撰目的与此相仿。

---

① 《吕氏春秋·序意》。

夫作为书论者，所以纪纲道德，经纬人事，上考之天，下揆之地，中通诸理。

故著书二十篇，则天地之理究矣，人间之事接矣，帝王之道备矣。

若刘氏之书，观天地之象，通古今之事，权事而立制，度形而施宜……以统天下，理万物，应变化，通殊类。①

淮南王刘安组织宾客编撰此书，是为了备帝王之道，为最高统治者提供治国之道，这是著此书的根本出发点。这一意图与吕不韦编撰《吕氏春秋》的初衷是多么相似。刘安要求该书能究天地之理，通古今之事。要总结先秦和秦汉以来治乱兴衰的经验教训，探寻自然和社会发展的规律，构造自然观、历史观、人生观和社会政治理论的体系，为封建统一大帝国的长远统治，提供一个较为完备的学说。其中"上考之天，下揆之地，中通诸理"几句直接模仿《吕氏春秋》中"上揆之天，下验之地，中审之人"几句。

从作者意图、编撰目的看，两书都是要总结先秦各家学说，摈弃学派门户成见，博采众长，构成一个能贯通天、地、人的庞大理论体系，为统一的封建国家提供完整的理论学说和治国方案。

关于《淮南子》的编撰过程，除了《汉书》中的简略记载外，高诱有较为具体的说明：

初，安为辩达，善属文，皇帝为从父，数上书召见。孝文皇帝甚重之，诏使为《离骚赋》，自旦受诏，日早食已上，爱而秘之。天下方术之士多往归焉。于是遂与苏飞、李尚、左吴、田由、雷被、毛被、伍被、晋昌等八人，及诸儒大山、小山之徒，共讲论道德，总统仁义，而著此书。②

这段文字与前引《汉书》中一段有些内容相同。最大的不同是《汉书》中曰诏使刘安作《离骚赋》的是武帝，而高诱言为文帝。这段文字具体

---

① 《淮南子·要略》。
② 严可均辑：《全后汉文》（卷八七）。

说明了《淮南子》的编撰过程以及主要人员。《淮南子》的编撰是由刘安主持众人集体编撰而成。

在编撰过程、编撰方法方面，两书也有很多相同之处。《史记》说吕不韦有门客三千人，咸阳成为战国末年全国最大的学术中心。《汉书》说刘安广揽天下人才，招致宾客方术之士数千人，在江淮间形成了汉初最大的学术中心。一方面有大人物主持，另一方面有来自全国各地的众多学者参加，才会有《吕氏春秋》、《淮南子》这样规模巨大的综合性学术著作诞生。两书都是由有权势又好书文的封建地主阶级上层人物亲自主持，按照事先拟订的写作计划，由众多学者分头撰写，然后综合编纂在一起。书的结构统一，篇目规整。写作方法都是既有理论论证，又有事例说明，尤其是都收录了许多神话传说、寓言故事、历史传闻等，用以阐发哲学道理。这些都是二书的共同点。

（三）二书思想内容有相似之处

《吕氏春秋》融合了先秦各种思想文化成就，但该书并不是这些思想的汇编和拼凑，而是对先秦文化经过严格的筛选后有所选择，它吸收的大都是先秦文化中生命力较强的优秀文化遗产，例如肯定老庄关于天道"自然无为"和人道"任物顺性"的思想，抛弃了其绝圣弃智、否定文明的消极成分。总的来说，它初步形成了多层次、多侧面的综合性文化学说。

《淮南子》全书二十一篇，每篇主要讨论一个中心问题。《原道训》、《俶真训》论道及宇宙、历史的演进，受道家思想影响；《天文训》、《地形训》、《时则训》论天文、地理、四时，大致糅合了阴阳家学说以及当时的自然科学成就；《览冥训》论天地人生的深奥道理；《精神训》论养生之道；《本经训》论圣人之德；《主术训》整合道、法、儒各家，系统阐述君主的执一统众之术；《缪称训》杂引譬喻论证义理，思想近于道家；《齐俗训》采庄子多元之旨，反对文化专制；《道应训》以历史事例为《老子》作注脚；《氾论训》泛论治乱兴衰之道；《诠言训》阐述道家的保生治国之道；《兵略训》论军事；《说山训》、《说林训》为故事、格言汇编；《人间训》论祸福，近于道家；《修务训》论进学，近于儒家荀子思想；《泰族训》则对全书思想作总结，以仁义为道德之本，有以儒家学说融合道家思想的倾向；最后一篇《要略》为全书的序言和提要。

《淮南子》虽不是自然科学著作，但其中涉及的如天文、物理、化学、农学、医药、水利、气象、物候、地理、生物进化、乐律、度量衡等诸方面的科技成果，成为其宇宙自然观的重要组成部分，代表了汉代的最高科技水平，有的流传两千余年，到今天仍然泽惠后人。

从思想内容看，两书都涉及哲学、政治、经济、历史、道德、军事等重要领域，又兼采道、儒、阴阳、法、墨、兵等各家学说，从而形成了一种综合性理论。

（四）两书命运相似

《吕氏春秋》中包含了许多合理的治国方略，但是由于吕不韦生不逢时，秦王政并没有采纳他的意见。作为秦国权倾一时的相国，吕不韦与秦王政之间的权利之争在秦王政日渐成年后逐渐凸显出来，到《吕氏春秋》编撰成书后，二人的矛盾更加尖锐。从《吕氏春秋》本身看，也有许多内容与秦王政的思想不合。如《悔过》篇直接指出在秦国历史上举足轻重的国君秦穆公的"智不至"。书中对"今之世"也作了批判："乱莫大于无天子，无天子，则强者胜弱，众者暴寡，以兵相残，不得休息，今之世当之矣。"① 当时正是秦国凭借武力取得一系列的胜利，合纵战线全面崩溃的时期。可以看出，《吕氏春秋》并没有站在秦国的立场进行立论，相反，却含蓄间接地指出秦国在统一战争中的诸多残酷的破坏行为，可以说是对秦王政不指名的批评。这些都与秦始皇的政治相背离。吕不韦在书成后将其悬挂于咸阳城门，以一字千金的天价来征求国人的意见，这是吕不韦用一种富于戏剧性的方式在明确向秦王政宣布其治国思想，至此，两人在政治思想方面的矛盾进一步升级。当然最后的结果是吕不韦因"后宫之乱"而被迫自杀。从这点看，吕不韦以及《吕氏春秋》是不幸的。

刘安的命运与吕不韦惊人地相似。《史记·淮南王传》中对刘安之死有详细记载：

> （刘安）时时怨望厉王死，时欲叛逆，未有因也……伍被自诣吏，因告与淮南王谋反，反踪迹具如此。吏因捕太子、王后，围王宫，尽求捕王所与谋反宾客在国中者，索得反具以闻。上下公卿治，所连引与淮南王谋反列侯二千石豪杰数千人，皆以罪轻重受诛……赵王彭祖、列侯臣让等四十三人议，皆曰："淮南王安甚大逆无道，谋

---

① 《吕氏春秋·谨听》。

反明白，当伏诛。”胶西王臣端议曰：“淮南王安废法行邪，怀诈伪心，以乱天下，荧惑百姓，倍畔宗庙，妄作妖言。《春秋》曰：‘臣无将，将而诛。’安罪重于将，谋反形已定。臣端所见其书节印图及他逆无道事验明白，甚大逆无道，当伏其法。”……丞相弘、廷尉汤等以闻，天子使宗正以符节治王。未至，淮南王安自刭杀。

依据《史记》记载，刘安之父刘长因造反而死，刘安从小就埋下了复仇的种子，为父报仇成为他一生的志向，最终也如其父一样因谋反罪被杀。但司马迁的记载中颇多矛盾之处，如用笔墨颇多的伍被其人，他一会儿为淮南王设计谋反，一会儿又劝刘安不要谋反，他的政治立场就很让人疑惑。

对于刘安谋反一案，许多人认为是一个冤案。徐复观、雍国泰、陈广忠、牟钟鉴、马庆洲等学者都曾提出类似观点。[1] 有的学者有专门论证，这里不再赘述。

吕不韦和刘安，都被最高统治者以“莫须有”的罪名迫害致死，两书编成后不但都未被当朝统治者采纳，却都被打入“冷宫”。但最终两书都流传了下来，并对后世产生了重大影响。

二　《淮南子》对《吕氏春秋》的引用

《吕氏春秋》是《淮南子》编写时直接效仿的模本。《淮南子》全书，处处可以看到《吕氏春秋》的影子。《淮南子》对《吕氏春秋》中的材料，有的是直接引用，有的间接引用，有的则作了发展扩大。

《淮南子·主术训》：

> 故有道之主，灭想去意，清虚以待；不伐之言，不夺之事；循名责实，使有司，任而弗诏，责而弗教，以不知为道，以奈何为宝。[2]

---

① 徐复观：《两汉思想史》，华东师范大学出版社 2001 年版；雍国泰：《论淮南王刘安之死》，《历史知识》1980 年第 1 期；陈广忠：《〈淮南子〉的倾向性和淮南王之死》，《江淮论坛》1981 年第 1 期；牟钟鉴：《〈吕氏春秋〉与〈淮南子〉思想研究》，齐鲁书社 1987 年版；马庆洲：《淮南子考论》，北京大学出版社 2009 年版。

② 着重号为本书作者加，下同。

《吕氏春秋·知度》：

> 故有道之主，因而不为，责而不诏，去想去意，静虚以待，不伐
> 之言，不夺之事，督名审实，官使自司，以不知为道，以奈何为宝。

《淮南子》中"故有道之主，灭想去意，清虚以待，不伐之言，不夺之事，循名责实，使有司"、"以不知为道，以奈何为宝"几句直接抄自《吕氏春秋》，只是更换了个别字。十一句中相似句子达九句。

《淮南子·泰族训》：

> 黄帝曰："芒芒昧昧，因天之威，与元同气。"故同气者帝，同义者王，同力者霸，无一焉者亡。

《吕氏春秋·应同》：

> 黄帝曰："芒芒昧昧，因天之威，与元同气。"故曰同气贤于同义，同义贤于同力，同力贤于同居，同居贤于同名。

"黄帝曰"几句直接来自《吕氏春秋》，"同气者帝，同义者王，同力者霸"两句显然是从《吕氏春秋》中"同气贤于同义，同义贤于同力"发展而来。

《淮南子·本经训》：

> 由此观之，天地宇宙，一人之身也；六合之内，一人之制也。是故明于性者，天地不能胁也；审于符者，怪物不能惑也。

《吕氏春秋·有始》：

> 天地万物，一人之身也，此之谓大同。众耳目鼻口也，众五谷寒暑也，此之谓众异。则万物备也。天斟万物，圣人览焉，以观其类。解在乎天地之所以形，雷电之所以生，阴阳材物之精，人民禽兽之所安平。

《淮南子》中"天地宇宙，一人之身也"来自《吕氏春秋》，后边"六合之内，一人之制也……"几句又是对《吕氏春秋》中"天斟万物……人民禽兽之所安平"的总结。

以上仅举了几例。事实上，《淮南子》直接引用《吕氏春秋》的段落非常多，仅《道应训》篇引《吕氏春秋》就达二十多处，仅次于引《老子》的数量。

除了直接引用外，《淮南子》中还有对《吕氏春秋》的间接引用，这些间接引用部分散见于书中各处。《天文训》关于节气与吕律的对应关系，采自《吕氏春秋·音律》，关于星宿分野采自《有始览》。《地形训》中大地的概念以及九州、九山、九塞、九薮、八风、六水等地理学概念，采自《有始览》。其他如《原道训》、《俶真训》《主术训》《诠言训》等篇，都对《吕氏春秋》有所吸收，书中许多观点也多采自《吕氏春秋》，如"法天地"，"因则无敌"，"太一"分阴阳，阴阳化生万物，君道无为，臣道有为，道德高于仁义，法不可拘守也不可无，同气相应等思想，都直接继承《吕氏春秋》。其他像《说山训》中的"粹白之裘"、"睹瓶冰而知寒"等七、八条，也采自《吕氏春秋》。《淮南子》编撰原则以阴阳五行为骨干，类似《吕氏春秋》。

汉承秦制，但西汉统治者为了给自己代秦大造舆论，同时也为了从亡秦中吸取教训，不但不承认汉代对秦代制度的继承，反而掀起批秦的巨大浪潮。在汉人心目中，秦王朝的人和事都一无是处。《淮南子》作者受这种风气的影响，在书中无一字提到吕不韦和《吕氏春秋》。然而正是《吕氏春秋》给予《淮南子》的写作以最大最直接的影响。我们可以想象，《淮南子》的作者们在写作该书前，一定认真阅读、研究过《吕氏春秋》，《吕氏春秋》是《淮南子》内容的直接来源之一。

三　《淮南子》对《吕氏春秋》的发展

以《吕氏春秋》的史料、观点为基础，结合汉初思想发展状况以及人们对社会的进一步的认识，进而加以发挥扩展，是《淮南子》对《吕氏春秋》吸收的另外一个重要途径。下面举例说明。

（一）内容方面的发展

《淮南子·时则训》与《十二月纪》大部分内容都相同，个别地方有增删，有的位置前后移易。以《孟春》为例，增加了"招摇指寅"，"其位东方"，"服八风水，爨其燧火，东宫御女青色，衣青采，鼓琴瑟，其兵矛，其畜羊"，"正月官司空，其树杨"。《时则训》整篇在按照《十二纪》把十二月叙述完之后，又加了一段对"五位"的介绍，这是在地理上叙述东、南、中、西、北五方穷极所到之处，又配上五帝五佐，中间各加上"其令曰"的五类政治措施，再加了一段与四季孟、仲、季互相配合的"六合"，目的在说明施政不合时令时所引起的灾异。《时则训》中以兵、畜、树、官等项与五行相配，为《十二纪》所无。而孟、仲、季三夏主配南方火，《时则训》则将季夏配中央土，只以孟夏、仲夏配南方火，这意味着中央土的地位提高了。

除了增益之外，《时则训》对《十二纪》也有删减，如《孟春纪》中"是月也，以立春。先立春三日，太史谒之天子曰：'某日立春，盛德在木。'天子乃斋"中只保留"盛德在木"一句，其余都被删除。"还，乃赏公卿诸侯大夫于朝"到"是月也，命乐正入学习舞"一大段中大部分被删除。

《吕氏春秋》中《十二月纪》分别在《孟春》、《孟夏》、《季夏》、《孟秋》、《孟冬》中提到五帝五神，五帝为东方之帝太皞（伏羲氏）、南方之帝炎帝（神农氏）、中央之帝黄帝（轩辕氏）、西方之帝少皞、北方之帝颛顼，五神为木德之神句芒、火德之神祝融、土德之神后土（句龙）、金德之神蓐收、水德之神玄冥。而在《淮南子》中有这样的记载：

> 何谓五星？东方，木也，其帝太皞，其佐句芒……南方，火也，其帝炎帝，其佐朱明（高诱注：旧说云祝融）……中央，土也，其帝黄帝，其佐后土……西方，金也，其帝少昊，其佐蓐收……北方，水也，其帝颛顼，其佐玄冥。"①

可以看到，《淮南子》与《吕氏春秋》中提到的五帝五神名称完全相同。《淮南子·天文训》中只将五行改编为五星。

《淮南子·天文训》不仅把五行同五星、五方、四时结合了起来，而且还分别配以天干中的甲乙、丙丁、戊己、庚辛、壬癸及五兽、五音。在

---

① 《淮南子·天文训》。

《吕氏春秋·应同》篇中也有将黄帝到文王时的历史与五行、五色等相配的论述。但《天文训》的内容远比《应同》篇丰富系统，它把宇宙、社会、历史、自然等都纳入到五行这一大系统中，用以解释生活中方方面面的现象，在《应同》篇五行说与神秘的祥瑞相联系的基础上作了很大发展。从五行之间的顺序看，《天文训》以五行相生的关系为序进行说明，而《应同》篇却以相胜的关系为序说明，这反映了不同时代的思想为政治服务的宗旨。《吕氏春秋》强调的是秦灭周符合五行相胜说，《淮南子》则强调的是汉继秦符合五行相生说，微小的变化中透露出政治对思想文化的影响。

尽管《时则训》与《十二纪》相比，有了一些变化。但无论如何，《时则训》吸纳了《十二纪》的内容，是可以肯定的。

其他像《地形训》部分内容亦是《有始览》后半部分的扩充，《兵略训》是将《吕氏春秋》中论兵的八篇文章的思想，以及《孙子兵法》的若干观点加以引申发挥，再加上秦汉间战争的经验而写成。

《淮南子》与《吕氏春秋》相比，总体上有了发展、深化与提高，也显得更加丰富，更加系统。例如《吕氏春秋》论"道"较少，《淮南子》用专章反复陈说，《原道训》、《俶真训》、《道应训》等篇，都是讨论道和阴阳的，论述比《吕氏春秋》更深入，形成了历史上著名的道论之一。

虽然《淮南子》在《吕氏春秋》的基础上有了发展、提高，并不是说《淮南子》在所有问题上都较《吕氏春秋》合理深刻，一些问题上《淮南子》反不如《吕氏春秋》。如《吕氏春秋》重视人生基本的需求，不把人情与道德相对立。《淮南子》也讲礼乐制度要顺民性，但又宣扬老庄的恬静寡欲的人性论，提倡息欲返性，以为"欲与性相害，不可两立"[①]，这就是倒退了。《吕氏春秋》的养生论偏于主动，积极健康，富于科学精神；《淮南子》的养生论重在养神，偏向主静，内容也贫乏。

（二）结构方面的发展

《淮南子》一以贯之的主旨和比较严谨的章节结构，也由《吕氏春秋》发展而来，但两书又有区别。《吕氏春秋》分《十二纪》、《八览》、《六论》，下属一百六十余篇论文，结构层次多而杂，事例多于理论；《淮南子》将全书的编排简化为并列的二十篇，论题更加集中，说理更为深

---

① 《淮南子·诠言训》。

入，理论上更深入一层。《要略》又对全书宗旨和各篇要领及其相互间的逻辑关系作出简明扼要的概括。《淮南子》二十一篇，篇篇都有其核心的主题，从本体到器用，从天道到人间，都作了论述。篇与篇之间环环相扣，无论是在概括水平、思辨深度还是理论水准上，都比《吕氏春秋》更高一筹。这些都表明《淮南子》由于吸收了秦汉之际的新经验和汉以来天文、医学等自然科学的新成果，在一系列理论问题上都有崭新的创造。《淮南子》较《吕氏春秋》，在认识能力和写作水平上有了更大的提高。

（三）二书思想倾向、文风等方面的不同

两书中各家思想的比例及其相互关系也有所不同。在《吕氏春秋》中，天道观来自老庄，政治、伦理、教育思想来自儒墨，而墨家的影响大于儒家，这与秦国在惠王时墨者较多有直接关系。在《淮南子》中，墨家比重显著减少，道家和儒家比重大大增加。在《吕氏春秋》中，被吸收的各家之间联系较为松散粗糙，可是相互之间批评、冲突的情况也少见。《淮南子》使各家在理论上更紧密地结合在一起，较为精致紧凑，可是彼此之间在一些看法上的冲突也加剧了。尤其是各家思想更紧密结合的情况通篇皆是，在许多地方甚至达到了贯通而不留学派界限痕迹的地步，如《主术训》、《齐俗训》、《本经训》等篇，很难分清是儒是道，《泰族训》提出的"叁伍"施政纲领，就把儒、道、阴阳三家思想巧妙糅合在一起，浑然成为一个有机整体。《吕氏春秋》在文化融合上还没有达到这样高的水平。

两书整体文风也不同，刘勰曾对两书做出评价："吕氏鉴远而体周，淮南采泛而文丽。"① 《吕氏春秋》语言平实质朴简明，保持了三晋文风。《淮南子》则华丽铺排，具有荆楚文化的风格，又好怪异之谈，夸张之论，明显受到了汉代神仙方术思想的影响。

《淮南子》虽然许多材料来自《吕氏春秋》，但两书在内容、结构、思想倾向、文风等方面，又有差异。总体说，《淮南子》较《吕氏春秋》更为成熟。

（四）二书差异形成的原因

《吕氏春秋》与《淮南子》差异的形成，源于社会思想文化背景的不

---

① 《文心雕龙·诸子》。

同。两书都编撰于中国封建制度确立的早期阶段，大的社会背景相同，但是具体情况又有别。《吕氏春秋》成书的时代，儒家在思想文化界的优势还不突出，法家、墨家都是独立的学派，影响很大，在国家还未统一、兼并战争还很突出的时期，法、兵家比儒家更受欢迎。反映在《吕氏春秋》中，各家思想地位不相上下，比例大体相当。《淮南子》成书的时代，封建中央政权日趋巩固，黄老思想在政治上暂居首席，道家思想极为活跃。随着封建宗法制度的加强，儒学的社会影响日益增长。这时法家思想已经被儒、道吸收，阴阳五行思想也大量渗入儒、道两家，法家、阴阳五行家都丧失了独立地位。这时墨家已不复存在。这种新的社会文化态势反映在《淮南子》中，就表现为道、儒融合是主要倾向。而这时的道家和儒家，也已经同先秦时的道家、儒家有很大不同，已经融合了其他各派的思想。

《淮南子》与《吕氏春秋》不同的部分明显受到时代风气的影响。如《淮南子·时则训》中屡次提到"服八风水"，这是汉初神仙家服食成仙思想在作品中的反映，却删去了《吕氏春秋》中有关太史之职以及祈谷、藉田之礼的记载，说明到了汉初人们对这些礼制早已陌生，人们早已没有这样的观念，因此无须再提及。在保留古代礼制方面，《吕氏春秋》较《淮南子》更多地继承了周代礼制。

汉初人们对天文、数学等自然科学进行了大量的观测和研究，并取得了一定的成果，这些成果被《淮南子》总结吸收，这也是两书差异形成的原因。

四　《淮南子》对《吕氏春秋》历史故事、神话传说等的吸纳

历史故事、神话传说也属于古籍史料部分，这一部分本应该放到第二、第三部分进行论证，但无论是《淮南子》还是《吕氏春秋》，都保存了大量的历史传闻、寓言故事，这些故事的记载，不但丰富了两书的内容，更为重要的是，使得这些故事得以保存流传。《吕氏春秋》中的寓言故事、历史传闻等达两百八十多则，而《淮南子》与《山海经》，历来被认为是记载神话故事最重要的两种古籍。因此，为突出两书在这方面的地位，将这一部分单独列出讨论。

《淮南子》引用的许多历史传说、故事有的是从《吕氏春秋》中搬来，或针对《吕氏春秋》中的某一故事阐述其思想。

《淮南子·氾论训》：

> 秦穆公出游而车败，右服失马，野人得之。穆公追而及之岐山之阳，野人方屠而食之。穆公曰："夫食骏马之肉，而不还饮酒者，伤人。吾恐其伤汝等。"遍饮而去之。处一年，与晋惠公为韩之战，晋师围穆公之车，梁由靡扣穆公之骖，获之。食马肉者三百余人，皆出死为穆公战于车下，遂克晋，虏惠公以归。

而《吕氏春秋·爱士》：

> 昔者秦缪公乘马而车为败，右服失而野人取之。缪公自往求之，见野人方将食之于岐山之阳。缪公叹曰："食骏马之肉而不还饮酒，余恐其伤女也！"于是遍饮而去。处一年，为韩原之战，晋人已环缪公之车矣，晋梁由靡已扣缪公之左骖矣，晋惠公之右路石奋投而击缪公之甲，中之者已六札矣。野人之尝食马肉于岐山之阳者三百有余人，毕力为缪公疾斗于车下，遂大克晋，反获惠公以归。

这则故事又见《史记·秦本纪》。从文字看，《淮南子》与《吕氏春秋》文字非常相近，而《秦本纪》则与两书文字差异较大，《淮南子》抄自《吕氏春秋》无疑。《吕氏春秋》引这则故事是为了说明贤主要"怜人之困"、"哀人之穷"，君主只有做到行德爱人，老百姓才会"亲其上"，才会乐意为君主效忠。《淮南子》在引用这则故事后加了一句"此用约而为德者也"，同样也是说明行德爱人的重要，两书立意完全相同，前后继承关系十分明显。其他像秦之墨者唐姑果在秦惠王面前进谢子之谗言一事，同见于《吕氏春秋·去宥》和《淮南子·修务训》，墨家田鸠居秦三年一事同见于《吕氏春秋·首时》与《淮南子·道应训》。《淮南子》取材于《吕氏春秋》的故事甚多。

《淮南子》中还有些篇目并没有引用《吕氏春秋》中的故事，而是直接借这些故事进行论证，或引申发挥。

《淮南子·人间训》：

> 智者离路而得道，愚者守道而失路。夫儿说之巧，于闭结无不

解。非能闭结而尽解之也，不解不可解也。至乎以弗解解之者，可与及言论矣。

这里提到兒说之弟子解闭一事。高诱注："兒说，宋大夫也。"兒说应为名家人物。关于兒说，古籍记载很少，《汉书·艺文志》也不见著录。《韩非子·外储说·左上》："兒说，宋人，善辩者也。持'白马非马也'服齐稷下之辩者，乘白马而过关，则顾白马之赋。"《淮南子·说山训》中也提到解闭之事："兒说之为宋王解闭结也，此皆微眇可以观论者。"

兒说之弟子解闭一事，《吕氏春秋·君守》有详细记载：

> 鲁鄙人遗宋元王闭，元王号令于国，有巧者皆来解闭。人莫之能解。兒说之弟子请往解之，乃能解其一，不能解其一，且曰："非可解而我不能解也，固不可解也。"问之鲁鄙人。鄙人曰："然，固不可解也。我为之而知其不可解也。今不为而知其不可解也，是巧于我。"故如兒说之弟子者，以"不解"解之也。

兒说弟子一反常人思维，用"固不可解"的回答解决了绳结的问题，不可谓不巧妙。但故事中并没有直接说明解闭者的姓氏名号，而是冠以"兒说之弟子"，可以推知兒说应为战国时期名家之重要人物。《吕氏春秋》引用此事是为了阐述有道之人能以不变应万变，不用任何方法就能做成事情，进而论述君主应当执守的根本是清静无为。《人间训》直接就此事进行评论，如果不读《吕氏春秋》的记载，读者恐怕难以理解《淮南子》中的论述。

《淮南子·道应训》：

> 楚庄王问詹何曰："治国奈何？"对曰："何明于治身，而不明于治国？"楚王曰："寡人得立宗庙社稷，愿学所以守之。"詹何对曰："臣未尝闻身治而国乱者也，未尝闻身乱而国治者也。故本任于身，不敢对以末。"楚王曰："善。"

《吕氏春秋·执一》：

> 楚王问为国于詹子，詹子对曰："何闻为身，不闻为国。"詹子
> 岂以国可无为哉？以为为国之本，在于为身，身为而家为，家为而国
> 为，国为而天下为。故曰以身为家，以家为国，以国为天下。此四
> 者，异位同本。故圣人之事，广之则极宇宙，穷日月，约之则无出乎
> 身者也。慈亲不能传于子，忠臣不能入于君，唯有其材者为近之。

这两段都是阐发老子治身的理论。就楚王问詹何为国一事，《淮南子》较
《吕氏春秋》记载更为具体。

《淮南子》中所载故事来源于《吕氏春秋》事例还有很多，不再一一
列举。

《吕氏春秋》为《淮南子》的编撰提供了最直接的范本，《淮南子》
在结构、思想、史料等方面都对《吕氏春秋》有吸纳，可以说，《淮南
子》就是以《吕氏春秋》为蓝本写成的。正因为如此，《汉书·艺文志》
将两书都作为杂家代表作。今人牟钟鉴称两书为"秦汉之际道家著作的
姊妹篇"①，两书是否为道家著作尚可进一步讨论，但他指出两书为姊妹
篇，却是符合事实的。

---

① 牟钟鉴：《〈吕氏春秋〉与〈淮南子〉思想研究》，齐鲁书社 1987 年版，第 2 页。

第 五 章

董仲舒、司马迁对《吕氏春秋》的接受与阐释

董仲舒（前179年—前104年），河北广川人，汉武帝时期著名的政治家和公羊学家。汉景帝时任博士，讲授《公羊春秋》。武帝元光元年（前134年），举贤良对策，董仲舒上对策三篇，史称"天人三策"，提出了他的哲学体系的基本要点，建议"罢黜百家，独尊儒术"，为武帝所采纳。先后任江都易王刘非、胶西王刘端国相，后辞职回家，但依然受到武帝重用，"仲舒在家，朝廷如有大议，使使者及廷尉张汤就其家而问之，其对皆有明法"①。董仲舒著作，根据《汉书·董仲舒传》记载，"凡百二十三篇"，又"复数十篇，十余万言"，流传至今的有《春秋繁露》和《举贤良对策》等。

周桂钿认为，"董仲舒哲学是以'大一统论'为中心，以'天人感应'和'独尊儒术'为重要两翼"②。而董仲舒的这三项理论贡献都对《吕氏春秋》有接受。因董仲舒的"天人感应"论大都由《吕氏春秋》发展而来，因此，我们首论"天人感应"，次论"大一统"，最后论"独尊儒术"。下面分论之。

第一节 董仲舒对《吕氏春秋》的接受与阐释

一 董仲舒对《吕氏春秋》天人思想的阐释和发展

董仲舒的重要思想之一，就是提出"天人感应"论，这一理论不但被当时统治者采纳，还对后代产生了深远的影响。"天人感应"论主张天神的目的是通过天人之间的相互感应来实现的。董仲舒这一理论的提出与

---

① 《汉书·董仲舒传》。
② 周桂钿：《董仲舒研究》，人民出版社2012年版，第3页。

先秦天人思想有密切的关系。

（一）天人思想的发展

殷周时代，统治者出于统治下层人民的需要，便鼓吹一种叫作"天命"论的唯心论。他们认为，人世间即自然界的一切，都是全知全能的超自然的上帝之天的有意安排，即所谓"天命"。既然是天命，被统治者就要心甘情愿服从天命，接受统治，若违反统治者的统治就是违反天命，这种思想显然是为统治者服务的。但在为统治者服务的同时，也有一定积极的意义，那就是对统治者本身也提出了要求。这是因为，当时人认为皇天没有私亲，谁有大德就辅佐谁，命他为王。"皇天无亲，唯德是辅"①。

《尚书》中载召公劝谏成王的一段话就体现了这种思想：

> 我不可不监于有夏，亦不可不监于有殷。我不敢知曰，有夏服天命，惟有历年。我不敢知曰，不其延，惟不敬厥德，乃早坠厥命。我不敢知曰，有殷受天命，惟有历年。我不敢知曰，不其延，惟不敬厥德，乃早坠厥命。②

这是成王欲迁都洛邑时，召公以夏、殷的兴亡史来劝谏成王。夏、殷之先王都是受天命而历年，但是其子孙桀、纣因为"不敬厥德"，从而"早坠厥位"，失去了王位。这一思想在西周到春秋战国非常流行。

> 宋人弑昭公，赵宣子请师于灵公以伐宋，公曰："非晋国之急也。"对曰："大者天地，其次君臣，所以为明训也。今宋人弑其君，是反天地而逆民则也，天必诛焉。晋为盟主，而不循天罚，将惧及焉。"③

只要行善、积德，就可以得到上天的任命。相反，反天逆民，天必诛焉。

诸子各派中儒家、道家、墨家都涉及天人关系问题。《墨子》：

---

① 《左传·僖公五年》，载宫之奇引《周书》之逸书语。
② 《尚书·召诰》。
③ 《国语·晋语五》。

> 爱人利人，顺天之意，得天之赏者，有矣。憎人贼人，反天之意，得天之罚者，亦有矣。夫爱人利人，顺天之意，得天之赏者，谁也？曰：若昔三代圣王尧舜禹汤文武者是也……夫憎人贼人，反天之意，得天之罚者，谁也？曰：若昔者三代暴王桀纣幽厉者是也。①

顺天之意，就会得天之赏；反之，违天之意，就会受天之罚。相似的论述在《法仪》中也出现。儒家也有天人合一思想，《中庸》开篇就说："天命之谓性，率性之谓道，修道之谓教。"指出人性是由天所命，性在人的生命之中。孟子则有"尽其心也，知其性也；知其性则知天矣"的理论。《庄子·齐物论》"天地与我并生，万物与我为一"也是讲天人关系。墨、儒、道三家虽然论述的侧重点各有不同，但都是在探讨天人关系问题，并且都提出了天人合一的观点。

天人感应的理论基础是同类相感。在《周易》中就有这一思想，如《乾卦》："同声相应，同气相求。水流湿，火就燥，云从龙，风从虎，圣人作而万物睹。本乎天者亲上，本乎地者亲下，则各从其类也。"

古代的符瑞、谴告思想也对后代天人感应思想产生了影响。《国语·周语》记载，幽王二年，三川地震，周朝史官伯阳父就把"三川实震"看作是西周的亡国之征，他显然是把西周将亡与地震联系在了一起。《中庸》："国家将兴，必有祯祥；国家将亡，必有妖孽。"这是说，天虽然不会说话，但它对人间的事了如指掌，通过祯祥与妖孽来显示自己的天命。

（二）《吕氏春秋》中的天人思想

《吕氏春秋》中包含一些天文思想，如将星空划分为九个区域，配以二十八宿，目的是为了与地上的九州对应，这是《吕氏春秋》的独创，开后世九天之说。②书中对异常天象的记录也很丰富，这些记载有的是古人长期观察天象所得，为现代天文学家提供了珍贵的资料。遗憾的是，《吕氏春秋》记录这些，不是为了科学研究，而是为了证明天人感应的存在。

《吕氏春秋》肯定人是由天所生，《本生》："始生之者，天也。"《大乐》："始生人者天也。"这种观念本由来已久。但是《吕氏春秋》在此基

---

① 《墨子·天志中》。
② 《吕氏春秋·有始》。

础上说得更加具体，《知分》："凡人物者阴阳之化也，阴阳者造乎天而成者也。"既然人的生命由天所生，便认为"人之与天地也同"①，人在某种情况下就可与天相通。《吕氏春秋》认为养生可以达到与天地相通的精神境界。《本生》：

> 万物章章，以害一生，生无不伤；以便一生，生无不长。故圣人之制万物也，以全其天也。天全则神和矣，目明矣，耳聪矣，鼻臭矣，口敏矣，三百六十节皆通利矣。若此人者，不言而信，不谋而当，不虑而得；精通乎天地，神覆乎宇宙；其于物无不受也，无不裹也，若天地然；上为天子而不骄，下为匹夫而不惛。此之谓全德之人。

这段明显受到道家杨朱一派"贵己"学说的影响，圣人能够制约万物，用以保全自己的生命，所以他们的精神能够通达天地，覆盖宇宙。由养生致精而可与天地相感通，这是由战国末期道家发展《老子》重生贵己思想而来。《吕氏春秋·本生》篇人可与天地相通的论述为董仲舒天人感应思想提供了理论依据。

在吸收前代天命论、同类相感思想基础上，《吕氏春秋》又作了更详尽的论述。《应同》：

> 类固相召，气同则合，声比则应。鼓宫而宫动，鼓角而角动。平地注水，水流湿；均薪施火，火就燥；山云草莽，水云鱼鳞，旱云烟火，雨云水波，无不皆类其所生以示人。故以龙致雨，以形逐影。师之所处，必生棘楚。祸福之所自来，众人以为命，安知其所。

这段话明显是前引《周易·乾卦》一段的发展。在《召类》、《精通》中也有相近的论述。肯定了"类固相召，气同则合，声比则应"，认为"物类相召"具有普遍性，"天人相召"的表现形式是天通过降灾布祥，以对人做出回应。《吕氏春秋》把天文历法与天人感应思想结合起来。感应本是自然界常见的现象，"月晕而风"，"础润而雨"，但《吕氏春秋》把这

---

① 《吕氏春秋·情欲》。

种现象推衍到社会人事领域，就变成荒谬的东西了。《应同》篇还将同类相感思想进一步系统化、神秘化，认为自黄帝以来的历史就反映了"天人相召"、"相互感应"的必然性和规律性。可以看到，《吕氏春秋》将天命论、五行思想、同类相感等思想与灾祥联系在一起，认为王朝的盛衰是按照五行相克的规律进行的，这已经具备了董仲舒"天人感应"论的雏形。

《吕氏春秋》认为，在宇宙大系统中，天与人的运动采取了同样的步骤和状态，人间帝王的兴衰和天象物候的变化相互感应。在天与人两方面中，天占据着主导地位，天象的异常预示着社会的变迁，人类如果不能顺应天道，天道自身仍然按着自己固有的节律运行着，人类社会的历史就会随天道进入下一个阶段。这一理论是为秦国统一天下服务的，它肯定了以秦代周的合理性，同时又提醒统治阶层，如果不抓住时机有所作为，就有可能失去成功的机会。既然这样，人类尤其是统治者就要顺应天道，以巩固其统治地位。鉴于此，《吕氏春秋》就利用自然界变异现象警示君主。如《顺民》载商汤时天下大旱，五年不收，商汤乃亲自祷于桑林，接受了上帝的警告，作了沉痛的忏悔，这才解除了灾难。其他像《制乐》所记周文王"改行"而止"地动"，宋景公以"三德言"移去"荧惑"，都属于此类。这些故事显然为董仲舒的"天人感应"论提供了最直接的事例。

《吕氏春秋》甚至搬出天降灾祸对人主进行劝告，《明理》：

> 国有游蛇西东，马牛乃言，犬彘乃连，有狼入于国，有人自天降，市有舞鸱，国有行飞，马有生角，雄鸡五足，有豕生而弥，鸡卵多殻，有社迁处，有豕生狗。国有此物，其主不知惊惶亟革，上帝降祸，凶灾必亟。其残亡死丧，殄绝无类，流散循饥无日矣。此皆乱国之所生也。

《吕氏春秋》中包含了非常多的音乐理论，在这些音乐思想中也混杂着不少天人感应的迷信成分。如《古乐》：

> 昔古朱襄氏之治天下也，多风而阳气畜积，万物散解，果实不成，故士达作为五弦瑟，以来阴气，以定群生。

在《吕氏春秋》的作者看来，音乐本身具有阴阳二气的因子，根据"同气相求"、"同类相召"的理论，音乐可以招来阴气，宣导阳气。这种神秘的附会，显然是错误的。

> 故乐愈侈，而民愈郁，国愈乱，主愈卑，则亦失乐之情矣……失乐之情，其乐不乐。乐不乐者，其民必怨，其生必伤。①

认为侈乐、乐不乐引起了国乱、主卑、民怨、生伤，这是倒因为果的谬论。

此外，像《明理》篇记载的"马牛乃言"、"雄鸡五足"等怪异现象，《吕氏春秋》把它们作为乱世的表征，也是受天人感应思想影响而形成的谬论。

《吕氏春秋》中天人感应思想较为零散，不够系统，多流于对表象的描述，只是将物类相感看作是一种神秘难知的东西。但是天人感应思想中的一些重要要素都已经出现，这些为董仲舒系统的"天人感应"论的出现提供了参考。

（三）董仲舒天人感应思想对《吕氏春秋》天人思想的吸纳

西汉初年，学者们对于神秘的"天人感应"学说作了深入的探究，陆贾的《新语》、淮南王的《淮南子》以及西汉前期成书的《黄帝内经》都有类似论述。而作为一种系统的理论体系，"天人感应"论是大儒董仲舒在前人学说的基础上构建而成。

董仲舒的天人感应论是为大一统论服务的。为了实现大一统，既要树立皇帝的权威，又要限制皇帝的私欲，董仲舒采取了天人感应的理论形式，来实现这两方面的功能。

董仲舒天人感应思想对《吕氏春秋》有明显的继承。他吸收了《吕氏春秋》中《召类》、《精通》同类相感思想，以及《应同》符瑞谴告的观点，形成了自己新的理论体系。

> 今平地注水，去燥就湿；均薪施火，去湿就燥。百物去其所与

---

① 《吕氏春秋·侈乐》。

异，而从其所与同。故气同则会，声比则应，其验皦然也。试调琴瑟而错之，鼓其宫则他宫应之，鼓其商而他商应之，五音比而自鸣，非有神，其数然也。美事召美类，恶事召恶类，类之相应而起也。如马鸣则马应之，牛鸣则牛应之。帝王之将兴也，其美祥亦先见；其将亡也，妖孽亦先见。物固以类相召也，故以龙致雨，以扇逐暑，军之所处，以生棘楚。美恶皆有从来，以为命，莫知其处所。①

这段话显然是《应同》篇的发展。有些句式直接抄自《应同》，如"平地注水，去燥就湿；均薪施火，去湿就燥"、"气同则会，声比则应"、"以龙致雨"、"军之所处，以棘楚"等，有些是对《应同》的具体解释。董仲舒把某种自然现象与社会事物相联系，通过牵强附会的比附，把风马牛不相及的事物说成是同类，用自然事物中同类相动的现象，论证天命论的必然性与神圣性。

《吕氏春秋·孟春》：

> 孟春行夏令，则风雨不时，草木早槁，国乃有恐；行秋令，则民大疫，疾风暴雨数至，藜莠蓬蒿并兴；行冬令，则水潦为败，霜雪大挚，首种不入。

《春秋繁露·五行五事》：

> 春行秋政，则草木凋；行冬政，则雪；行夏政，则杀。

两书所述具体内容不尽相同，但是精神一致，都把自然规律神秘化。在《春秋繁露》中这样的例子还有不少。

董仲舒在前人有关天人思想的基础上，构建了一个以"十端"为内容的天的系统。

> 天有十端，十端而止已。天为一端，地为一端，阴为一端，阳为一端，火为一端，金为一端，木为一端，水为一端，土为一端，人为

---

① 《春秋繁露·同类相动》。

一端，凡十端而毕，天之数也。①

董仲舒对十端之天系统中天与人的关系做了探讨，认为天与人都是天之一端，即是并列的，同时，天与人又存在着一种授受关系，天授命于人，人受命于天。天人感应，就是作为一端的天与另一端的人之间的相互感应。天与人之间的授受关系，也就是天命论，在董仲舒看来，君王之所以称为"天子"，体现了这种授命之意。

董仲舒还利用《吕氏春秋》人法天地思想中的简单化倾向，进一步加以膨胀，提出"人副天数"的理论，把人形容成是天的复制品，并且对天人之间为什么能相互感应进行了理论上的论证。认为天人之所以能相互感应，就在于天与人是同类。实际上他是按照人的模式，塑造出有意志有感情的"天"。

> 唯人独能偶天地。人有三百六十节，偶天之数也；形体骨肉，偶地之厚也；上有耳目聪明，日月之象也；体有空窍理脉，川谷之象也；心有哀乐喜怒，神气之类也……是故人之身，首妢而员，象天容也；发，象星辰也；耳目戾戾，象日月也；鼻口呼吸，象风气也；胸中达知，象神明也；腹胞实虚，象百物也……天以终岁之数，成人之身，故小节三百六十六，副日数也；大节十二分，副月数也；内有五脏，副五行数也；外有四肢，副四时数也；乍视乍瞑，副昼夜也；乍刚乍柔，副冬夏也；乍哀乍乐，副阴阳也；心有计虑，副度数也；行有伦理，副天地也。②

人与天不仅形体同类，喜怒哀乐之性情也同类，甚至人与天的道德亦同类，人间的纲常伦理都是取法于天。在此基础上，董仲舒又提出了人与天之政时亦同类。

《吕氏春秋》中《十二月纪》所着力阐发的中心思想就是政令必须要合乎时令，人事需要顺从自然天地的变化而变化。这一思想由董仲舒构建"人副天数"学说时作了吸取和发挥，由此提出了政时同类的思想。董仲

---

① 《春秋繁露·官制象天》。
② 《春秋繁露·人副天数》。

舒的政时同类包括两方面的内容：一是庆赏罚刑"四政"与春夏秋冬"四时"同类；二是依据五行相生之序和春夏秋冬四时之序来安排农业生产。

> 圣人副天之所行以为政，故以庆副暖而当春，以赏副暑而当夏，以罚副清而当秋，以刑副寒而当冬。庆赏罚刑，异事而同功，皆王者之所以成德也。庆赏罚刑与春夏秋冬，以类相应也，如合符……天有四时，王有四政，四政若四时，通类也，天人所同有也。①
>
> 木者春，生之性，农之本也。……火者夏，主成长，本朝也。……土者夏中，成熟百种，君之官……金者秋，杀气之始也。……水者冬，藏至阴也。②

这一思路与《吕氏春秋》的《十二月纪》完全一致。可以看出，董仲舒的"人副天数"说，其基本要素已经出现在《吕氏春秋》中，董仲舒正是在前人基础上，构建了一套系统的"人副天数"理论，并用这套理论对天人感应做出了自己的解释。在他看来，既然天与人在形体、性情、道德以及政时方面都属于同类，那么天就是放大了的人，人就是缩小了的天，这正是天与人相互感应、天授命于人的原因。

天授命于人解释了天子统治的合理性、权威性，但天子在统治时并不能随心所欲，还需要对其加以限制。因此，董仲舒又提出了天人感应思想中的另一重要内容，就是"天人谴告"说。

> 天下之人同心归之，若归父母，故天端应诚而至。《书》曰"白鱼入于王舟，有火复于王屋，流为乌"，此盖受命之符也。周公曰"复哉复哉"，孔子曰"德不孤，必有邻"，皆积善累德之效也。及至后世，淫佚衰微，不能统理群生，诸侯背畔，残贼良民，以争壤土，废德教而任刑罚。刑罚不中，则生邪气；邪气积于下，怨恶畜于上。上下不和，则阴阳缪戾而妖孽生矣。此灾异所缘而起也。③

---

① 《春秋繁露·四时之副》。
② 《春秋繁露·五行顺逆》。
③ 《汉书·董仲舒传》。

这段话是董仲舒在回答汉武帝策问时提出的。他一方面肯定君主只有积善累德，才能使天下归心，才能有祥瑞符命的出现；另一方面认为，如果君主残贼良民，就会导致群生异心，诸侯背叛，其结果是阴阳失调，妖孽滋生。这与《吕氏春秋》中用自然界变异现象、天降灾祸劝告人主非常相似。

董仲舒的天人感应思想，大都是由《吕氏春秋》发展而来。它将《吕氏春秋》中次要的、神秘的成分，进行了发展改造，使之成为了系统的理论。这套理论的精神实质是言天道而归于人事，它所表述的并不是一种宇宙哲学，而是一种政治哲学，它所宣扬的"天命论"和"天人谴告"说都是为政治服务的，这与吕不韦组织门客编撰《吕氏春秋》旨在为秦帝国服务相一致。董仲舒欲借助这种神学的形式来表达自己的政治观，"天命论"可以建立起君主的权威，使民众因为畏惧天命而服从于君王的统治；"天人谴告"说又可以通过天，对高高在上的君主进行一定程度的制约，可以说，董仲舒的"天人感应"论是一种披着神学外衣的政治学说。天人感应思想在汉代产生了深远的影响，天人感应的神秘思想成为了泛滥于两汉的谶纬迷信思想的先声。《汉书·五行志》就是专讲灾异、祥瑞的文献，其基本理论仍是赏善罚恶的天人感应，即政治昏暗则见灾异，政治修明则呈祥瑞，这些都是《吕氏春秋》中天人思想在汉代的发展。

二　董仲舒对大一统封建理论的建构与《吕氏春秋》

董仲舒在政治理论上一个很大的贡献，就是对"大一统"理论的完善。汉初景帝年间，吴楚七国借口清君侧，反对削藩，起兵叛乱，企图夺取中央大权。这场叛乱虽然最后得以平定，但对于统治者来说是立国以来最大的教训。善于总结历史经验的董仲舒亲身经历了这场太平时代的大灾难，他深入研究了这些教训，并从理论上进行了探讨。他研究的结果就是建构"大一统"理论。

"大一统"在他解释《春秋公羊传》时就有明确的论述。董仲舒给汉武帝上书的《天人三策》中有一段论述：

> 《春秋》大一统者，天地之常经，古今之通谊也。今师异道，人异论，百家殊方，指意不同，是以上亡以持一统；法制数变，下不知所守。臣愚以为诸不在六艺之科孔子之术者，皆绝其道，勿使并进。

邪辟之说灭息，然后统纪可一而法度可明，民知所从矣。①

这段话隐含的意思是：《春秋》言大一统，是天地之常理，古今皆然。因此，必须首先要做到政治上的统一与思想上的统一。

董仲舒还从五德说引申出"三统"说，认为夏是黑统，商是白统，周是赤统，汉代周当复为黑统。窦太后死后，武帝正式用五德说易服色，色尚黄，用"三统"说改正朔，以寅月为正月，用以表示他重新受天命统治国家，从此，五德说便成了皇帝"奉天承运"的理论依据。

董仲舒这种大一统思想的出现，是中国历史发展的必然，也是对先秦以来要求统一思想的继承和总结。荀子有"隆一而治，二而乱。自古及今，未有二隆争重而能长久者"② 的论述，他在《非十二子》中还有"一天下"和"六说者立息"的主张。《吕氏春秋》也主张统一：

> 听群众议以治国，国危无日矣……故一则治，异则乱；一则安，异则危。夫能齐万不同，愚智工拙皆尽力竭能，如出乎一穴者，其唯圣人矣乎！③
>
> 王者执一，而为万物正。军必有将，所以一之也；国必有君，所以一之也；天下必有天子，所以一之也；天子必执一，所以抟之也。一则治，两则乱。今御骊马者，使四人人操一策，则不可以出于门闾者，不一也。④

这些都是强调政治统一、思想统一的重要性。

董仲舒的大一统思想无疑是对前人的继承与发展，同时也符合当时加强中央集权及皇权的需要。在长达几百年的春秋战国，人们饱受战乱之苦，要求统一。秦用武力统一了中国，但是并没有给人们带来和平安定的生活。尔后刘邦吸取秦亡的教训，崇尚黄老，人们得到片刻的安宁。但是，刘邦又实行了分封，政治上并没有实现真正的大一统。经文、景削

---

① 《汉书·董仲舒传》。
② 《荀子·致士》。
③ 《吕氏春秋·不二》。
④ 《吕氏春秋·执一》。

藩，才镇压了部分诸侯的反叛。直到武帝继位，这一问题仍然没有彻底解决。董仲舒提出大一统，就是要解决这一问题。在当时，实现大一统，就必须加强封建皇帝的专制。因此，他提出了"正者，王之所为"的观点，认为王者的责任和任务就在于使天下壹于正，亦即归于一统。可以看出，董仲舒的理论是完全为统治者建构封建理论服务的。直到董仲舒，才真正完成了封建理论大厦的建构。然而董仲舒的成功，却离不开吕不韦的探索。

《吕氏春秋》编撰于秦统一全国的前夕，当时秦统一全国的局势已经非常明朗。现实向秦国提出了一个前所未有的课题：统一后如何去治国全国？吕不韦凭着他政治家的敏感性、商人的灵活性看到这一形势，组织门客编撰《吕氏春秋》，他们集各家思想之长，并依据政治的需要对各派思想进行了取舍融合与发展。有学者指出，《吕氏春秋》就是一部政论书。这部书，就其编撰动机和全书内容讲，是系统地为秦帝国准备治国纲领和理论学说的著作，它不但有思想理论，还有具体的施政方略，提出了庞大的成体系的理想治国方案，这套理论反映出处于上升期的封建统治阶级的宏大气魄和对美好社会的强烈追求。

不幸的是，吕不韦设计的这一套治国纲领，却因为与秦始皇的权利之争而付之东流，连吕不韦本人也被迫自杀，这不能不说是个历史的悲剧。但是他这种为大一统国家设计治国纲领的动机与董仲舒如出一辙。董仲舒是幸运的，他的理论出现在封建制已经得到彻底巩固的汉武帝时期，因此，他的理论也得到了全面的实施，并且影响了之后两千年的中国封建社会。可以说，正是吕不韦的尝试与探索，才促成了董仲舒的成功。到董仲舒提出"罢黜百家，独尊儒术，"，地主阶级在确立了全国范围的大一统封建制以后，才完成了从政治、经济到文化教育和意识形态变革的整个历史过程。

董仲舒的其他具体思想如德主刑辅、人伦教化、义利观、荣辱观等都是在吸取《吕氏春秋》的基础上形成。需要说明的是，尽管董仲舒提出的政治统一明显吸取了《吕氏春秋》的思想，但二者对统一的实施过程却存在差异。二者都主张君道无为臣道有为，但《吕氏春秋》的君道无为，是为了充分发挥臣道有为，实际是欲限制君权，扩大臣权。而董仲舒的君道无为，是为了将君比之为天，是为了树立君主的绝对权威，最终目的是尊君抑臣。作为政治理论，《吕氏春秋》向往的是有限君主制，董仲舒鼓吹的却是绝对君主制，这是二者在政治理论上的本质区别。这也可以说是董仲舒对《吕氏春秋》君道无为理论的改造。

三　董仲舒"独尊儒术"的新儒学与《吕氏春秋》的兼容并蓄

《吕氏春秋》以阴阳五行为架构，将各种思想都纳入到一个大系统中，这种兼收并蓄的特点，适应了战国末期学术发展的趋势，对汉代学术产生了重要影响，董仲舒的"独尊儒术"也对其有所吸纳。

汉初选择黄老思想是历史选择的结果，到汉武帝时转而"独尊儒术"同样是历史选择的结果。儒家思想虽然在整个封建社会成为了官方的哲学，影响深远，但是从先秦到汉代，儒学却几经磨难，儒墨显学，遭墨家抨击，战国中后期遭法家批判，汉初崇尚黄老，又遭冷落。最严重的是秦代焚书坑儒，儒家六艺险遭灭绝。但是，磨难越多，适应能力就越强，儒学就是在这一次次的逆境中不断丰富自己、调整自己，终于出现了儒术独尊的局面。

董仲舒提出的"独尊儒术"，是汉武帝时期政治上巩固加强封建皇权的合理需求。他为巩固中央集权提出了"大一统"理论，大一统论目的是统一政治。在此基础上，还要统一思想。董仲舒的主张是，要将全国思想统一于孔子儒学。

独尊儒术，同时也有思想自身发展的需求。

到汉武帝时期，诸子百家不是进一步保留各自理论体系的问题，而是经过几百年的争鸣后如何融合的问题。荀子、韩非子的思想已经开始吸收各家思想，《吕氏春秋》是这种融合的有意识的尝试，汉初黄老思想，是诸子百家自觉走向融合的产物。可以说，"独尊儒术"，并没有扼杀百家思想，反而促进了各家的融合和统一。所谓的"独尊"正是百家争鸣融合的结果。

学者多称董仲舒的思想为新儒学。既然是新儒学，说明他的思想已经不同于先秦孔子、孟子、荀子思想，它以孔、孟的儒学为核心，以阴阳五行说为构架，广泛吸取了先秦道家、法家、墨家等诸子的思想，成为了以儒家为主融合各家思想的新的思想体系。诸子百家在董仲舒的新儒学中，是有机结合起来的，是真正的综合，而不是外在的、机械的、简单相加或凑合。

董仲舒"始推阴阳，为儒者宗"①，与阴阳五行结下了不解之缘。除了从体系上对阴阳五行思想加以采用外，他还继承了《十二月纪》阴阳五行的观念，并作了极繁琐的发展。《春秋繁露·五行对》：

> 天有五行：木、火、土、金、水是也。木生火，火生土，土生金，金生水。水为冬，金为秋，土为季夏，火为夏，木为春。春主生，夏主长，季夏主养，秋主收，冬主藏……土者，五行最贵者也，其义不可以加矣。

《春秋繁露·威德所生》：

> 天有和有德，有平有威，有相受之意，有为政之理，不可不审也。春者，天之和也；夏者，天之德也；秋者，天之平也；冬者，天之威也。天之序，必先和然后发德，必先平然后发威。此可以见不和不可以发庆赏之德，不平不可以发刑罚之威。

《汉书·董仲舒传》：

> 天道之大者在阴阳。阳为德，阴为刑；刑主杀而德主生。是故阳常居大夏，而以生育养长为事；阴常居大冬，而积于空虚不用之处。

这些论述与《十二纪》思想完全一致，显然本于《十二纪》。他的尚德去刑，以春夏为天之德，秋冬为天之刑的观念，也由《十二纪》发展而来。但五行之中莫贵于土的观念，是董仲舒的发挥。

董仲舒吸取了法家的尊君、集权思想，"君之所以为君者，威也。故德不可共，威不可分。德共则失恩，威分则失权，失权则君贱，失恩则民散，民散则国乱，君贱则臣叛"②。他还继承了韩非子"有功则君有其贤，有过则臣任其罪"的理论③，提出"君不名恶，臣不名善，善皆归于君，

---

① 《汉书·五行志》。
② 《春秋繁露·保位权》。
③ 《韩非子·主道》。

恶皆归于臣"①。

对于道家，董仲舒取其帝王之术，"为人君者，居无为之位，行不言之教，寂而无声，静而无形，执一无端，为国源泉"②，"故为人主者，以无为为道，以不私为宝"③。还鼓吹人君要贵神，将道家与法家结合起来。《春秋繁露·立元神》：

> 为人君者，其要贵神。神者，不可得而视也，不可得而听也，是故视而不见其形，听而不闻其声。声之不闻，故莫得其响；不见其形，故莫得其影。莫得其影，则无以曲直也；莫得其响，则无以清浊也。无以曲直，则其功不可得而败。无以清浊，则其名不可得而度也。

对于名家思想，董仲舒提出"治天下之端，在审辨大；辨大之端，在深察名号。名者，大理之首章也。录其首章之意，以窥其中之事，则是非可知，逆顺自著，其几通于天地矣"④，强调深察名号的重要性。

董仲舒以儒家为主融合百家的新儒学，是一套在更高阶段发展了的思想体系。它吸收了法家集权专制和注重刑、法的思想，而否定了法家强调法治、以吏为师、不要文教德治的片面性；吸收了道家的自然观，否定了其消极无为、忽视人的主观能动性的片面性。董仲舒的融合百家与《吕氏春秋》的兼容并蓄有一定的相似性。对于董仲舒的新儒学和以《吕氏春秋》为代表的杂家之间的关系，有学者指出：

> 在先秦诸子学中，有两家与两汉盛行的经学关系最为密切，一个是儒家学说，一个是杂家学说。儒家学说与儒家经学可以说是名同而实有异，即儒家经学尊的是儒家的解经之术而非先秦儒家的学说。而杂家学说与经学却是名异而实有同，即它们都试图融合各派学说以建立适应时代要求的新官学，只是在形式上，杂家要在百家之外自成一

---

① 《春秋繁露·阳尊阴卑》。
② 《春秋繁露·保位权》。
③ 《春秋繁露·离合根》。
④ 《春秋繁露·深察名号》。

家，而经学却采取了上古王官之学的形式。①

董仲舒所尊的儒家经学与杂家学说在本质上有共同点，二者都试图融合各派学说，又都为政治服务。这些共同点一方面是政治、思想发展的必然结果；另一方面也是董仲舒有意识地自觉接受《吕氏春秋》的结果。

从《吕氏春秋》到《春秋繁露》，从吕不韦到李斯再到董仲舒，从法家到黄老再到独尊儒术，正是地主阶级在确立全国范围的大一统封建统治的进程中，逐步探索与这种大一统政治相适应的意识形态的过程，作为它的完成与终结，董仲舒在历史上的地位，无疑是值得肯定的。但是，吕不韦的探索，《吕氏春秋》给董仲舒的启迪，却不容忽视。董仲舒正是在吸纳《吕氏春秋》以及其他古籍的基础上，把诸子百家中所有有利于巩固专制统治的因素均加以吸收，形成了新的理论体系，完成了封建统治的理论建构。这一理论，适应了中国封建社会中央集权的国情，这就是中国封建社会虽历经两千余年，而儒术始终占据主要地位的原因。也正是到这时候，"罢黜百家"的条件才告成熟，因为这时百家已经融于儒家这面旗帜下。与《吕氏春秋》相比，董仲舒的理论更为系统，更加适应封建统治的需要，影响也更为深远。

除了以上三方面外，董仲舒在其他方面对《吕氏春秋》也有吸收，如他的爱气养生思想，"养生之大者，乃在爱气"②，显然是借鉴了《吕氏春秋》中的养生思想。这些理论，因在董仲舒思想中不占重要地位，故从略。

第二节　《史记》对《吕氏春秋》的称引与接受

西汉代秦而治，汉承秦制，尽管汉代在许多领域吸收了秦代文化，但西汉人除了总结秦亡的教训以及对秦制进行大肆批驳外，始终讳言与秦王朝有关的正面的人和事，秦人或难以进入汉代人著作中，或在汉代人笔下遭遇丑化。司马迁是较早积极肯定吕不韦以及《吕氏春秋》的学者，这在对秦代人物常常持批判态度的西汉早中期，尤为可贵。同时，他还从不

---

① 周桂钿、李祥俊：《中国学术通史》（秦汉卷），人民出版社 2004 年版，第 259—260 页。
② 《春秋繁露·循天之道》。

同方面对《吕氏春秋》做了吸纳和接受。

一　司马迁对吕不韦及《吕氏春秋》的称引与评价

《史记》是西汉对吕不韦以及《吕氏春秋》相关记载较多的古籍，司马迁除在《史记》中专列《吕不韦列传》外，在《秦始皇本纪》、《十二诸侯年表》、《太史公自序》等篇中也出现了较为集中的对其说明的段落，此外，《秦本纪》、《六国年表》、《楚世家》、《赵世家》、《甘茂列传》、《春申君列传》、《李斯列传》等篇中也有对吕不韦的零星记载。

对吕不韦生平事迹的说明并不始于《史记》，《战国策·秦策五》中《濮阳人吕不韦章》、《文信侯欲攻赵以广河间章》两章也有对吕不韦生平的记载①，尤其是前一章，所载情节与《史记·吕不韦列传》基本相同，只在具体细节方面有出入。两书对吕不韦前期生活说明较少，重点对他后期生活做了介绍，对吕不韦认识异人后进行外交活动，辅佐异人成为太子一段两书介绍尤为详尽。《战国策·濮阳人吕不韦章》记载至子楚继位为庄襄王，吕不韦为相结束。《吕不韦列传》还详细说明了吕不韦为相以后的大事，如在后代备受争议的秦王政的出生问题，他辅佐庄襄王、秦王政在兼并战争中取得的一系列胜利，他在文治方面的举措，他与秦王政以及嫪毐的矛盾，他最后的被迫自杀等。《史记》这一段记载不但为我们研究吕不韦的生平事迹提供了重要史料，同时也为我们了解秦国统一前夕的大事件如庄襄王的继位、秦王政继位后秦国统治者集团之间的矛盾斗争等提供了重要参考。

总观司马迁在《吕不韦列传》以及其他篇章中对吕不韦和《吕氏春秋》的记载，可以概括为以下几个方面：

首先，对吕不韦编撰《吕氏春秋》一书的编撰动机以及《吕氏春秋》的分类、字数、内容、命名等作了详细的记载，并且肯定了作者"以为备天地万物古今之事"的自评。

　　　　吕不韦者，阳翟大贾人也……当是时，魏有信陵君，楚有春申
　　君，赵有平原君，齐有孟尝君，皆下士喜宾客以相倾。吕不韦以秦之

---

①　缪文远考证《文信侯欲攻赵以广河间章》，"所言全与史事不合，盖策士晚出拟托之作也"，见缪文远《战国策新校注》，巴蜀书社1998年版，第240页。

强，羞不如，亦招致士，厚遇之，至食客三千人。是时诸侯多辩士，如荀卿之徒，著书布天下。吕不韦乃使其客人人著所闻，集论以为八览、六论、十二纪，二十余万言。以为备天地万物古今之事，号曰《吕氏春秋》。布咸阳市门，悬千金其上，延诸侯游士宾客有能增损一字者予千金。①

司马迁认为吕不韦主持编撰《吕氏春秋》的动机是与战国四公子争胜，是欲借编书抬高自己的地位。事实上，这仅仅是表面的原因。《吕氏春秋·序意》中明确提到编撰该书的目的是"所以纪治乱存亡也"，与上引"以为备天地万物古今之事"一句相结合，可以看出，编撰此书的真正目的是欲在总结历史经验教训的基础上提出自己的治国方略，为即将统一的秦王朝做政治思想、治国纲领方面的准备工作。

其次，司马迁以史官的敏锐眼光高度肯定了《吕氏春秋》的价值，将其与先秦其他经典著作并列，认为该书是吕不韦的"发愤"之作。

司马迁在《史记》中多次称引《吕氏春秋》，并且给予很高评价。在《太史公自序》中说道：

> 昔西伯拘羑里，演《周易》；孔子厄陈、蔡，作《春秋》；屈原放逐，著《离骚》；左丘失明，厥有《国语》；孙子膑脚，而论兵法；不韦迁蜀，世传《吕览》；韩非囚秦，《说难》、《孤愤》；《诗》三百篇，大抵贤圣发愤之所为作也。此人皆意有所郁结，不得通其道也，故述往事，思来者……结子楚亲，使诸侯之士斐然争入事秦。作《吕不韦列传》第二十五。②

他以极为同情的语气将《吕氏春秋》与《周易》、《春秋》、《离骚》、《国语》、《孙膑兵法》、《韩非子》、《诗经》等先秦经典并列，把这些著作都视为"大抵贤圣发愤之所为作也"。在《报任安书》中也有同样的表述。当然司马迁这里将吕不韦组织编撰《吕氏春秋》的动机归之于怨愤是不准确的。该书编撰于吕不韦权倾朝野之时，并非是在迁蜀之后，编撰目的

---

① 《史记·吕不韦列传》。
② 《史记·太史公自序》。

也不是出于"意有所郁结"。这显然是司马迁为了迁就结论而作的改动。《史记》中还有一段记载：

> 鲁君子左丘明惧弟子人人异端，各安其意，失其真，故因孔子史记具论其语，成《左氏春秋》。铎椒为楚威王傅，为王不能尽观《春秋》，采取成败，卒四十章，为《铎氏微》。赵孝成王时，其相虞卿上采《春秋》，下观近势，亦著八篇，为《虞氏春秋》。吕不韦者，秦庄襄王相，亦上观尚古，删拾《春秋》，集六国时事，以为八览、六论、十二纪，为《吕氏春秋》。①

谈及《春秋》，人们往往会想到"微言大义"，《春秋》的编者实际是欲通过编纂史书来表明自己的政治主张。司马迁认为，左丘明、铎椒、虞卿、吕不韦等人著书也与《春秋》作者有同样的用意，《吕氏春秋》不但与《左氏春秋》、《虞氏春秋》等书在编书宗旨、书名涵义等方面有共同之处，同时还与五经之一的《春秋》有关联，足见司马迁对《吕氏春秋》的肯定态度。

再次，司马迁对吕不韦其人也给予很高的评价，将吕不韦视为贤圣，在《吕不韦列传》中称其为"吕子"，赞扬了他"结子楚亲，使诸侯之士斐然争入事秦"的功绩。对吕不韦做这样的评价，在中国历史上实不多见。

司马迁并没有因为吕不韦的商人出身而轻视他，这与司马迁的思想相统一。在《史记》中有两篇经济史传，《平准书》与《货殖列传》，他对商人们通过正当的努力获得的利益给予了肯定，鼓励发财致富，肯定了商人的历史作用。他对吕不韦的赞扬与此有直接关系。司马迁对吕不韦肯定的赞扬对于扭转战国末期以来人们对吕不韦"商人"的不利评价做了很好的纠正。这正显示了史家实事求是、客观公正的严谨精神和超人的识见。

最后，司马迁在对吕不韦肯定的同时，也对他的缺点做了客观的说明。司马迁对吕不韦的宫闱秘史并没有加以避讳，真实记录了他与太后那段不光彩的风流韵事。在"太史公曰"中司马迁又这样评价吕不韦："孔

---

① 《史记·十二诸侯年表》。

子之所谓'闻'者，其吕子乎?"《集解》:"马融曰:'此言佞人也。'"
孔子之所谓"闻"者语出《论语》:

> 子张问:"士何如斯可谓之达矣?"子曰:"何哉，尔所谓达者?"
> 子张对曰:"在邦必闻，在家必闻。"子曰:"是闻也，非达也。夫达
> 也者，质直而好义，察言而观色，虑以下人。在邦必达，在家必达。
> 夫闻也者，色取仁而行违，居之不疑。在邦必闻，在家必闻。"①

孔子就子张的问话解释了"闻"与"达"的区别。"达"者品质正直，
遇事讲理，能察言观色，愿意谦让别人。而"闻"者表面上爱好仁德，
实际行动却相反，以仁人自居而不加疑惑。司马迁将吕不韦比作"闻"
者，显然他对吕不韦的一些做法是不认可的。

总体讲，司马迁对《吕氏春秋》持完全肯定的态度，对吕不韦则是
赞美为主，同时也对他的缺点做了客观的记载。

二　《史记》的编撰目的、结构、选材对《吕氏春秋》的接受

《吕氏春秋》在司马迁心目中崇高的地位，使得司马迁在写作《史
记》时自然会有意或无意地对《吕氏春秋》加以接受，《史记》在编撰目
的、编撰方法、哲学思想、取材标准、写作方法上都对《吕氏春秋》有
一定的吸纳。

《吕氏春秋·序意》中说明了编撰此书是欲"上揆之天，下验之地，
中审之人"，"所以纪治乱存亡也，所以知寿夭吉凶也"。从《吕氏春秋》
内容看，全书以"法天地"以行人事为指导思想，的确从天、地、人三
方面阐述了各种社会政治思想，显示了作者广阔的视野。具体说，就是总
结治世与乱世存亡的经验以及事物发展的一般规律。

《史记》的编撰目的是"究天人之际，通古今之变，成一家之言"，
探讨天道与人道的关系，总结古今成败兴亡的经验教训，探求从古至今历
史发展变化的一般规律，从而成为一家之言。

可以看到，《吕氏春秋》与《史记》的编撰宗旨甚为相似。不同的
是，达到这一目的的途径略有不同。《吕氏春秋》以说理为主，通过直接

---

① 《论语·颜渊》。

说理来阐述其政治思想，并配以具体事例予以论证，事例为说理服务，因此所载事例多短小简洁，不求对事件的前因后果作细致交代，事例中主人公的性格也较为简单笼统。而《史记》重在记事，以还原历史事件为主，史家的政治倾向是蕴含在对事件的叙述与人物的刻画当中，只在篇末以"太史公曰"的形式作简单评论。尽管二书在写作时的侧重点有说理与叙事之别，二书的性质也有子书、史书的区分，但编撰二书的深层动机却是相同的。

《吕氏春秋》是我国古代第一部有计划的、结构统一的著作。在《吕氏春秋》编撰之前，先秦书籍尤其是子部书籍多是单篇流传，流传一段时间后再由后人或弟子逐渐编辑成书。《吕氏春秋》则不然，编撰者在编撰之前，就已经有了明确的编撰目的和宗旨，对编撰方法、编选标准等都有明确的设想。《吕氏春秋》标志着我国第一部"整书"的出现，这一点对后代书籍的编撰体例影响深远。司马迁编撰《史记》正是借鉴了《吕氏春秋》的这一编撰思想，我们可以肯定，司马迁在著《史记》之前，也像吕不韦一样拟定了全书的写作计划和提纲。

《吕氏春秋》采用了二级分目的结构形式。全书分为三大部分：览、论、纪。览共八种，每览又包含八篇（《有始览》今仅存七篇）。论有六种，每论又包括六篇。纪按照一年十二个月共《十二纪》，每纪五篇。最后以《序意》统摄全书。① 这种二级分目的形式是《吕氏春秋》的独创。如此整齐划一的结构在《吕氏春秋》之前从未出现过，在秦汉以后也不多见。对于《吕氏春秋》每部分包含篇章数量的意义，李家骧曾做出这样的解释：

　　　　每纪首篇以下篇目有四，许指四面或四方，正如吕书强调地道方之说、《音初》言四方诗乐之始一样，四个方位无一偏缺，本身就是和合统调；四篇加首篇每纪篇数为五，又合五行之数。《八览》之八有学者认为是指八方，以《有始览》之八方之风为证，我以为《览》数为八、每《览》篇数为八皆指八方，《左传》、《淮南子》、《说文》皆有八风之说。《六论》之六，我以为《论》数、每《论》篇数为

① 　按照古书成例，《序意》应置于全书之后，今本《序意》位于《十二纪》之后，疑为后人移置。下文将详述。

六皆指六合而论,《庄子·齐物论》说"六合之外,圣人存而不论",《史记·司马相如列传》说"六合之内,八方之外,浸浔衍溢",李白《古风》说"秦王扫六合,虎视何雄哉",乃可由此诸说窥见吕书六论含有统一天下之意。吕书编排全书篇数是有以《十二纪》记载政令、人事而表明时间和谐,以《八览》言八方之观览而表明空间和谐,以《六论》述六合之论而表明时空和谐之意的,统而言之,这是时空相配,正是所谓"备天下万物古今之事"。①

他的解释很有说服力,可备一说。无论如何,吕书的编排方式反映了古人追求数字符合某种事理的象征性意识,是没有疑义的。

以阴阳五行思想为框架,以"法天地"以行人事为指导思想,按照"春生夏长秋收冬藏"的理念安排全书结构。在具体编排上采用二级分目结构,使得《吕氏春秋》三大部分、一百六十篇之间形成了井然有序、层次分明的统一体,虽然个别篇目有重复或割裂的现象,但从总体看,全书构思精巧,体制新颖,周密严整,是一部成体系的、完整的书籍。如《十二纪》是按照"上揆之天"建构,主要围绕为政、治天下展开讨论。《八览》是按"中审于人"建构,主要围绕为君之道展开讨论。《六论》按照"下验之地"建构,主要讲为臣之理、治国之本。三大部分各有侧重,自成体系,每一部分内部篇章之间也多相互照应勾连。但是天、地、人又不能截然分开,讨论"天"离不开地利和人事,谈人事也离不开天时和地利,因此,三大部分之间又相互联系,形成了一个大的系统。《吕氏春秋》为我国古代书籍的编纂提供了成功的范本,在我国图书编辑史上具有重要的意义和价值。

司马迁不但在编撰的总体指导思想上继承了《吕氏春秋》,在具体体例、篇目数量等方面也明显对其有接受。对此,刘勰早已有论述,"子长继志,甄序帝绩。比尧称典,则位杂中贤;法孔题经,则文非元圣;故取式《吕览》,通号曰纪。纪纲之号,亦宏称也"。②刘勰论述较为简略,只是指出《史记》中的"纪"是取法《吕氏春秋》。清代章学诚则有比较具体的阐述,他明确指出:"吕氏之书,盖司马迁之所取法也。十二本纪

---

① 李家骧:《吕氏春秋通论》,岳麓书社1995年版,第50页。
② 《文心雕龙·史传》。

仿其十二月纪，八书仿其八览，七十列传仿其六论，则亦微有所以折衷之也。"① 二家所言都指出《史记》体例受《吕氏春秋》影响的事实。

与《吕氏春秋》相似，《史记》五大部分中每一部分的篇目也符合古人追求数字符合事理的思想，张守节曾云：

> 《本纪》十二，象岁十二月也。作《表》十，象天之刚柔十日，以记封建世代终始也。作《书》八，象一岁八节，以记天地日月山川礼乐也。作《世家》三十，象一月三十日，三十辐共一毂，以记世禄之家辅弼股肱之臣忠孝得失也。作《列传》七十，象一行七十二日，言七十者举全数也，余二日象闰余也，以记王侯将相英贤略立功名于天下，可序列也。合百三十篇，象一岁十二月及闰余也。而太史公作此五品，废一不可，以统理天地，劝奖箴诫，为后之楷模也。②

《史记》五大部分一百三十篇之间也形成了一个缜密的系统。郑樵曰：

> 司马氏世司典籍，工于制作，故能上稽仲尼之意，会《诗》、《书》、《左传》、《国语》、《世本》、《战国策》、《楚汉春秋》之言，通黄帝、尧、舜至于秦、汉之世，勒成一书，分为五体：本纪纪年，世家传代，表以正历，书以类事，传以著人。使百代而下，史官不能易其法，学者不能舍其书。六经之后，惟有此作。③

《史记》对当时所知的人类历史进行了全面的、立体的研究。五体所载内容，构成了一个纵横交错的立体网络。本纪编年，以王朝的更替为体系；世家载述诸侯世系；列传记述社会各个阶层以及一般平民的活动；表用简明的表格标注错综复杂的史实，表现历史发展的线索；书分专题记述政治、经济、天文、地理、典礼等方面的沿革。五体互文相补，构成一个有机整体。纪为纲，传为目，传用来注述本纪，纪传为经纬组成全书骨

---

① 《校雠通义·汉志诸子》（第十四）。
② 《史记正义·论史例》，见《史记》第十册附，中华书局 1959 年版。
③ 《通志略总序》。

架。年表有如神经脉络贯穿其中，是联系纪、传的桥梁。各体之间，乃至于各世家、列传、年表、八书之间，都包含着丰富的横向交叉的内容，又自成体系。这样的五体结构，形象地照映了封建社会的等级序列。因纪传体是以叙事为主，史官对历史人物、历史事件的倾向性不便于直接表达，多包含在叙述中，在每篇末，司马迁又以"太史公曰"的论赞形式作了评论，这样人事结合，史论结合，既可以全面反映社会生活，又能够表达自己的政治倾向，达到为统治者提供借鉴的政治目的。《史记》为中国史书的编撰提供了成功的范例，中国的史书尤其是正史大都采用纪传体形式，司马迁功不可没。

《史记》按照一定的编撰原则从整体安排全书结构，五大部分下各自分为若干篇章，每一部分各个篇章之间又相互呼应。这种从"整书"的理念出发，事先拟定全书章节，使全书各部分成为了一个有机的统一体的思想，显然是司马迁借鉴《吕氏春秋》的结果。当然，《吕氏春秋》与《史记》一为子书，一为史书；一重说理，一主叙事，两书在选材、行文等方面又有区别，司马迁在继承《吕氏春秋》的基础又根据史书自身的特点有了发展，尤其是完全避免了《吕氏春秋》个别篇目重复、割裂的缺点，成为中国史书的典范之作。

从全书内容看，《吕氏春秋》可谓无所不包，堪称百科全书，显示了编撰者宽广的视野。《史记》虽以记事为主，但同样为后人提供了了解中国早期历史的珍贵史料。《史记》内容丰富，包罗万象，贯穿古今。它上起黄帝，下迄太初，汇总古今典籍，"网罗天下放失旧闻"，成为一部百科全书式的巨著，从内容到形式都是划时代的伟大创造。诸如经济、政治、文化、学术、民族、社会以及自然界的星象、历法、地理等等无所不包。从人物传记来看，除本纪主要记帝王外，世家还记载了王侯将相、世家大族以及有影响的公卿大夫。列传记载人物更为广泛，先秦诸子各派人物如儒家、道家、墨家、法家、阴阳家、名家、纵横家、杂家等都收入书中，这些人物有的为专传，有的为合传，有的为类传，有的则是附于他人传记之中。此外，还为屈原、贾谊、司马相如等文学家立传，其他像循吏、酷吏、游侠、日者、龟策、滑稽、货殖、方技、佞幸，无不网罗书中。可以说凡在人类活动中起过作用的人物都纳入史书中。除社会上各个阶层、各种人物外，《史记》还记载了当时各个领域的成果，如《八书》就系统记载了礼乐、律历、天文、郊祀、河渠水利、粮食货币等内容，为我们认识古代典章制度、文化、经济等提供了重要的史料。

总体说，《史记》较《吕氏春秋》收罗范围更为广泛，但《史记》吸纳了《吕氏春秋》百科全书式的特点，对《吕氏春秋》有接受是非常明显的。

三　《史记》对《吕氏春秋》思想的吸纳

《史记》体现的思想集中反映在《太史公自序》中收录的司马谈《论六家要指》以及每篇末的"太史公曰"中。司马谈站在黄老之学的立场对西汉初年的学术发展做了系统总结，文中对阴阳、儒、墨、法、名、道做了评论，对阴阳家的阐述是这样的：

> 尝窃观阴阳之术，大祥而众忌讳，使人拘而多所畏；然其序四时之大顺，不可失也……夫阴阳四时、八位、十二度、二十四节各有教令，顺之者昌，逆之者不死则亡，未必然也，故曰"使人拘而多畏"。夫春生夏长，秋收冬藏，此天道之大经也，弗顺则无以为天下纲纪，故曰"四时之大顺，不可失也"。

这段话反映的思想与《吕氏春秋》中《十二纪》之纪首反映的思想如出一辙，"春生夏长，秋收冬藏"正是编撰《吕氏春秋》总的指导思想。

班固《汉书·艺文志》将《吕氏春秋》归为杂家，他对杂家做出如下说明，"杂家者流，盖出于议官。兼儒、墨，合名、法，知国体之有此，见王治之无不贯，此其所长也。及荡者为之，则漫羡而无所归心"。司马谈对道家也有一个说明，"道家使人精神专一，动合无形，赡足万物。其为术也，因阴阳之大顺，采儒墨之善，撮名法之要，与时迁移，应物变化，立俗施事，无所不宜，指约而易操，事少而功多"。两家都提到兼采儒、墨、名、法的问题，正因为这样，有的学者在《吕氏春秋》的学派归属上有道家、新道家之说。① 《吕氏春秋》是否属于道家尚可进一步讨论，不可否认的是，在《吕氏春秋》中，道家思想的确非常明显，

---

① 高诱：《吕氏春秋序》，见严可均《全上古三代秦汉三国六朝文》，中华书局1958年版；熊铁基：《秦汉新道家》，上海人民出版社2001年版；牟钟鉴：《〈吕氏春秋〉与〈淮南子〉思想研究》，齐鲁书社1987年版等。

《大乐》、《圜道》、《贵当》、《论人》、《去私》、《先己》、《重己》、《本生》、《贵生》、《精喻》、《博志》、《任数》、《知度》等篇中阐释的思想与老子、庄子、杨朱思想以及黄老思想都有许多相近之处。

关于司马迁之思想倾向，在《论六家要指》中有明确反映。司马谈在论六家时最为推崇道家，对其他几家之优劣都有提及，唯独对道家没有谈其缺点。可见，司马谈的思想与汉初盛行的黄老思想是统一的。司马迁继承父志，也格外推崇黄老思想。班固曾对司马迁有这样的评价，"亦其涉猎者广博，贯穿经传，驰骋古今，上下数千载间，斯以勤矣。又其是非颇缪于圣人，论大道则先黄老而后六经，序游侠则退处士而进奸雄，述货殖则崇势利而羞贱贫，此其所蔽也"。① 班固站在儒家立场在肯定司马迁知识渊博、涉猎广泛的同时，又批评了司马迁著《史记》的诸多"缺点"：评论历史人物不以圣人为标准，谈论大道时将儒家置于黄老之后，书中还为游侠、商人等阶层立传，更容易助长社会上"不良风气"的发展。我们姑且不论班固对司马迁之"蔽"的评价是否正确，但他指出司马迁"先黄老而后六经"与《史记》反映的思想倾向的确相吻合。

《论六家要指》对道家有更加具体的称述：

> 凡人所生者神也，所托者形也。神大用则竭，形大劳则敝，形神离则死。死者不可复生，离者不可复反，故圣人重之。由是观之，神者生之本也，形者生之具也。不先定其神，而曰"我有以治天下"，何由哉？

这段话主要论述形、神之关系，明显是对《吕氏春秋》的接受。《吕氏春秋》认为养生致精可以与天地相通，《勿躬》：

> 养其神、修其德而化矣，岂必劳形愁虑弊耳目哉？是故圣王之德，融乎若月之始出，极烛六合而无所穷屈；昭乎若日之光，变化万物而无所不行。神合乎太一，生无所屈，而意不可障；精通乎鬼神，深微玄妙，而莫见其形。

———————
① 《汉书·司马迁传》。

两段话都以道家理论为基础，主张人有神有形，形神结合，以神为主。可见二者对形神关系有共同的认识，只是《史记》较《吕氏春秋》更为平实，少了些玄妙成分。

除道家外，学者们认为儒家、阴阳五行家思想在《吕氏春秋》中也占有很大比重。阴阳五行思想主要体现在对《吕氏春秋》框架结构的编排以及《十二纪》中，仅是作为全书框架的一个理论依据，从全书篇目内容看，《吕氏春秋》中具体阐述阴阳家思想特点的篇目并不多，而讨论道家和儒家的篇目数量最多。道家思想前已论述，儒家思想如《当务》、《慎人》、《贵信》、《壹行》等篇内容，多取孔子思想，《孝行》多取曾子思想，《忠廉》、《介立》、《观表》等多取孟子思想，《音初》、《劝学》、《用民》多取荀子思想，《精通》、《具备》多取《中庸》思想。

《吕氏春秋》中儒、道两家思想成分最大，主要源于这两家的思想特点。道家学说偏重于自然和人生，具有浓厚的哲理性与思辨色彩，主要致力于探讨宇宙的本源以及万物发展变化的规律，在先秦诸子中，道家学说概括性最强，抽象程度最高，眼界最开阔，胸怀最宽广。《吕氏春秋》在阐述宇宙、自然等问题时就大量吸纳了道家学说。但是《吕氏春秋》的编撰是有着明确的现实目的和政治目标，纯粹讲玄虚的哲学思想并不是《吕氏春秋》编撰者的最终目的，他们是要为统治者从治国纲领到具体的方针政策的制定提供理论依据。因此，道家学说只能成为其理论基础与出发点，在论述具体政治问题时又离不开专注于社会人事与伦理道德的儒家学说。儒家着力研究人际关系，即从政治上的君臣关系到家庭中的长幼关系、生活中的朋友关系等。儒家学者认为，处理人际关系的最佳黏合剂是忠、孝、仁、义、礼、智、信等，必要时辅之以刑罚。为了更好地提升人们的道德修养，使人际关系处于和谐状态，最好的办法就是教化，教育人们学习古代的礼乐文化成为儒家思想中的重要内容之一。儒家的这些思想不但符合统治者的需要，也很切合《吕氏春秋》"中审之人"的编撰宗旨，因此，《吕氏春秋》中儒家学说占据很大成分就很自然了。道家学说和儒家学说各自从不同的角度影响了《吕氏春秋》，如果说，道家学说从自然原理层面上贯穿《吕氏春秋》全书，那么，儒家学说则从社会秩序层面上贯穿《吕氏春秋》，如书中在谈论宇宙的本源、事物运动的规律、生死观、事物的联系发展等问题时多取道家学说，"法天地"以行人事的指导思想也来源于道家。在论述具体的政治措施时，又多采用儒家学说，如民本思想、任贤、德治、教育思想等。郭沫若曾指出："大体上它是折衷着道家与儒家的宇宙观和人生观。"① 需要说明的是，《吕氏春秋》对儒、道学说并非全盘接受，而是有继承，有批判，有发展。

《吕氏春秋》儒、道并重的特点同样表现在司马迁的思想中。司马迁在推崇道家学说的同时，也给予了儒家学说很高的地位。他在《史记》中表达了对孔子的人格与学问极为景仰的心情：

> 《诗》有之："高山仰止，景行行止。"虽不能至，然心向往之。余读孔氏书，想见其为人。适鲁，观仲尼庙堂车服礼器，诸生以时习礼其家，余祗回留之不能去云。天下君王至于贤人众矣，当时则荣，没则已焉。孔子布衣，传十余世，学者宗之。自天子王侯，中国言《六艺》者折中于夫子，可谓至圣矣！②

司马迁除了将孔子列入世家、孟子荀卿列入列传外，还为孔子弟子作传，此外还单列《儒林列传》，叙述了孔子以来儒学的历史命运以及汉武帝"独尊儒术"的前后过程，并按《诗》、《书》、《礼》、《易》、《春秋》的顺序为西汉时期的儒家经学著名学者立传。当然，司马迁也并非对所有儒家学者持肯定态度，他对那些儒学末流还是批判的，认为他们是趋炎附势、阿谀奉承的势利之徒。

学者们谈及司马迁思想中的儒家成分，多认为是受到当时"独尊儒术"思潮的影响。不可否认，汉武帝时"独尊儒术"的大潮对司马迁产生了一定的影响。但是，司马迁对儒家的重视更多的还是源于他自身对儒家学说的认识。试想，以司马迁"不虚美"、"不隐恶"的修史精神，他在《史记》中多次对汉代统治者进行了讽刺和揭露，又怎么会为汉武帝实施的重大文化举措"独尊儒术"唱赞歌呢？合理的解释是，司马迁本身对儒家学说的许多成分就比较认可。

司马迁对儒家学说深有钻研，他曾经师承董仲舒学《公羊春秋》，③

---

① 郭沫若：《十批判书》，人民出版社1954年版，第353页。
② 《史记·孔子世家》。
③ 《史记·太史公自序》中记载司马迁与壶遂的一段问答，上大夫壶遂曰："昔孔子何为而作《春秋》哉？"太史公曰"余闻董生曰"云云。董生是司马迁对董仲舒的尊称，他针对壶遂问话的长篇答语，就化用了《春秋繁露》的论述。这是司马迁师承董仲舒的明证。

又问故于传《古文尚书》的孔安国。① 在《史记》中他多次对儒家经典做过评论：

> 《易》著天地阴阳四时五行，故长于变；《礼》经纪人伦，故长于行；《书》记先王之事，故长于政；《诗》记山川溪谷禽兽草木牝牡雌雄，故长于风；《乐》乐所以立，故长于和；《春秋》辩是非，故长于治人。是故《礼》以节人，《乐》以发和，《书》以道事，《诗》以达意，《易》以道化，《春秋》以道义。②

在《司马相如列传》、《滑稽列传》等篇中也有类似论述。可以看出，司马迁对儒家学说、儒家人物非常熟悉，他对孔子的景仰之情是由衷的，对儒家学说的肯定也是建立在自己的认识基础上的。生活于战国末期的《吕氏春秋》的编撰者们看到了儒家、道家学说各自的特点与优劣，就已经有选择地接受了两家的思想。到了汉初，道家学说经过了黄老思想的发展，更为盛行，其优长也更为人理解与接受。武帝"独尊儒术"，儒家学说又得到了空前的传播与研究。司马迁思想中的儒道并重，正是他总结历史经验以及对两家学说深入研究的结果。在这一点上，他与《吕氏春秋》编撰者们的认识一致，或者说，《吕氏春秋》编撰者们对儒道两家的认识，他是认可的，在修史的过程中也具体阐释了这种认识。

除了儒、道两家外，司马迁思想中还吸收了其他诸子思想。司马谈在论述"道家"时明确说道道家因阴阳、采儒墨、撮名法的特点，可见，司马谈是以"道"为名，融会贯通了百家学说。司马迁的思想与其父一脉相承，也具有综合百家的特点。如尚贤、尚游侠、同情百姓的苦难等思想就采自墨家，尚刑名、讲古今之变等思想来自名、法家，关于天变修德、五德终始的循环论历史观就采自阴阳家。正因为这样，有学者指出司马迁的思想特点为"杂"，或直接将司马迁归入杂家。如扬雄曰："或曰：淮南、太史公者，其多知与？曷其杂也！"③ 后人也有持此观点者，

---

① 《汉书·儒林传》："孔氏有古文《尚书》，孔安国以今文字读之，因以起其家逸《书》，得十余篇，盖《尚书》兹多于是矣……而司马迁亦从安国问故。迁书载《尧典》、《禹贡》、《洪范》、《微子》、《金縢》诸篇，多古文说。"

② 《史记·太史公自序》。

③ 《法言·问神》。

清人钱大昕、今人白寿彝、陈可青等人都有类似说法①。司马迁是否属于
杂家尚待讨论，但他要在博采百家的基础上，融会贯通构成一个新的思想
体系，以"成一家之言"，是可以确定的。司马迁父子对百家学说兼收并
蓄，熔铸贯通自成一家，与《吕氏春秋》的宗旨与做法完全一致。

　　政治思想是《吕氏春秋》的核心与最终落脚点。《吕氏春秋》主张治
国要采用德治为主法治为辅的政策，要顺民心，强调恩威并重，赏罚得
当。如《用民》："凡用民，太上以义，其次以赏罚。其义则不足死，赏
罚则不足去就，若是而能用其民者，古今无有。"这是说，统治百姓，最
上等的是靠义，其次才是赏罚。如果义不足以让百姓效死，赏罚不足以让
百姓去恶向善，像这样而能长久统治百姓的人，从古至今都没有。他们即
使享有天下，迟早会灭亡。这些理论不仅适用于战国末期，更适用于整个
封建社会，足见《吕氏春秋》作者政治眼光的长远和思想的深刻。司马
迁的政治思想与此相同。在司马迁笔下，"德治"与"暴政"两相对立，
作者的褒贬倾向极为鲜明。如"帝桀之时，自孔甲以来而诸侯多畔夏，
桀不务德而武伤百姓，百姓弗堪……汤修德，诸侯皆归汤，汤遂率兵以伐
夏桀。"② 周文王"修德行善，诸侯多叛纣而往归西伯"③。司马迁崇尚德
治，反对暴政，但并不排斥法治，只是认为刑法不是治国的根本，用刑不
应该酷烈。《史记》中就有《循吏列传》、《酷吏列传》，他反对的只是酷
吏。司马迁还直接阐发了自己对刑法的看法："法令所以导民也；刑罚所
以禁奸也。"④ 刑法只是手段，并非最终目的。这些思想，都与《吕氏春
秋》一脉相承。

　　经济思想方面，《吕氏春秋》在重农的同时并不排斥工商经济，而是
兼顾工商，把工商纳入社会整体经济之中。如《上农》："凡民自七尺以
上，属诸三官：农攻粟，工攻器，贾攻货。时事不共，是谓大凶。"《仲
秋》："是月也，易关市，来商旅，入货贿，以便民事。四方来杂，远乡
皆至，则财物不匮，上无乏用，百事乃遂。"工商不但不与农业相对立，
反而可以互相调剂，互相促进，有利于农业的发展，这与法家的重农抑商

----

① 钱大昕说法见《潜研堂文集》（卷二四）；白寿彝观点见《史记新论》，求实出版社 1981
年版，第 59 页；陈可青观点见《司马迁研究新论》，河南人民出版社 1982 年版，第 206 页。

② 《史记·夏本纪》。

③ 《史记·殷本纪》。

④ 《史记·循吏列传》。

思想有很大区别。司马迁在《平准书》中概述了从汉初到武帝元封元年间的经济发展和财政政策，重点评述了汉武帝的平准、均输政策。《货殖列传》记载了三十个使财富增长的商人的言论和行事，对他们通过正当的努力获得的利益给予了肯定，鼓励发财致富，肯定了商人的历史作用。这些都与《吕氏春秋》的看法一致。

受史书体例的影响，司马迁的思想未能像《吕氏春秋》一样直接加以论证，大多隐含在对历史人物、事件的评论当中，但通过细细钩稽，我们还是可以看出司马迁在对《吕氏春秋》予以高度评价的同时，在内容、思想上对该书的接受。

四　《史记》历史评价标准对《吕氏春秋》的接受

《吕氏春秋》对材料取舍评价的标准是贵公尚信，高诱评其"以公方为检格"，即对人事的评价不回护，不阿谀，实事求是。如夏桀、商纣是暴君的典型，历来为人们所唾骂，《吕氏春秋》则不然，《用众》："物固莫不有长，莫不有短……虽桀、纣犹有可畏可取者，而况于贤者乎？"夏桀、商纣也有可取之处，《吕氏春秋》没有把他们一棍子打死，这种态度是比较客观的。

书中对秦国国君的功过做了客观的记载，如《悔过》篇不但对秦穆公不听蹇叔等人劝告执意攻晋导致惨败一事予以真实记载，同时直接指出这位春秋时期秦国最为杰出的国君的错误，对其"智不至"、眼光短浅、没有远见进行了批评。《去宥》篇中对战国时期秦国另一位重要国君惠王也加以指责。文中就唐姑果在惠王面前诋毁谢子，惠王轻信谗言，甚为怠慢谢子一事的原委做了交代后，直接指责惠王："不以善为之悫，而徒以取少主为之悖，惠王失所以为听矣。……人之老也，形益衰，而智益盛。今惠王之老也，形与智皆衰邪！"一针见血指出惠王囿于主观偏见，老朽昏聩，"失所以为听"的事实。

商鞅变法后，法家成为秦国的指导思想，《吕氏春秋》却多次指出法家刻薄寡恩、严刑重罚的后果，《功名》："桀、纣以去之之道致之也，罚虽重，刑虽严，何益？"《上德》："严罚厚赏，此衰世之政也……今世之言治，多以严罚厚赏，此上世之若客也。"书中还直接对"当世"（即秦始皇时期）之政进行了批评。

当今之世，巧谋并行，诈术递用，攻战不休，亡国辱主愈众，所事者末也。《先己》

当今之世浊甚矣，黔首之苦不可以加矣。《振乱》

今世俗大乱，人主愈侈其葬。《节丧》

今天下弥衰，圣王之道废绝。世主多盛其欢乐，大其钟鼓，侈其台榭苑囿，以夺人财。《听言》

秦始皇向来以生性暴戾、刚愎自用著称，身为仲父的吕不韦对秦始皇之性格不可能不了解。但他还是在书中对秦始皇进行了不指名的批评，其胆识魄力以及尊重事实的精神令人钦佩。

史书的生命在于真实，这一点对正史类史书尤为重要，只有实录的历史，才能提供真正有益的经验教训，起到为鉴的作用。当然史书的真实是相对的而不是绝对的。除了所载史实要求真实外，史官对人物事件的评论也要公正客观，不能以个人好恶作为评价的标准。《史记》就体现了司马迁这种可贵的修史原则。司马迁明确反对"誉者或过其实，毁者或损其真"① 的主观臆断，他力求秉笔直书，就连批评司马迁"是非颇缪于圣人"的班固对司马迁的实录精神也作了高度赞扬：

然自刘向、扬雄博极群书，皆称迁有良史之材，服其善序事理，辨而不华，质而不俚，其文直，其事核，不虚美，不隐恶，故谓之实录。②

"其文直，其事核，不虚美，不隐恶"正是真实性的具体体现。班固的这几句话也成为后人评价司马迁的定论。

司马迁写历史人物熔铸了鲜明的爱憎感情，这使得《史记》虽为史书，但具有浓郁的抒情性，能够强烈感染读者，引起共鸣。这是鲁迅将《史记》誉为"无韵之《离骚》"的主要原因。但司马迁这种爱憎分明，褒贬强烈的写作风格，并没有影响到他评价历史的客观性。他在评论史事人物时，能依据事实给以恰如其分的评价。如司马迁反对秦朝的暴政，对

① 《史记·仲尼弟子列传》。

② 《汉书·司马迁传》。

秦始皇多有批评，但又肯定了秦朝的统一之功和制度体系。他一方面赞扬了项羽的灭秦之功，把他塑造成一个叱咤风云的英雄人物，对于他最后的穷途末路报以极大的同情，但同时也揭露了他的残暴不仁，尤其是在赞语中对他至死尚未觉悟，屡次引"天亡我，非用兵之罪也"的荒谬行为作了中肯的评论。同《吕氏春秋》敢于批判"当世"相似，司马迁对"当代"汉史也赋予了深刻的批判精神，唐代刘知几曾称赞古代的直笔史家：

> 如董狐之书法不隐，赵盾之为法受屈。彼我无忤，行之不疑，然后能成其良直，擅名今古。至若齐史之书崔弑，马迁之述汉非，韦昭仗正于吴朝，崔浩犯讳于魏国，或身膏斧钺，取笑于当时；或书填坑窖，无闻于后代。①

司马迁"述汉非"，从汉朝开国之君高祖刘邦到"今上"汉武帝，都作了讥刺。那个受命而帝的大圣刘邦，在司马迁笔下，自私、刻薄、猜忌、冷酷。对于汉武帝，司马迁集中揭露了当时的社会矛盾，《酷吏列传》批判了残酷黑暗的官僚政治，《封禅书》讥刺了汉武帝的痴妄迷信，劳民伤财。《平准书》批判了横征暴敛的经济政策等，这些都是对汉武帝的间接批评。

前引刘知几将司马迁的"述汉非"与春秋时期晋国史官董狐直书"赵盾弑其君夷皋"以及齐国太史兄弟直书"齐崔杼弑其君光"相提并论，事实上，司马迁的直笔实录与其他两例还有区别。晋国、齐国的这两条记载是在周礼盛行的西周到春秋时期这一特定背景下出现的。晋国赵盾所弑之君为晋灵公，这是个极其荒淫残暴的国君。齐国崔杼所弑之君为齐庄公，庄公私通崔杼妻子，与崔杼结怨而被杀。② 两国史官在记载这两件事时都指出了为臣者杀国君的不义行为，因此都用"弑"而不用"杀"，但都没有指出为君者自己的错误导致了被弑这一事实，③ 可以看出，史官记载的目的是重在谴责为臣者"弑君"的行为不符合周礼，是要借此维

---

① 《史通·直书》。

② 晋国赵盾弑灵公一事详见《左传·宣公二年》，齐国崔杼弑庄公一事详见《左传·襄公二十五年》。

③ 按照"春秋笔法"，这两则记载中对两国国君直称"夷皋"与"光"，也委婉地对晋灵公与齐庄公进行了批评，但毫无疑问，谴责叛臣弑君是其主要目的。

护周礼，捍卫封建等级伦理纲常，并非要揭露为君者的错误行为，因此对于晋灵公和齐庄公的荒淫行为采取了避讳的办法。

从这一角度看，《吕氏春秋》作者们对秦始皇的批评、司马迁对汉朝皇帝的批评就显得难能可贵，他们都没有受当时"为尊者讳"思想的束缚，而是客观真实地对史实进行了记录，《吕氏春秋》的贵公尚信与司马迁实录的精神，都显示了非凡的胆略和勇气。

五 《史记》写作方法对《吕氏春秋》的借鉴

《史记》不但在整体结构、思想、选材等宏观方面对《吕氏春秋》进行了吸纳，在具体的写作方法上对其也有继承。

互见法是司马迁常用的一种述史方法，这种方法是将一个人的生平事迹，一件历史事件的始末经过，分散在数篇之中，参错互见，彼此相补。互见法是"整书"观念在行文中的具体体现。在司马迁之前，《韩非子》与《吕氏春秋》中已经出现了这种方法。《韩非子》中数次出现"其说在"或"说在"的字样，如《韩非子·内储说上》中两段："一听则智愚不分，责下则人臣不参。其说在索郑与吹竽。""挟智而问，则不智者至；深智一物，众隐皆变。其说在昭侯之握一爪也。"《吕氏春秋》则有"解在"字样，《应同》："凡人之攻伐也，非为利则因为名也！名实不得，国虽强大者，曷为攻矣？解在乎史墨来而辍不袭卫，赵简子可谓知动静矣。"《谨听》："若夫有道之士，必礼必知，然后其智能可尽。解在乎胜书之说周公，可谓能听矣。"《韩非子》、《吕氏春秋》中的"（其）说在"、"解在"意为"（所讲道理或所述事件）体现在……中"，但文中只是点出故事，对故事未做进一步的叙述，读者需要在其他篇目中去了解故事的具体内容，这样处理的结果是避免了行文的重复。但是"解在"、"说在"字样又容易中断读者阅读的思路，造成阅读时上下文的割裂之感。

《史记》互见法的运用非常广泛，除了可以避免重复外，还有多方面的作用，如便于史事叙述条理分明，首尾完整，有利于突出人物形象，可以达到避讳的目的等。① 就行文看，《史记》已经完全抛弃了"说在"、"解在"这样的字眼，一篇就是一个情节完整的故事，读者可以遵循着故

① 具体参见张大可《〈史记〉互见法》，收入《史记研究》，商务印书馆 2011 年版。

事的发展脉络和史官的写作思路进行阅读，毫无割裂之感。但如果将相互关联的多篇参照阅读，又可以对人物、事件有更加全面的把握。司马迁就是用这种不露痕迹的方法完成了对史料的整体安排。相较于《韩非子》和《吕氏春秋》，《史记》在互见法的运用上有了质的飞跃，如果说《史记》以前互见法还只是滥觞，到《史记》则已经完全成熟，从这个意义说，学者多称互见法为司马迁首创，是有道理的。

《史记》在情节方面对《吕氏春秋》也有接受。《吕氏春秋》以说理为主，但是在说理时又配以故事作为例证，《史记》在情节内容方面对这些故事也有借鉴与吸收。如《吕氏春秋·精通》中有一段对养由基射猎的描写，"养由基射兕，中石，矢乃饮羽"。《史记·李广列传》中有一段李广射虎的描写："广出猎，见草中石，以为虎而射之，中石没镞，视之石也。因复更射之，终不能复入石矣。"两段故事情节、题材完全一致，只是《史记》描写更加细致传神，可以看作是《精通》篇的扩大，《史记》显然是由《吕氏春秋》发展而来。

《史记》在叙述、描写的生动形象方面也对《吕氏春秋》有吸纳。清代包世臣就曾曰："史公推勘事理，兴酣韵流，多近韩。序述话语，如闻如见，则入吕尤多。"[1] 他指出司马迁在理论推理、行文整体气势方面接近《韩非子》，而在叙述、描写的生动形象方面则接近《吕氏春秋》。如《项羽本纪》中描写樊哙在鸿门宴上听到汉王情况危急径自闯入军中的情形，"哙即带剑拥盾入军门。交戟之卫士欲止不内，樊哙侧其盾以撞，卫士仆地，哙遂入，披帷西向立，瞋目视项王，头发上指，目眦尽裂"。《吕氏春秋》中有一段描写勇士孟贲威猛盛怒的样了，《必己》："中河，孟贲瞋目而视船人，发植，目裂，鬓指，舟中之人尽扬播入于河。使船人知其孟贲，弗敢直视。"两段不但都从正面描写了勇士盛怒时的样子："瞋目"、"发植"、"目裂"，而且都从侧面作了衬托，"卫士仆地"，"（船人）弗敢直视"，从身边人的反应进一步突出反衬勇士的威猛，两段描写手法如出一辙。

《史记》在具体语句的运用上也受到《吕氏春秋》的影响，如《项羽本纪》中写项羽被围垓下，与虞姬相和歌曲，"项王泣数行下"；《高祖本

---

① 包世臣：《艺舟双楫·摘钞韩吕二子题词》，收入《艺林名著丛刊》，北京市中国书店1983 根据世界书局 1936 年版影印，第 26 页。

纪》中描写高祖还乡高歌一曲后，"乃起舞，慷慨伤怀，泣数行下"；《韩长孺列传》中写梁孝王两次"泣数行下"，安国也曾"泣数行下"，看来司马迁甚好这一句式。在《吕氏春秋》中也有这样的句式，《长见》中写吴起被谮，"至于岸门，止车而望西河，泣数行而下"，《行论》写燕王听说爱将张魁被齐王所杀也"泣数行而下"。

六　司马迁所载《吕氏春秋》三大部分顺序辨析

关于《吕氏春秋》一书中览、论、纪三部分的顺序，历来有两种不同的看法。一种看法是根据司马迁的《吕不韦列传》和《十二诸侯年表》，认为《八览》在前，次《六论》，次《十二纪》。另一种看法是根据高诱所注《吕氏春秋》及序，认为《吕氏春秋》原来顺序应该是《十二纪》、《八览》、《六论》，在《吕氏春秋序》中高诱这样说明："不韦乃集儒书，使著其所闻，为《十二纪》、《八览》、《六论》。"这一顺序也是汉代以后一直流传的《吕氏春秋》三部分的顺序。

司马迁是介绍《吕氏春秋》的最早学者，他治史向来以严谨著称，他对于自己亲眼见过的史籍不会在记入史册时随意颠倒其前后次序。他指明该书"号为《吕氏春秋》"的同时，又称其为《吕览》，这样记载固然是为了行文简便，但也是因为《八览》在前。司马迁对《吕氏春秋》评价甚高，《史记》从体例、思想等方面都明显受到《吕氏春秋》的影响，司马迁也不会对自认为价值很高的一部书随意改动。从《序意》的位置来看，也应该是《八览》在前。古人著书，序言通常都放在书末，《十二纪》置于全书之末，《序意》一篇便成为了全书的序言，与古书体例也相合。因此，我们可以判断司马迁看到的《吕氏春秋》就应该是《八览》在前的样子。

既然这样，为什么到了高诱时会变为《十二纪》为首呢？高诱又是否见过《史记》中的记载呢？《史记》为第一部纪传体通史，尤其是书中记载了西汉早期的史实，高诱作为汉代人，并且还为与司马迁生活时代相近的刘安的《淮南子》作过注，他不应该不熟悉《史记》。那么，高诱为什么对司马迁的记载未加采用呢？合理的解释是，高诱并非故意置司马迁的说法于不顾，而是他见到的《吕氏春秋》就是《十二纪》在前的样子。这应该是《吕氏春秋》在从西汉到东汉的流传过程中，三大部分的顺序发生了变化。这种变化，看起来仅仅是篇章的顺序问题，实际上反映了两汉学术思潮的变化。

西汉初中期，统治者忙于从秦火中抢救文化典籍，加以整理研究，以便认真总结先秦文化和秦亡的经验教训，探讨治国良策。这时社会文禁较为松弛，尚能尊重《吕氏春秋》的原貌。但自董仲舒以后，儒家与阴阳五行相糅合的思潮逐渐占了上风，后来甚至发展到谶纬流行。天人相感，五行与自然社会政治生活相配，成为多数儒家学者头脑中根深蒂固的观念。这种风气，到了东汉，尤其盛行。在当时人看来，《吕氏春秋》中最有价值的部分就是与阴阳五行相配的《十二纪》，尤其是《十二纪》中的《纪首》部分。从《礼记·月令》全文抄录《十二纪》① 以及《十二纪》对汉代思想、中国传统文化的影响，也可以说明《十二纪》在当时受到的空前的重视。在这样的学术氛围下，《十二纪》就被提到全书之首了。汉代以前的古书，大都以竹简、木牍装串成册，要颠倒次序也非常容易。《吕氏春秋》中《十二纪》的内容不但符合当时的时代精神，也符合中国文化的特点，因此，《十二纪》被提到全书之首后就被逐渐固定下来。高诱为汉末学者，最晚到汉末时《吕氏春秋》三部分顺序就已经发生了变化。

七　司马迁的评价对后世的影响

司马迁对吕不韦及其《吕氏春秋》的中肯评价，显示了司马迁严谨客观的修史精神，在后代产生了重要影响。在《吕氏春秋》的接受与传播史上，《史记》的作用不容忽视。

古今学者对吕不韦以及《吕氏春秋》的评价，大略有以下几种：第一，对吕不韦及《吕氏春秋》持否定态度。如扬雄称吕不韦是大"盗"，是"以国易宗"。② 梁启超在《〈汉书·艺文志·诸子略〉考释》中评价吕不韦是"不学无术之大贾"，《吕氏春秋》"只能为最古之类书，不足以成一家言"。第二，肯定《吕氏春秋》的成就，但对吕不韦其人人格加以否定。《四库全书总目提要》子部杂家类认为"不韦固小人"，《吕氏春秋》则"较诸子之言独为醇正"。清代徐时栋在赞叹《吕氏春秋》"瑰玮

---

① 《礼记·月令》抄录《吕氏春秋》，而非《吕氏春秋·十二纪》抄录《礼记·月令》，论述详见第七章。

② 《法言·渊骞》。

宏博"、"多醇而少疵"的同时，却否认了吕不韦及其门客们的编写之功，两次断言"此岂贾人子与其食客之所能为者哉"①。第三，对吕不韦及《吕氏春秋》都持肯定态度，如司马迁、刘向、桓谭、班固、高诱等。可以看出，两汉学者对吕不韦以及《吕氏春秋》的评价大都承司马迁而来，持肯定态度者居多。对吕不韦以及《吕氏春秋》给予客观的肯定评价，也逐渐成为学界的主要观点，这一观点，正是从《史记》开始的。

司马迁对《吕氏春秋》的肯定评价，对后人深入研究进而公正地评价该书起了推动作用。司马迁之后，尽管否定吕不韦、否定《吕氏春秋》的声音依然存在，但中肯的评价、深入的研究时有出现。学者们对《吕氏春秋》不再仅仅局限于模仿与学习，而是纷纷进行了文本方面的研究和评论。刘向、班固开始为《吕氏春秋》划定学派归属，在《汉书·艺文志》中始列杂家，《吕氏春秋》成为了杂家的重要代表作。东汉末的卢植、高诱打破了汉儒只将眼光局限于经书的局面，开始为《吕氏春秋》作注，高诱注是迄今最早的《吕氏春秋》注本。随着学者们研究的深入，吕不韦、《吕氏春秋》也逐渐有了其应有的地位。学者们对于吕不韦不再一味将其视为"奇货可居"的奸商，而是肯定其历史地位。对《吕氏春秋》也不再认为仅仅是杂拼、杂凑，而是积极论述其在思想史、文学史、图书编辑史上的价值。

《史记》对《吕氏春秋》编撰体例、思想、评价人物的标准、写作方法等方面的接受与借鉴，对《吕氏春秋》的自觉学习，为《史记》的成功编撰奠定了基础。可以说，《史记》成为中国正史的巅峰之作，与司马迁对《吕氏春秋》的学习与接受有一定的关系。

---

① 徐时栋：《烟屿楼文集·〈吕氏春秋〉杂记序》，转引自陈奇猷《吕氏春秋新校释》，上海古籍出版社 2002 年版，第 1877—1878 页。

第 六 章

班固、高诱对《吕氏春秋》的评价与研究

第一节 《汉书·艺文志》对杂家的阐释

西汉成帝、哀帝时期，刘向、刘歆父子在皇帝的支持下，主持皇家藏书的整理工作，刘向整理好每一部书后，便写出提要，后来将这些提要汇集起来献给皇上，这就是《别录》。刘向去世后，刘歆在其父工作的基础上，写出了《七略》。《汉书·艺文志》就是班固依据《七略》编撰而成，"歆于是总群书而奏其《七略》……今删其要，以备篇籍"。《汉书·艺文志》是我国最早的书籍目录。无论是研究汉代以前的学术源流，还是研究古代目录结构，《汉书·艺文志》都是最重要的文献资料。书中除引言外，分为六大部分，即《六艺略》、《诸子略》、《诗赋略》、《兵书略》、《术数略》、《方技略》，《诸子略》又分列儒家、道家、阴阳家、法家、名家、墨家、纵横家、杂家、农家、小说家十家，杂家列第八位，这是古代目录书籍中首次出现杂家。

一 《汉书·艺文志》之前古籍对诸子学派的著录

早在战国时期，学者们就已经对先秦诸子做了总结，如《庄子·天下》、《荀子·非十二子》、《韩非子·显学》、《尸子·广泽》、《吕氏春秋·不二》，汉代《淮南子·要略》、《史记·太史公自序·论六家要指》也做了评论，而《庄子·天下》、《荀子·非十二子》、《史记·论六家要指》对后代的影响最大。下面重点说明这三篇文章。

《庄子·天下》是第一次系统论述先秦诸子思想的论文，文章开篇就以历史的眼光分析了当时学术思想发展的大势，"道术将为天下裂"，说明当时的学术已经进入了由一到多、由合到分的阶段。接着分别论述了十三人的主张以及他们各自的得失，分别是墨翟、禽滑厘；宋钘、尹

文；彭蒙、田骈、慎到；关尹、老聃；庄周；惠施、桓团、公孙龙。文章将十三人分为了六派，显然是依据每人的学说特点，将思想倾向相同的人归为一派，但是文章作者在判定每人的思想倾向时到底依据什么标准，后人不得而知。目前看来，这一分类颇有些含混，如依据传统的认识，老聃、庄周为道家，而文中两人是分作两派的。按照《汉书·艺文志》的分类，墨翟属墨家，田骈、关尹、老聃、庄周属道家，尹文、惠施、公孙龙属名家，慎到则属法家，这些都与《天下》篇的分类不同。《天下》篇的作者站在道家立场对诸子作了评价，认为庄子学说最为完备。

《荀子·非十二子》中评论了十二个人的学说，分别是它嚣、魏牟；陈仲、史鳅；墨翟、宋钘；慎到、田骈；惠施、邓析；子思、孟子。论述方法与《庄子·天下》类似，也是以人物为基础，将学说相近的人物归为一类，共六类。除《庄子》中提到的墨翟、宋钘、慎到、田骈、惠施五人外，其他七人《庄子》中都未提到，而邓析、子思、孟子《汉书·艺文志》中也提到，邓析属名家，子思、孟子属儒家。与《庄子·天下》相同的是，《荀子》中也出现了墨者、辩者之称谓，但是可以看出，两书中还没有明确的学派的称谓，采取的是列举代表人物的方法。

学派名称的真正出现是在《论六家要指》中，这篇文章由司马迁的父亲司马谈作。司马谈在文中详细总结了阴阳、儒、墨、名、法、道德六家的特点和得失。与《庄子》、《荀子》不同的是，文章中只列了学派名称，没有说明每一学派所属的人物。在文章开首，司马谈同样对当时的学术发展大势作了总结，但立足点与《庄子·天下》不同，《庄子·天下》描述的是从春秋到战国以来"学在官府"到"百家争鸣"的历史过程，是学术由统一到分裂、由一元到多元的过程，而《论六家要指》反映的则是汉代初期学术由百家争鸣到一统的过渡时期，是学术由"一致而百虑"、"同归而殊途"时期的学术状况。

因《论六家要指》形成于黄老思想盛行之时，司马谈明显是以道家的观点出发评价各家，他对其他各家的优劣都作了评论，唯独对道家的缺点未加论述。对道家评论如下：

道家使人精神专一，动合无形，赡足万物。其为术也，因阴阳之大顺，采儒墨之善，撮名法之要，与时迁移，应物变化，立俗施事，无所不宜，指约而易操，事少而功多。

《论六家要指》第一次对诸子百家进行了系统的划分，确定了各家的名称，比之《庄子》与《荀子》以人物分类，有了质的变化。

二 《汉书·艺文志》首列杂家的学术意义

（一）杂家正式成为诸子百家之一家

"杂家"一词，《史记》中已经出现，《韩长孺列传》中有"尝受《韩子》、杂家说于驺田生所"的记载，但这里的"杂家"还不是一个学派名称。西汉末期，刘向、刘歆父子在前人论述的基础上，对诸子学说进行了更为详尽的论述，并且综合了《庄子》、《荀子》以人物分类与《论六家要指》评论学派的思路，既对每一家思想的发展流变作了论述，同时还将当时所见诸子著作按照十家作了归类，这样不仅可以明了每一学派的学说特点，还可以通过具体著作进一步验证每家的学说特点。班固《汉书·艺文志》继承之。对杂家，《汉志》这样论述：

> 杂家者流，盖出于议官。兼儒、墨，合名、法，知国体之有此，见王治之无不贯，此其所长也。及荡者为之，则漫羡而无所归心。

这里提到杂家是"兼儒、墨，合名、法"，而司马谈所论的道家是"采儒、墨之善，撮名、法之要"，两句意思、句式完全相同，班固显然是学习继承司马谈而来。但司马谈所论又多了"因阴阳之大顺"一句。其实，《汉志》中虽然没有明确说出杂家对阴阳家的吸收，从当时社会思潮看，阴阳五行思想对汉代学术与政治产生了巨大的影响，尤其是汉武帝时董仲舒的天人合一思想，糅合阴阳五行思想非常明显。既为杂家，又正值阴阳家盛行的时期，杂家毫无疑问融合了阴阳家思想。从《汉志》所列杂家代表著作《吕氏春秋》、《淮南子》看，两书中阴阳家思想均占很大的比例。可以看出，《汉志》所论杂家与《论六家要指》所论道家非常相似。值得注意的是，按照常理，《汉书》与《史记》中都记载了汉初一段历史，班固在编写这段史实时也参考过《史记》，他还专门为司马迁作了传记，他对《史记》一定非常熟悉，他应该是注意到了自己所论杂家与

《史记》所论道家相似的，那么，他为什么不对此作出解释呢？又为什么不沿用司马谈的"道家"之名称，而另立"杂家"呢？这说明班固与司马谈对道家的认识是存在差异的。

胡适曾指出："杂家是道家的前身，道家是杂家的新名。汉以前的道家可叫杂家，秦以后的杂家应叫做道家。"[①] 也有学者将杂家代表作《吕氏春秋》、《淮南子》归入新道家、秦汉道家。看来，道家与杂家的关系的确是一个纠缠不清令人费解的问题。

《汉志》中也有道家，列第二，排序远在杂家之前，班固这样评论道家：

> 道家者流，盖出于史官，历记成败存亡祸福古今之道，然后知秉要执本，清虚以自守，卑弱以自持，此君人南面之术也。合于尧之克攘，《易》之嗛嗛，一谦而四益，此其所长也。及放者为之，则欲绝去礼学，兼弃仁义，曰独任清虚可以为治。

这里所论道家学说更加接近老子思想，可以说，《汉志》所论道家又回到了先秦时期道家的特点，所论杂家则取代了司马谈的道家。也就是说，班固认为只有先秦老庄思想才属于道家，司马谈所论"采儒、墨之善，撮名、法之要"的道家，已经融合了其他思想，与老庄道家相比，发生了质的变化，不适合再用道家指称了，需要另为它设立一个名称，它应该有自己独立的地位，于是，就有了十家中的杂家学派。特别是到西汉末期，已经出现了许多符合杂家类的著作，将这些著作笼统归入道家，就容易抹杀杂家著作的特点，这也是班固单立杂家的原因。而司马谈生活的汉初，黄老思想盛行，黄老思想直接由老庄道家发展而来，二者有许多共同点，司马谈就将汉初黄老思想统归入道家。加之当时杂家著作数量尚不多，也没有将这一派单独分出的必要。

《汉志》中《诸子略》"杂家"类共著录二十家四百零三篇：孔甲《盘盂》二十六篇，《大禹》二十七篇，《五子胥》八篇，《子晚子》三十五篇，《由余》三篇，《尉缭》二十九篇，《尸子》二十篇，《吕氏春秋》二十六篇，《淮南内》二十一篇，《淮南外》三十三篇，《东方朔》二十

① 胡适：《中国中古思想史长编》，安徽教育出版社 1999 年版，第 39 页。

篇，《伯象先生》一篇，《荆轲论》五篇，《吴子》一篇，《公孙尼》一篇，《博士臣贤对》一篇，《臣说》三篇，《解子簿书》三十五篇，《推杂书》八十七篇，《杂家言》一篇，这些著作中，完整流传至今的只有《吕氏春秋》与《淮南内》。

以上二十家，《盘盂》、《大禹》当为后人伪作，因这些作品已亡佚，其具体写作时间难以考证。除《盘盂》、《大禹》外，属于先秦的有六种，《吕氏春秋》之后的十二家应该出现在汉代。这也说明，到汉初杂家著作数量并不多，司马谈未列杂家是有实际原因的。杂家中有的著作或人物也出现在其他学派中，如伍子胥、由余、尉缭子、公孙尼子等。"《五子胥》"又见"兵技巧"中。"《繇叙》"、"《尉缭》"又见"兵形势"中，王应麟《汉志考证》："繇余，即由余。疑叙当作余。"① "《吴起》"（即《吴子》）又见"兵权谋"中。《公孙尼》又见儒家学派，两处所录公孙尼疑为一人。②

班固第一次明确地在《诸子略》中著录杂家后，后代目录学著作都沿袭之，如《隋书·经籍志》、《新唐书·艺文志》、《旧唐书·经籍志》一直到《四库全书》都专列杂家，虽然每个时期著录的杂家著作范围有一些变化，但是，杂家始终是目录学著作诸子类中重要的一类，这些都得益于《汉书·艺文志》的首创之功。

（二）《汉书·艺文志》对杂家学术特点的阐释

班固不但指出了杂家"兼儒、墨，合名、法"的特点，同时也指出了杂家作为独立一家的前提："知国体之有此，见王治之无不贯。"颜师古注："治国之体，亦当有此杂家之说。王者之治，于百家之道无不贯综。"可见，杂家在综合百家时有一定的指导思想，即有利于"王治"，③ 杂家之所以能够成为独立的一家也正是因为其著作都有一个一以贯之的编撰原则。从《汉志》所载杂家代表著作《吕氏春秋》和《淮南子》看，两部

---

① 陈国庆：《汉书艺文志注释汇编》，中华书局1983年版，第190页。

② 同上书，第153页。

③ 也有学者指出，先秦杂家的特征是：学术宗旨是政治实用主义的"王治"，理论方法是不主任何一家地兼摄诸子、融合百家，思想体系以"天、地、人"贯通和阴阳五行作为理论框架的经纬。见潘俊杰《先秦杂家的特征》，《西北大学学报》2008年第1期。因"以'天、地、人'贯通和阴阳五行作为理论框架"只是《吕氏春秋》和《淮南子》的特点，《汉志》所载所有杂家著作是否有此特征，尚不得而知。因此，本书不从这一观点。

书都有明确的编撰原则。《吕氏春秋》是"所以纪治乱存亡也,所以知寿夭吉凶也。上揆之天,下验之地,中审之人"①,《淮南子》是"故著书二十篇,则天地之理究矣,人间之事接矣,帝王之道备矣"②。《汉志》正是看到了二者明确为政治服务的编撰目的,才将二书列于杂家。

诸子百家从总体讲都是针对当时的现实社会、政治提出的理论体系。但杂家和其他诸家的不同点是:其他诸子学派的社会政治思想与其他思想如人生哲学、天道观等,在其思想体系中是处于并列位置的,而杂家却将"王治",即政治思想,列于思想体系的顶端,成为其思想理论的核心和主旨,并在这一主旨下,平等地融合各家在政治思想方面的优长,进而形成自己的思想体系。

从杂家与道家的区别也可以看出杂家的特点。就学派渊源讲,杂家出于议官,道家则出于史官。议官一职不见于《周礼》,江瑔曾作过推测:

> 一国之民,为数至众,使人人皆可以议政,势必窒碍难行,于是乃立议官以代之……盖议官者,所以代国人而行其议政之权者也。③

依照他的说法,议官就是代表老百姓向政府传达意见的官员。姚明辉《汉志注解》说:"《古文尚书·周官》立太师、太傅、太保,兹惟三公,论道经邦,燮理阴阳,其议官之长欤?"④ 又汉代设有谏议大夫,专掌议论,《后汉书·百官志》:"谏议大夫,六百石。"刘向就曾任此职。综合这些记载,可以推测,议官的主要职责就是议政,他们多是针对当朝政治中存在的弊端进行评论,向国君谏议,以求匡救时弊。史官则主要是总结以往历史经验教训,其现实针对性不及议官强烈。就学派宗旨说,杂家重在制定治国方略,道家重在总结经验教训。就各自的流弊说,杂家易导致散漫杂乱,没有一定的中心与归属;道家易造成一味追求清净虚无,彻底放弃了"君人南面之术"应有的仁义礼仪。总体讲,杂家表现较为积极主动,是在主动寻求治国纲领;道家多带有事后被动总结经验的色彩,这

① 《吕氏春秋·序意》。
② 《淮南子·要略》。
③ 江瑔:《读子卮言》,华东师范大学出版社 2012 年版,第 120 页。
④ 陈国庆:《汉书艺文志注释汇编》,中华书局 1983 年版,第 154 页。

点与道家崇尚清净虚无的特点相统一。

　　司马谈所论道家，即黄老道家，和《汉志》所论杂家有许多相似之处，那么，二者能否等同呢？事实上，除了融合百家这一相同点外，二者还有相异之处，这一点，班固已经认识到了。从二者的学术体系讲，黄老道家是以道法为主吸取百家思想，这从马王堆汉墓出土的帛书《黄帝四经》中可以明显看出；杂家是以"王治"为主旨平等地吸取百家思想。显然，黄老思想的立足点要狭窄一些。在杂家体系中，所有思想都是为王治服务，而黄老思想中的宇宙论、养生说并不都是为政治服务。杂家不主任何一家，融合百家形成独立学派，并不是对黄老道家兼取百家的简单模仿，而是对黄老道家的超越，是根据大一统现实的需要，以"王治"为宗旨构架的理论大厦。因此，司马谈所论道家与《汉志》所论杂家尽管有许多相似之处，但二者还是有本质的区别，不应将二者视为同一学派。同样的道理，那种把杂家著作《吕氏春秋》与《淮南子》作为新道家、秦汉新道家的观点也是不妥的。

　　杂家著作以"王治"为编撰原则的特点，从"杂"字本身的意思也可以看出。"杂"多数人训为驳杂、掺杂等。事实上，除了这一意义外，杂还有另外的意义，即组合、配合之意。《说文》："杂，五采相合也。""五采相合"绝不会是各种颜色杂乱地混合在一起，而是指各种不同的颜色有条理、有规律地组合在一起，这里的"杂"乃取组合之意。"杂"有时可通"集"，有集合、聚集之意。《荀子·礼论》："文理、情用相为内外表里，并行而杂，是礼之中流也。"王念孙曰：

　　　　杂，读为集。《尔雅》："集，会也。"言文理、情用并行而相会也。集、杂古字通（《月令》"四方来集"，《吕氏春秋·仲秋纪》"集"作"杂"，《论衡·别通篇》"集粹非一"，即杂粹）。[1]

《汉志》所载杂家之"杂"正是取了"组合、聚集"之意，意为不同的学说按照一定的编撰原则组合、聚集到一起，就成为了杂家著作。

　　《汉志》同时指出，杂家容易出现的弊端是"及荡者为之，则漫羡而无所归心"。这些"荡者"所著的杂家之作，就仅仅是不同学说的混杂，

---

① 王先谦：《荀子集解》，中华书局 1988 年版，第 357—358 页。

而没有一定的"归心"——指导思想和编撰原则。这些杂家著作正符合人们通常所用的"杂"为杂乱、驳杂之意，各种学说无所不包，很难归属某一家。这也就是说，一些很难归属某一家的著作，目录学家有时为了方便编目，便将这些著作也归入杂家。从《汉志》本身收录的杂家著作看，这两类著作都存在。既有像《吕氏春秋》、《淮南子》一样纯正的杂家著作，也有一些思想较为驳杂的著作。

《汉志》对杂家特点的阐述以及对杂家类书目的著录，对后代的目录书籍产生了重要影响，后代无论是史录，还是官私目录，都遵循《汉志》的方法，即杂家类中既有完全符合杂家特点的书籍，也有一些驳杂无法归类的书籍。如《隋书·经籍志》中，除了著录先秦、汉代诸子中的杂家著作外，还将类书、佛、道宗教书籍也列入杂家。《四库全书总目》杂家分为六类：杂学、杂考、杂说、杂品、杂纂、杂编，除了第一类"杂学"为"立说者"，接近诸子学派中的杂家外，其他五类书籍内容都较为驳杂。因此，有学者指出，应该将目录学上书籍分类的"杂家类"和思想史上的"杂家"进行区分，"目录学上的杂家类并不就是思想史上的杂家，而思想史上的杂家却是目录学上杂家类的内核，是它存在的基础"①，此说甚有见地。经过这样的细致区分，有关杂家的许多模糊不清的问题迎刃而解。目录书籍杂家类中这一现象的出现，与《汉书·艺文志》有直接关系。

第二节　高诱注释《吕氏春秋》的成就

高诱，涿郡人，约生活于汉桓帝到汉献帝时期。曾师从同县卢植（卢植曾作《吕氏春秋训解》），而卢植与郑玄又俱事马融，可见，高诱有很好的朴学传统。高诱曾被曹操辟为司空掾。"诱，涿郡涿人。建安中，曹公辟为司空掾，除东郡濮阳令，迁监河东。有《战国策注》三十二卷，《吕氏春秋注》二十六卷，《淮南子注》二十一卷。又有《孝经解》、《孟子章句》若干卷。"②

高诱将大半生的精力用于训释儒家经传和诸子著作，一生著述颇丰，

---

① 陈志平：《杂家考论》（下），收入《诸子学刊》（第六辑），上海古籍出版社 2012 年版。
② 严可均辑：《全后汉文》（卷八七）。

训释著作数量仅次于郑玄，而保存最为完整的是《吕氏春秋注》。

一　高诱《吕氏春秋序》对《吕氏春秋》的评价

高诱在注释《吕氏春秋》时曾撰写一篇序文，今见于清代严可均辑《全后汉文》中。序文对吕不韦以及《吕氏春秋》的编撰过程做了介绍，内容多取自《史记·吕不韦列传》。现将序文中主要内容抄录如下：

> 不韦乃集儒书，使著其所闻，为《十二纪》、《八览》、《六论》，合十余万言，备天地万物古今之事，名为《吕氏春秋》，暴之咸阳市门，悬千金其上，有能增损一字者与千金。时人无能增损者。诱以为时人非不能也，盖惮相国畏其势耳。然此书所尚，以道德为标的，以无为为纲纪，以忠义为品式，以公方为检格，与孟轲、孙卿、淮南、扬雄相表里也，是以著在录略。诱正《孟子章句》，作《淮南》、《孝经》解毕讫，家有此书，寻绎案省，大出诸子之右。既有脱误，小儒又以私意改定，犹虑传义失其本真，少能详之，故复依先儒旧训，辄乃为之解焉，以述古儒之旨，凡十七万三千五十四言。若有纰缪不经，后之君子，断而裁之，比其义焉。

序文主要包括以下内容：

1. 说明了《吕氏春秋》的编撰过程、组成、结构等。高诱在说明这些问题时基本遵循司马迁《史记·吕不韦列传》的记载，唯不同的是纪、览、论三部分的顺序问题。司马迁认为三部分顺序是览、论、纪，高诱这里却首先提到《十二纪》。

2. 指出《吕氏春秋》的思想倾向：以道德为标的，以无为为纲纪，以忠义为品式，以公方为检格。

关于《吕氏春秋》一书的主要思想倾向，各家说法不一，有的学者认为主要体现的是阴阳家思想，有的主张近于儒家思想，有的则认为属于道家（即新道家），而大多数学者则依照《汉书·艺文志》认为是杂家。高诱明确指出《吕氏春秋》主要倾向是道家，即"以道德为标的，以无为为纲纪"。《吕氏春秋》中有不少篇幅阐述道家思想，书中的宇宙构成论也由道家发展而来，如提出的宇宙的本原"太一"就与道家之"道"很相似，书中的政治观、人生论也多是道家思想的生发。高诱虽然生活于儒家思想盛行的汉代，但是已经处于汉末，这一时期儒家逐渐失去了其独尊的地位，而玄学正在逐渐成为思想界的主流，受这一思想大潮的影响，高诱思想中有浓厚的道家思想成分。这在他的《淮南子注》与《战国策注》中都有体现。对于《吕氏春秋》中的道家思想，高诱也给予高度评价。高诱用"道德、无为"来统摄《吕氏春秋》的思想，虽不十分全面，但还是指出了该书中所反映的最重要的思想之一。

在指出《吕氏春秋》中道家思想的同时，高诱还说明了该书中存在的儒家思想。儒家思想也是《吕氏春秋》中最重要的思想之一，《吕氏春秋》对儒家思想的吸收多重在政治教化方面，如儒家的民本思想、德治等。"以忠义为品式"，就是指书中的儒家思想，并且说明书中反映的思想与孟子、荀子、淮南、扬雄相表里。在这四人中，孟子、荀子为儒家代表人物，扬雄思想也有浓厚的儒家倾向，只有淮南王思想较为复杂。高诱指出了儒家思想在《吕氏春秋》中的地位。

3. 对《吕氏春秋》给予高度评价

《吕氏春秋》因受吕不韦商人形象的影响，加之此书融汇各家思想的特点，学者们多认为其只是采用旧说，无多创新。自班固将其列为杂家后，许多人片面理解杂家之意，将该书看作杂拼、杂凑的代表。因此《吕氏春秋》编撰成书后远不及先秦其他子书受重视，虽然经过司马迁大力肯定，但总体来讲，两汉对此书的评价并不多。高诱却给予《吕氏春秋》高度评价，认为其"大出诸子之右"，这是自《吕氏春秋》编撰成书后对该书做出的最高评价。

4. 说明自己为《吕氏春秋》作注的缘由

高诱在序文中自叙他为《吕氏春秋》作注的原因是该书"既有脱误，小儒又以私意改定，犹虑传义失其本真，少能详之，故复依先儒旧训，辄乃为之解焉，以述古儒之旨，凡十七万三千五十四言"，认为这样一部重要的典籍不但多有脱误，同时还被私自篡改，担心失其本真，因此决心为之作注。高诱的老师卢植也曾为《吕氏春秋》作过训解，惜以亡佚。高诱为该书作注，一方面是欲使该书能够完整保存流传，同时也是对老师工作的传承，这一行动体现了一位学者严谨的治学风范。《吕氏春秋注》是高诱在完成了校正《孟子章句》以及《淮南子注》、《孝经注》之后进行的，这时他在典籍注释方面已经积累了丰富的经验，这些都为他著《吕氏春秋注》做了充分的准备，尤其是《淮南子》主动模仿、学习《吕氏春秋》，两书中有许多相似的内容，在完成《淮南子》后再注释《吕氏春秋》，无疑有利于《吕氏春秋》注释的完成。

5. 对《吕氏春秋》的缺点也予以客观说明

序文中高诱直接指出当初吕不韦将《吕氏春秋》悬于咸阳城门，以千金易一字，而"时人无能增损者"，非"不能也"，而是"惮相国，畏其势耳"。对高诱的这一看法，宋代晁公武给予了肯定：

> 暴之咸阳市门，悬千金其上，有能增损一字者予之，时人无增损者。高诱以为非不能也，畏其势耳。昔《张侯论》为世所贵，崔浩《五经注》学者尚之。二人之势，犹能使其书传如此，况不韦权位之盛，学者安敢牾其意而有所更易乎？诱之言是也。①

经过注释的工作，高诱对《吕氏春秋》思想内容、结构体例等较之他人有更加全面、深入的认识，他对《吕氏春秋》优劣的评价尤其值得后人重视。

二　高诱《吕氏春秋注》的成就

《吕氏春秋注》是高诱所作几种注释中完整保存至今的一部。后人对《吕氏春秋注》评价甚高，如《四库全书总目提要》评其"自汉以来，注者惟高诱一家，训诂简质"。汉代以后学者注释、校勘《吕氏春秋》也多采用高诱之说。高诱注为《吕氏春秋》的流传作出了重大贡献。总观高诱《吕氏春秋注》，有以下几方面成就。

（一）校勘之功

高诱自称他见到的《吕氏春秋》"既有脱误"，因此，校勘、订正以恢复该书原貌，是他注释工作的重要内容。

高诱校勘《吕氏春秋》，有两种情况：

1. 对讹文的校勘

高诱在校勘讹文时，有时直接指出讹文的正字，如《慎人》："孔子穷于陈蔡之间，七日不尝食，藜羹不糁。宰我备矣。"高注："'备'当作'惫'。惫，极也。"有时还分析致误原因，如《过理》："宋王筑为蘖帝，

鸱夷血，高县之，射著甲胄，从下，血坠流地。"高注："宋王，康王也。'虆'当作'轊'，'帝'当作'臺'，虆与轊其音同，帝与臺字相似，因作'虆帝'耳。"高诱不但指出了讹文的正字，同时还从字音、字形等角度指出了产生错讹的原因。他在校勘时有时还说明自己校正的依据，如《精谕》：

> 晋襄公使人于周曰："弊邑寡君寝疾，卜以守龟曰：'三涂为崇。'弊邑寡君使下臣愿藉途而祈福焉。"天子许之。朝，礼使者事毕，客出。苌弘谓刘康公曰："夫祈福于三涂，而受礼于天子，此柔嘉之事也，而客武色，殆有他事，愿公备之也。"

高注："晋襄公，周襄王时也。苌弘乃景王、敬王之大夫，春秋之末也。以世推之，当为晋顷公，其不得为襄公明矣。"晋襄公与苌弘不为同一时期人，因此襄公当为顷公，有理有据，令人信服。

2. 对异文的校勘

高诱在校勘异文时，往往采用审慎的态度，对于《吕氏春秋》各本中相异的文字，如两义皆可通，而自己又无法判断孰是孰非时，就将不同异文都予以记录，给读者提供了参考的线索。高注中异文多采用"或作"、"某书云"等表示。如《审时》："称之重，食之致香以息，使人肌泽且有力。"高注："'肌'或作'肥'。"又如《任地》："当时而薄之，使其民而郤之。"高注："薄，轻也。言不重时也。'薄'或作'怠'。"高诱有时也指出异文之出处，如《贵生》："逃乎丹穴。"高注："《淮南》云：'山穴也。'"高诱这种将异文存而实录的方法，为后人研究《吕氏春秋》不同版本提供了重要依据。

（二）训释方面的成就

1. 训释词语

这是注释最重要最常见的内容。《吕氏春秋》反映的是战国末期的语言，高诱注释时《吕氏春秋》已经成书四百多年了，这几百年间语言已经发生了一些变化，随着时代的变迁，典章制度的变化，有些词汇对于汉末人来说就有些陌生而不易理解，高诱对古代词语的训释，更加有助于当时人对原文的理解。如《大乐》："故能以一听政者，乐君臣，和远近，说黔首，合宗亲。"高注："黔首，秦谓民为黔首。""黔首"一词为秦人尤其是秦代对百姓的称呼，到汉末这一词汇已经很少使用，经高诱的解释，不但更加通俗易懂，同时也加深了读者对古代制度的理解。

高诱在训释词语时除采用同义词相训、同一词在不同的语言环境中解释不同义项等方法外，还常常用汉代语言比况战国时期的语言。如《孟春》："载青旂，衣青衣，服青玉，食麦与羊。"高注："载者若今之鸡翘车是也。"《仲夏》："是月也，命乐师，修鞀鞞鼓，均琴瑟管箫，执干戚戈羽，调竽笙埙箎，饬钟磬祝敔。"高注："箫，今之歌竹箫也。"

语言不但会随着时代的变迁而发生变化，即使同一时代，不同地域的语言也会有方言的差异，这一现象在古代尤其明显。高诱在训释词语时也考虑到语言的方言问题。如《慎大》："汤立为天子，夏民大说，如得慈亲，朝不易位，农不去畴，商不变肆，亲郼如夏。"高注："'郼'读如'衣'，今兖州人谓殷氏皆曰衣，言桀民亲殷如夏氏也。"《不屈》："匡章谓惠子于魏王之前曰：'螳螂，农夫得而杀之，奚故？为其害稼也。'"高注："今兖州谓螳为媵。"两例中高诱均以汉代方言作为释义，第一例中高诱不但对原文作了阐释，同时指出句中较为生僻的"郼"乃为汉代方言，经他解释，读者豁然开朗。

高诱有时用描写事物性状的方法来释义。《仲夏》："半夏生，木堇荣。"高注："木堇，朝荣暮落，是月荣华，可用作蒸，杂家谓之朝生，一名蕣，《诗》云：'颜如蕣华'是也。"《有始》："白民之南，建木之下，日中无影，呼而无响，盖天地之中也。"高注："白民之国，在海外极内。建木在广都南方，众帝所从上下也，复在白民之南。建木状如牛，引之有皮，黄叶若罗也。"前例中高诱描写了木堇的生长特点，并引《诗经》为证；后例中解释了白民之国、建木的地理方位后，又重点对建木的性状作了描写。《吕氏春秋》中提及的一些名词尤其是植物动物等，随着时间的推移，有些实物逐渐消失或较为罕见，读者在看到这些名词后会因没有生活中感性的认识而觉得一头雾水，不知所云，通过注家描写，事物的特点一目了然，如在眼前。

上古词汇以单音节词为主，属于同一类目的词汇中有大量的同义词，这些同义词既有相同的含义，同时又有细微的差别，高诱在注释时细心钻研，既指出同义词之间相同的释义，同时又以他独到的慧眼与深厚的语言功底，对同义词中的同中之异做了说明。《尽数》："郁处头则为肿为风。"高注："肿与风皆首疾。"这是指出同义词的共同点。《季夏》："是月也，命妇官染采，黼黻文章，必以法故，无或差忒。"高注："白与黑谓之黼，黑与青谓之黻，青与赤谓之文，赤与白谓之章。"《孟夏》："命太尉，赞杰俊，遂贤良，举长大。"高注："千人为俊，万人为杰。"前一例中"黼"、"黻"、"文"、"章"都指衣服上的花纹，四者的不同在于花纹颜色搭配之别。后一例中"俊"、"杰"都指非常优秀杰出的人才，二者的不同在于所指范围大小的区别。《季春》："天子布德行惠，命有司，发仓窌，赐贫穷，振乏绝，开府库，出币帛，周天下，勉诸侯，聘名士，礼贤者。"高注："无财曰贫，鳏寡孤独曰穷，行而无资曰乏，居而无食曰绝。""贫"、"穷"、"乏"、"绝"都指穷困，但具体所指着眼点不同，"贫"重点指财物缺乏；"穷"则突出无人陪伴，孤苦伶仃，强调精神、感情等的缺乏；"乏"重在指出行；"绝"重在居住。高诱既求同又别异，全面训释，有利于读者对词义的深入理解。

2. 对名物、典章制度、历史典故等的阐释

高诱在作注时除了训释词语外，还对原文涉及的典章制度等进行解释，以利于读者理解原文。如《季春》："国人傩，九门磔禳，以毕春气。"高注："命国人傩，索宫中区隅幽闇之处，击鼓大呼，驱逐不祥，如今之正岁驱除是也。"《季冬》："命有司大傩，旁磔，出土牛，以送寒气。"高注："大傩，逐尽阴气为阳导也，今人腊岁前一日，击鼓驱疫，谓之逐除是也。"傩为古代民间重要的活动，主要目的是驱除不祥，高诱用汉代的制度来解释古代制度，找到古今制度的相同点，以今制作比，这样既避免了对古制繁琐的考证，又利于读者理解。

3. 对历史事实、民风民俗、医药卫生、自然现象等的阐释

《吕氏春秋》为杂家著作，除了诸子百家思想外，书中还涉及音乐、养生、农业、教育等，包含社会生活的许多方面。高诱在注释时大量引用历史事实、民风民俗、医药卫生、自然想象等进行训释，以增加说服力，使读者更易于理解，同时也为读者提供了更为丰富的文献资料。如《本生》："今修兵而反以自攻，则亦失所为修之矣。"高注："若秦筑长城以备患，不知长城之所以自亡也，亦失其所为修兵之法也。"高诱用秦筑长城的事解释说明"修兵而反以自攻"，通过具体事例来解释抽象道理，易于理解。《先己》："故上失其道则边侵于敌，内失其行，名声堕于外。"高注："内失抚民之行则邻国贱之，故曰'名声堕于外'也，若晋惠公背外内之赂，杀李克之党，内无忠臣之辅，外无诸侯之助，与秦穆公战而败

亡。"《首时》："圣人之于事，似缓而急、似迟而速以待时。"高注："谓若武王会于孟津，八百诸侯皆曰纣可伐矣。武王曰：'汝未知天命也。'还归二年，似迟也。甲子之日克纣于牧野，故曰待时。"高诱利用历史事例说明似迟与待时的辩证关系，形象生动。用历史事例进行注释，一方面使内容更为丰富；另一方面也使说理更具客观性，更有说服力。

《吕氏春秋》广泛运用历史故事、民风民俗，因该书主要是为了阐述政治主张，是为了经世济用，因此，有些故事引用比较简洁，读者在不了解这些故事时，往往会影响对文句所阐发道理的准确理解。高诱在注释这些内容时，补充了有关材料，有助于读者理解所引历史故事的原委。《当务》："汤、武有放杀之事。"高注："成汤放桀于南巢，周武杀殷纣于宣室，故曰有放杀之事。"《悔过》："范蠡流乎江。"高注："佐越王勾践灭吴，雪会稽之耻，功成而还，轻舟浮于江而去也。"以上两例原文引用历史典故都比较简略，高诱为其详细补充了相关资料。

高诱有时并非就整句话补充材料，而是就其中某一重要的或难解的词语作进一步的阐释。如《不广》："齐攻廪丘。赵使孔青将死士而救之，与齐人战，大败之。齐将死，得车二千，得尸三万以为二京。"高注："古者军伐克败，于其所获尸，合土葬之，以为京观，故孔青欲以齐尸为二京也。"《节丧》："世俗之行丧，载之以大辁，羽旄旌旗、如云偻翣以督之，珠玉以佩之，黼黻文章以饬之，引绋者左右万人以行之，以军制立之然后可。"高注："丧车有羽旄旌旗之饬，有云气之画。偻，盖也。翣，棺饰也。画黼黻之状如扇翣于偻边，天子八，诸侯六，大夫四也。"前一例中"京"字与常见用法不同，较费解，高诱补充了"京"字在文句中的特殊含义，读后顿时涣然。后一例中有关丧礼制度，一般读者较为陌生，高诱详细解释了棺饰的礼仪制度，不但有助于对原文的理解，同时也有助于读者了解古代典章制度。

4. 对文句的阐释

阐释文句义理也是注释的主要内容，高诱除了训释词语外，还对一些抽象的、难以理解的文句进行解释，以便于读者理解文句所蕴含的道理。

高诱有时采用直接对译字面意思的方法，如《先己》："欲取天下，天下不可取。可取，身将先取。"高注："言不可取天下，身将先为天下所取也。"《劝学》："自卑者不听。"高注："言往教之师不见听也。"《振乱》："固不知，悖也；知而欺心，诬也。"高注："论说事情，固不知之，是为悖；实知之而自欺其心，是为诬。"高诱实际是将战国末期的语言直接翻译成汉末语言，他有时为了使文句更加符合逻辑，通顺明白，在翻译时会略加增补与删削个别词语。

高诱有时直接概括文句大意。如《当染》："孔子学于老聃、孟苏夔、靖叔。鲁惠公使宰让请郊庙之礼于天子，桓王使史角往，惠公止之，其后在于鲁，墨子学焉。此二士者，无爵位以显人，无赏禄以利人，举天下之显荣者必称此二士也。皆死久矣，从属弥众，弟子弥丰，充满天下，王公大人从而显之，有爱子弟者随而学焉，无时乏绝。"高注："言二士之徒，显荣者益盛，散布，故曰'充满天下'。"《大乐》："道也者，视之不见，听之不闻，不可为状。"高注："言道无形，不可为状。"《禁塞》："故暴骸骨无量数。"高注："言多。"

有时用同类事物比况的方法进行阐释，如《淫辞》："孔穿、公孙龙相与论于平原君所，深而辩，至于藏三牙，公孙龙言藏之三牙甚辩，孔穿不应，少选，辞而出。"高注："公孙龙、孔穿皆辩士也。论，相易夺也，龙言藏之三牙。辩，说也。若乘白马禁不得度关，因言马白非白马，此之类也，故曰甚辩也。"藏之三牙之论题读者较为陌生，但是白马非马论就为人熟知了，高诱用与藏之三牙类似的论题白马非马论进行类比，读者顿时释然。《任数》："无骨者不可令知冰。"高注："亡国之主，不知去贪暴，施仁惠；若无骨之虫，春生秋死，不知冬寒之有冰雪。"高诱不但解释了文句中"无骨者"的具体所指，说明了其习性，同时还为读者揭示了这一文句所蕴含的道理，意在通过无骨之虫阐发治国之道。因为"无骨者不知冰"与"亡国之主不知去贪暴施仁惠"有共同点，高诱便通过亡国之主来解释无骨者。

揭示文句的深层含义，是高诱训解文句的主要内容。《劝学》："尊师则不论其贵贱贫富矣。"高注："言道重人轻。""尊师不论贵贱贫富"体现的正是"道重人轻"的思想。《顺民》："无攻越。越，猛虎也。"高注："言越王武勇多力，不可伐也。"文句中"越，猛虎也"为比喻句，高诱注中揭示了喻体"猛虎"所指的本义。《贵公》："荆人有遗弓者，而不肯索，曰：'荆人遗之，荆人得之，又何索焉？'孔子闻之曰：'去其"荆"而可矣。'"高注："言人得之而已，何必荆人也。""老聃闻之曰：'去其"人"而可矣。'故老聃则至公矣。"高注："言天下得之而已，何必人，故曰至公，无所私为也。"孔子所言去"荆"与老子所言去"人"

表面看仅是一字之差，但老子所言却反映了本篇所阐释的"贵公"思想，高诱通过注释揭示了故事所隐含的深层含义。《贵生》："由此观之，帝王之功，圣人之余事也，非所以完身养生之道也。"高注："尧、舜、禹、汤之治天下，黎黑瘦瘠，过家门而不入，故曰'非所以完身养生之道'，趋济民而已。"高诱不但指出重在阐发抽象道理的文句所蕴含的具体含义，同时举出具体事例予以佐证。《诚廉》："伯夷、叔齐，此二士者，皆出身弃生以立其意，轻重先定也。"高注："伯夷、叔齐让国而去，轻身重名，故曰轻重先定。"具体指出了伯夷、叔齐让国而去的高洁行动，说明轻重先定的含义。

（三）音注

高诱在注释时除了释义外，还标注字音，如《重己》："味众珍则胃充，胃充则中大鞔。"高注："鞔读曰懑。不胜食气为懑疾也。"《圜道》："人之窍九，一有所居则八虚，八虚甚久则身毙。"高注："居读曰'居处'之居。居犹壅闭也。""居"本是常用字，但因为"居"有数音数义，高诱仍然出注，并且指出了词语在特定环境下的读音。高诱有时还标注被注字的发音状况，如《慎行》："崔杼之子相与私閧，崔杼往见庆封而告之。"高注："閧，斗也。閧读近鸿，缓气言之。"高诱用"急气"、"缓气"等说明发音时送气的急缓，虽比较含糊，但可以看出高诱已经注意到了汉字的发音方法、发音部位的问题。为了使注音更加准确，易于掌握，高诱常常采用词语注音法，用一个词来为一个字注音，表明被注字读这个词中某个字的读音。如《季夏》："是月也，令渔师伐蛟取鼍，升龟取鼋。"高注："渔，读若'相语'之语。"《本味》："汤得伊尹，祓之于庙，爝以爟火，衅以牺猳。"高注："爟，读曰'权衡'之权。"高诱有时用譬况法，即用打比方或直接描述的方法来为汉字注音。如《适音》："夫音亦有适：太巨则志荡，以荡听巨则耳不容，不容则横塞，横塞则振；太小则志嫌，以嫌听小则耳不充，不充则不詹，不詹则窕。"高注："嫌，听譬'自嫌'之嫌。"高诱指出"嫌"之发音与"自嫌"的"嫌"发音接近。《序意》："维秦八年，岁在涒滩。"高注："八年，秦始皇即位八年也。岁在申名涒滩。涒，大也。滩，循也。万物皆大循其情性也。涒滩，夸人短舌不能言为涒滩也。"这一条注释中高诱先解释"涒"、"滩"的含义，最后说明"涒滩"的发音特点，与"夸人短舌不能言为涒滩"的情形相类似。但高诱采用譬况的方法注音也存在缺点，即有些描写较为含糊，读者看了注音后对被注字的读音仍然无法把握，如上例中"夸人短舌不能言"一句读者看了后依然不知所云，未能达到注音的目的。

（四）对典籍的大量征引

高诱在阐释文句时为使训解落到实处，有据可循，他还常常引经据典，以增加释义的说服力。据统计，高诱在《吕氏春秋注》中引用典籍有二十余种，大部分是先秦典籍，也有汉代的作品如《淮南记》，他有时还引用《吕氏春秋》中其他篇章的内容来印证被注释的文句。如书中《十二纪》，记载的是天子在一年十二月中每一月在衣食住行方面的活动，以及为顺应每一节气而发出的政令，这些内容多与《周礼》相合。因此，高诱在解释这些内容时就常常引用《周礼》。

高诱有时直接引用古籍原文，如《忠廉》："翟人攻卫，其民曰：'君之所予位禄者，鹤也；所贵富者，宫人也。君使宫人与鹤战，余焉能战？'遂溃而去。"这是出自《左传》的一个典故，高诱直接引用《左传》加以解释。"鲁闵二年传曰：'狄人伐卫。卫懿公好鹤，鹤有乘轩者。将战，国人受甲者皆曰："使鹤，鹤有禄位。余焉能战？"'此之谓也。"《慎人》："大寒既至，霜雪既降，吾是以知松柏之茂也。"高注："众木遇霜雪皆凋，喻小人遭乱世无以自免。松柏，喻君子而能茂盛也。《论语》曰'岁寒，然后知松柏之后凋也'，此之谓也。"《谕大》："井中之无大鱼也。"高注："《淮南记》曰'蜂房不能容鹤卵'，此之谓也。"

有的是先释义再引用古籍加以佐证或先引用古籍再释义。如《异宝》："荆国之法，得五员者，爵执圭，禄万檐，金千镒。"高注："执圭，《周礼》'侯执信圭'，言爵之为侯也。"《贵因》："舜一徙成邑，再徙成都，三徙成国，而尧授之禅位，因人之心也。"高注："《周礼》'四井为邑'，邑方二里也；'四县为都'，都方二十二里也。邑有封，都有成，然则邑小都大。《传》曰：'都城过百稚，国之害也。'成国，成千乘之国也。"《季春》："田猎罼弋，罝罘罗网，喂兽之药，无出九门。"高注："罼，掩网也。弋，缴射飞鸟也。《诗》云：'弋凫与雁。'罝，兔网也。《诗》云：'肃肃兔罝。'罗，鸟网也。《诗》云：'鸳鸯于飞，罼之罗之。'罘，射鹿罟也。网，其总名也。"高诱在这里将罼、弋、罝、罘、罗、网一一作了解释，并引汉代人熟悉的《诗经》进行印证。《顺民》："时出行路，从车载食，以视孤寡老弱之溃病、困穷颜色愁悴不赡者，必身自食之。"高注："溃亦病也。《公羊传》曰：'大溃者，大病也。'"以上几例是先释义再引用。下面几例是先引用再释义。《务本》："今有人于此，修身会计则可耻，临财物资尽则为己，若此而富者，非盗则无所取。"高注："《诗》云'不稼不穑，胡取禾三百亿兮？不狩不猎，胡瞻尔庭有县特兮'，故曰非盗则无所取。"高诱通过引用《诗经》中的诗句来解释"非盗无所取"的含义。《劝学》："故师之教也，不争轻重尊卑贫富，而争于道。"高注："《论语》曰'人能弘道，非道弘人'，故曰'不争轻重尊卑'。"通过引用《论语》说明原文中提出"不争轻重尊卑"的原因。

在《吕氏春秋注》中高诱引用的典籍有《尚书》、《左传》、《诗经》、《周礼》、《道德经》、《论语》、《墨子》、《孝经》、《孟子》、《孙子》、《易经》、《公羊传》、《穀梁传》、《礼记》、《战国策》、《国语》、《吕氏春秋》、《淮南子》、《史记》、《幽通记》、《淮南记》等。高诱在征引古籍博采众说印证词义时，引用最多的是《左传》，其次是《诗经》、《论语》、《周礼》、《尔雅》、《春秋》三传等。汉代是学习儒家经典、注经的重要时期，高诱对儒家经典十分熟悉，被时人称为大儒。他在训释词义时大量征引古籍，不但显示了他深厚的学术功底和渊博的知识，同时也使释义更为通俗易懂，增加了说服力。

三　高诱《吕氏春秋注》的特点
（一）以儒为主

《吕氏春秋》为杂家著作，内容兼采百家。其中儒家、道家、阴阳家思想最为突出。高诱把《吕氏春秋》当作主要体现道家思想的著作看待。但是，高诱毕竟是生活在儒家思想盛行的汉代，他不可避免会受到当时社会思潮的影响，高诱思想中的儒家成分对他注释《吕氏春秋》以及其他古籍产生了重要影响。另外，高诱受业于卢植，而卢植又是马融的弟子，马融、卢植都堪称当时硕儒，高诱长期受这种思想的熏陶，在他的思想中儒家依然占据重要地位，这从他的《吕氏春秋注》中就可以明显看出。从他征引的文献看，儒家典籍占绝对多数，如《诗经》、《周礼》、《左传》、《论语》等是他常常引用的典籍；相反，他引用道家典籍非常少，《老子》引用十二条，《庄子》引用两条。这与对儒家典籍的引用形成明显反差。

在治学方法上，高诱走的是古文经学的路子，他以训诂明义为主，同时又将儒家经义渗透到诸子的训释中，经传与诸子互补，经传为诸子服务，显示出他宏阔的治学视野。

（二）打破了汉儒"注不破经"的旧例

董仲舒"罢黜百家，独尊儒术"后，先秦儒家典籍不再是与其他诸子典籍并列的子书，而是摇身一变，上升为"经"。既是"经"，那就是绝对正确不容改动的，因此汉儒在注书时有"注不破经"的说法，即注释必须严格遵照经文进行释义，不得改变经文。在这一风气影响下，后来又出现了"疏不破注"的说法。但高诱并不一味迷信古籍，他在发现原文存在错误时，及时加以纠正，对此前人已经指出：

> 自汉以来，注者惟高诱一家，训诂简质，于引证颠舛之处，如《制乐篇》称成汤之时谷生于庭，则据《书序》以驳之，称南子为厘夫人，则据《论语》、《左传》以驳之，称西门豹在魏襄王时，则据《魏世家》、《孟子》以驳之，称晋襄公伐陆浑，称楚成王慢晋文公，则皆据《左传》以驳之，称颜阖对鲁庄公，则据《鲁世家》以驳之，称卫逐献公立公子黚，则据《左传》、《卫世家》以驳之，皆不蹈注家附会之失。①

《四库》所举数例甚有说服力，不再赘述。高诱敢于打破"注不破经"的旧例，表现了他实事求是的严谨治学态度。

（三）语言质朴简约

《四库全书》评高诱《吕氏春秋注》"训诂简质"。现存高诱注书三部，除《吕氏春秋》外，还有《淮南子》和《战国策》，后两种尚不完整。从高诱对这三种书的注释看，各有特点。高诱能够准确把握每一部古籍的特点，在注释时也多结合原书特点。如《吕氏春秋》产生于战国末期，书中多有关于古代典章制度的记载，语言较为平实质朴。高诱继承了这种文风，在注释时也多引用古籍、解释历史事件自然现象等，体现出简约质朴的风格，这与高诱其他两种注释文风明显不同。《淮南子》产生于汉初，这时赋体文学已经开始显露其勃勃生机，加之《淮南子》产生于战国楚地，楚地想象丰富、文辞华美、风格绚丽的文学是《淮南子》产

---

① 《四库全书总目提要》子部杂家类。

生的肥沃土壤。受这种风气影响，《淮南子》较重词采，多排比句，显得瑰丽多姿，与辞赋颇为接近。高诱在为《淮南子》作注时，充分考虑到这一特点，与注释《吕氏春秋》多典章制度等不同，在注释《淮南子》时比较注重诠释其辞藻与修辞，训释形容词、说明原句的比喻义明显多于《吕氏春秋》。《战国策》又不同于前两部子书，因《战国策》属于史书，书中涉及较多的地名、历史事件等，因此，高诱在注释时除训释词语外，还解说了较多的地名和历史事件。能够根据每一种古籍自身的特点进行训释，充分体现了高诱古书训释理论的成熟。他不仅仅满足于对古籍词语的训释，同时还要体现古籍本身的特点，这是对古籍更高层次的认识。

高诱在行文方面较多接受了汉代古文学家之法，力求朴实简约。首先是仅在难懂之处下注，当注则注，不逐字逐句作繁琐注解，有时在数句中，只注一二字。另外，在该出注时，也尽量简约，不作繁琐说明。如《孟夏》："是月也，天子饮酢，用礼乐。"高注："酢，春酝也。"《礼记·月令》中也有此句，郑玄为该句的注释为："酢之言醇也，谓重酿之酒也，春酒至此始成。"二人注释之繁简一目了然。高诱在注释时还尽量避免训释重出，如彼处有注，则此处采用参见法，让读者参见前文已有注释，避免了行文的重复，简洁朴实。

（四）客观严谨的注释风格

高诱在注解中遇到自己未知或有所怀疑的词语或历史传闻，他不会直接下断言，总是审慎地以"未达"、"未闻"、"无闻"、"未之闻"、"不知出于何书"等说明之，留待后人考证。如《去私》："舜有子九人，不与其子而授禹，至公也。"高注："《国语》曰：'舜有商均'，此曰九子，不知出于何书也。"《召类》："故明堂茅茨蒿柱，土阶三等，以见节俭。"高注："茅可覆屋，蒿非柱任也，虽云俭节，实所未闻。"对于一些有不同说法的词语，又不能判断是非，他就将两说并存，以示存疑，供读者自己判断。如《本味》："大夏之盐，宰揭之露，其色如玉，长泽之卵。"高注："大夏，泽名，或曰山名。在西北。"有些词语，高诱虽然也作出注解，但由于没有文献记载予以佐证，仅仅是自己的推测，高诱常常在注解前冠一"盖"字，以表明是推测。如《必己》："牛缺居上地大儒也，下之邯郸，遇盗于耦沙之中。"高注："淤沙为耦，盖地名也。"《慎大》："乃税马于华山，税牛于桃林，马弗复乘，牛弗复服。"高注："华山在华阴南，西岳也。桃林，秦、晋之塞也，盖在华阴西长城是也。"据粗略统计，在《吕氏春秋注》中存疑的注解有二十余处，这反映了高诱实事求是、客观严谨的治学精神。高诱这种认真负责、一丝不苟、朴质实在、不为浮辞的态度，是《吕氏春秋注》以及高诱其他注书具有重要文献价值的基础。

四　高诱《吕氏春秋注》的地位与影响

（一）扩大了古籍整理的范围，具有承上启下的意义

汉代是古籍整理的重要时期，许多先秦古籍的第一次系统整理，多始于汉代。就数量来说，古籍汉注存于今者，以郑玄注最多，其次便是高诱注。然而，受汉武帝以来"罢黜百家、独尊儒术"的影响，汉儒们在整理古籍时多将视线集中于儒家典籍。高诱将古籍整理的范围扩大到子书和杂史之类，打破了汉儒埋头注经、汉代文献整理附庸于经学的局面，翻开了古籍整理史上新的一页。高诱现存的包括《吕氏春秋注》在内的三种注书以及王逸的《楚辞章句》，服虔、应劭的《汉书音义》，为我国古代文献整理开拓了新的领域。从此，除儒家典籍外，学者们纷纷将目光转向其他古籍，开始了全面整理先秦典籍的新时代。清人卢见曾称誉高诱："两汉传注存者，自毛氏、何氏而外，首推郑氏。继郑氏而博学多识者，唯高氏。盖其学有师承，非赵台卿、王叔师之比也。"① 他高度赞扬高诱的成就，认为他直追郑玄，其成就远在赵岐、王逸之上。

高诱作注形成了一套比较固定的体例，即释义、述理、注音、校勘、阙疑，这在训诂学史上也具有重要的意义，对于规范训释体例起了示范作用。

高诱生活于汉末，这时经学逐渐丧失了其一统天下的地位，诸子之类书籍逐渐受到重视，高诱虽然也作过《孝经解》，但毫无疑问他的主要精力是倾注于《吕氏春秋》、《淮南子》、《战国策》这些非经学的典籍之上。高诱同时注解了属于杂家的《吕氏春秋》与《淮南子》，显然是他看到了两书同是战国秦汉之际学术综合思潮下的产物，两书具有共同的学术倾向。可以推测，高诱悉心注解两书，从学术思想看，他是试图回到秦汉之际学术大一统时期那种更具有包容性的学术时代。而他跳出经学进行注

---

① 何建章：《历代战国策序跋·卢见曾刻姚本战国策序》，见《战国策注释》，中华书局1990年版，第1375页。

疏的客观效果是，以往重经义轻诸子的观念，到了高诱这里变成了经、子合流。到了魏晋时期，注疏之学非但未减弱，与两汉相比，甚至有过之而无不及。魏晋以后，学者们沿着高诱的治学之路继续前进，目光扩大到所有先秦典籍，尤其是子书，如崔譔、司马彪的《庄子注》就产生于这一时期，像以前备受冷落的子书如《列子》、《文子》、《慎子》等，这时也出现了训释之作。这种新的注疏风尚的开启，高诱具有重要的推动之功。

（二）　为古籍的传播提供了重要的版本

高诱在《吕氏春秋注序》中称他为该书作注的原因是"既有脱误，小儒又以私意改定，犹虑传义失其本真"，可见到东汉末年，由于几百年的传抄，该书在流传中出现了错讹、散佚、脱衍等现象。高诱在为《吕氏春秋》作注时进行了详细的校勘，订正了该书在传抄过程中出现的错误，为后人的阅读提供了便利。同时，后人也常常根据高诱注来校勘、订正后代出现的《吕氏春秋》版本，使之恢复原貌，这也是高诱注的重要文献价值。

张舜徽曾就高诱注作过评价："《淮南内篇》及《吕氏春秋》，至今日犹完好无缺，亦赖有高诱之注以永其传也。高诱，汉末涿郡人，为卢植弟子，学有本原，长于注述。大抵古书得以永存，实以有汉注羽翼之。汉末郑玄之注经，高诱之注子，皆大有功于典籍者。《淮南外篇》，无人为之注，故亡佚最早，《隋志》已不著录矣。"① 可以发现，一种著述能够流传至今，除了其自身的重要价值外，有一种好的注书，尤其是渊博严谨的名家的注书，也是其得以流传的重要条件。《战国策》、《吕氏春秋》、《淮南子》的流传，正赖于高诱注。

高诱是第一个系统为《吕氏春秋》作注的学者。高诱去古未远，与《吕氏春秋》的语言隔膜较少，同时他又受业于名师，学有渊源，熟悉古代典章制度，因此，高诱训释大多真实可信。经过高诱的训释，《吕氏春秋》更加易于阅读。高诱注释涵盖非常广博，解释重要字词、训解名物典章、考述史传典故、阐发文句义理，是其作注的重要内容。高诱为《吕氏春秋》的传播作出了不可忽视的贡献。

---

① 张舜徽：《汉书艺文志通释》，收入《张舜徽文集》，华中师范大学出版社2004年版，第331—332页。

（三）保存了古代语言材料

东汉注家在注解群经时普遍征引方言材料，在高诱之前，王逸、何休、郑玄等注家，在注释典籍时也征引了一些方言材料，而与他们相比，高诱是征引方言最多的注家。在现存高诱的三种注书中有方言材料80余条，范围涉及25个方言地名。① 《吕氏春秋注》中提到的地区或地名有齐、秦、幽冀、青州、周雒、幽州、兖州、三辅、关东、颍川、关西、冀州等，涉及秦晋、幽冀、洛阳、齐几个方言区。有些方言词是高诱首次提出，如《仲春》："苍庚鸣，鹰化为鸠。"高注："苍庚，《尔雅》曰'商庚、黎黄，楚雀也'。齐人谓之抟黍，秦人谓之黄离，幽冀谓之黄鸟。""抟黍"一词在《礼记·特牲馈食礼》、《吕氏春秋·异宝》中都出现过，指把黍捏成团的食品，与本篇含义不同。《季春》："桐始华，田鼠化为鴽。"高注："鴽，鹑，青州谓之鹌鹑，周、雒谓之鴽，幽州谓之鴾。""鹌鹑"一词《尔雅》、《说文》都记录过，高诱指出该词是青州方言。相对于文字与训诂，一般注书在注释中保存古代的音韵资料较少。高诱在作注时还对古字的读音进行了训释，保存了不少语言资料，这也是高诱注的重要功绩。

高诱《吕氏春秋注》有重要的文献价值，但其中也存在一些不足，如有些句读、释义存在令人费解或错误之处，如《士容》："似无勇而未可恐狼，执固横敢而不可辱害。"高注："未可恐以非义之事也。狼，贪兽也。所搏执坚固，横犹勇敢。之士若此者不可辱，亦不可害也。"这句话是说"（士）似乎没有胆量却又不可恐吓威胁，坚定勇悍而不可侮辱伤害"。但高诱的释义依然使读者不知所云，未达到释义的目的。《安死》："惮耕稼采薪之劳，不肯官人事。"高注："既惮耕稼，又不肯居官、循治人事也。"这里的"官"应为"从事"之义，这句话本来比较容易理解，是说"他们害怕耕种、打柴之苦，不肯从事各种劳役"。高诱将"官"释为"居官"，不但甚为牵强，也使句子变得难以卒读。

汉代谶纬学说盛行，高诱在注解时有时也受其影响，有些训解不可避免带上了神秘色彩。如《制乐》："有三善言，必有三赏。荧惑有三徙舍，舍行七星，星一徙当一年，三七二十一，臣故曰'君延年二十一岁'矣。"高注："以德复星也。徙三舍因其理也。死生有命，不可益矣，而

---

① 华学诚：《周秦汉晋方言研究史》，复旦大学出版社2007年版，第369页。

延二十一岁，诱无闻也。"高诱虽然否定了人的寿命可以因为善言善行而得以延长的唯心观点，但他又认为善言可以使天上的星辰发生位置转移这种说法是有道理的，未能摆脱谶纬学说的影响。

第 七 章

汉代对《吕氏春秋》文艺、科技等思想的接受

　　本书前几章以时间先后为序，就汉代对《吕氏春秋》接受较为突出的几家作了论述，涉及《吕氏春秋》中的政治思想、哲学思想、社会观、历史观、宇宙观等几个方面。《吕氏春秋》中的思想有的直接继承了其他学派的观点，有的是有继承有批判，有的在继承的同时又有了发展。书中宇宙观、君主无为论、任天顺性、生死观、人生论等观点多取自道家；民本思想、伦理思想、教育思想、德治、义利观、臣道观、贵信、修身论等多取自儒家；天人关系论、天文历法思想多取自阴阳五行思想；兼爱、爱利、尚贤、节葬、安死等多取自墨家；中央集权思想、贵公、法治、审时变法、法不阿贵等取自法家；正名思想来自名家。有的观点是杂取几家思想，如情欲观综合了道家、儒家、法家思想，军事思想综合了儒家和兵家思想，音乐思想兼有儒家、道家特点，农业思想多来自儒家、法家，养生思想多来自道家和阴阳五行思想等。总体看，《吕氏春秋》对道家和儒家汲取最多，儒道思想几乎贯穿全书，对其他诸家的吸收仅是局部的补充。

　　除了前几章所涉及内容外，汉代对《吕氏春秋》中来自其他学派且创新较少内容的接受情况，不再分析，本章仅就前几章未涉及，同时又是《吕氏春秋》创新较多且汉代接受较突出的内容进行论述。主要就汉代对《吕氏春秋》中文艺思想与科技思想（包括养生、天文历法、农业）的接受情况作一分析。

第一节　汉代对《吕氏春秋》文艺思想、乐律理论的接受

一　汉代对《吕氏春秋》文艺思想的接受
《吕氏春秋》是先秦诸子中讨论文艺思想最多的一部著作。除《仲夏

纪》与《季夏纪》中的八篇集中论述文艺思想外，在其他篇章中也有不少记载，如《精谕》、《离谓》、《淫辞》等。《吕氏春秋》的文艺观主要包括文艺的起源、言与意的关系、艺术的鉴赏、艺术的功用等方面问题。① 汉人对这些内容多有接受。

汉武帝时期，儒家思想成为汉代占统治地位的思想，因此，两汉文艺思想的最大特点是，整个文艺思想都被纳入了儒家思想的基本框架中，这种以儒家思想为核心的文艺思想较先秦更为系统、更加理论化。

（一）文艺的起源问题

《吕氏春秋·尽数》强调了精气对生命的重要性，把精气看作生命流动的基本要素和精华所在，说明了"气"对文艺活动中的主体"人"的重要性，《礼记·乐记》则直接阐述了气和音乐的关系。《乐记》是《小戴礼记》中的一篇，由十一篇论乐的文章组成；《汉书·艺文志》著录《乐记》二十三篇，其中前十一篇正是《礼记·乐记》所保存，分别为《乐本》、《乐论》、《乐礼》、《乐施》、《乐言》、《乐象》、《乐情》、《魏文侯》、《宾牟贾》、《乐化》、《师乙》，其余十二篇已亡佚。《史记·乐书》将《乐记》附载于后，为褚少孙补。《乐记》中有一部分与《荀子·乐论》从内容到文字几乎完全相同。《礼记·乐记》大约写定于西汉，而其中有些观点在先秦已经出现。《乐记》是汉以前儒家礼乐论的总结，在中国古代文艺理论史上产生过较大影响。《乐记》中论气的一段文字如下：

> 凡奸声感人而逆气应之，逆气成象而淫乐兴焉。正声感人而顺气应之，顺气成象而和乐兴焉。

指出了"逆气"与"淫乐"、"顺气"与"和乐"之间的关系。毫无疑问，这种思想是受了《吕氏春秋》的启发。

《吕氏春秋》认为文艺产生于人心，即作者的心声，指出音乐产生的直接动因是人类抒发情感的需要，一切文学、艺术作品都是作者心声的反映，这无疑是超卓的见识，是后代文艺产生于情感说的滥觞，汉代不少学者接受了这一观点。这里略举数例，如《淮南子》：

---

① 《吕氏春秋》的文艺思想见第一章第三节内容。

> 且喜怒哀乐，有感而自然者也。故哭之发于口，涕之出于目，此
> 皆愤于中而形于外者也。譬若水之下流，烟之上寻也，夫有孰推之
> 者！故强哭者虽病不哀，强亲者虽笑不和。情发于中而声应于外。①

强调了音乐感人的奥妙在于情感的自然流露。

司马迁的发愤著书说，也承此而来。如果没有充实的思想感情蕴蓄于
胸中，不吐不快，而去为文造情，强作无病呻吟，那是决然写不出好的作
品的。

《礼记·乐记》：

> 凡音之起，由人心生也。人心之动，物使之然也。感于物而动，
> 故形于声。声相应，故生变。变成方，谓之音。比音而乐之，及干戚
> 羽旄，谓之乐。乐者，音之所由生也，其本在人心之感于物也。

这段话明显来自《吕氏春秋》。肯定音乐产生于"人心"，即人由于受外
界事物的刺激而触发了喜、怒、哀、乐、敬、爱等不同的感情，但是
《礼记》在《吕氏春秋》的基础上又向前走了一步，指出"人心"即人
的情感，又是受客观环境的影响。当人们受到自己生存环境尤其是社会中
种种事物触动时，文学艺术由此而生。

到《诗大序》，明确把言志和作诗联系起来，同时将情感作为诗歌的
重要因素。

> 诗者，志之所之也，在心为志，发言为诗。情动于中而形于言，
> 言之不足故嗟叹之；嗟叹之不足故永歌之；永歌之不足，不知手之舞
> 之，足之蹈之也。

真实的情感对文艺作品至为重要，可以说是文艺作品的灵魂。《吕氏春
秋》中文艺产生于"人心"说虽有些笼统抽象，对"人心"没有作更加
具体细致的阐释，但无疑给后人提供了思考这一问题的方向，汉代学者正

---

① 《淮南子·齐俗训》。

是循着《吕氏春秋》的路子继续发展，将"人心"具化为思想情感，这对进一步讨论文艺的起源问题起了极其重要的作用。

其他像《春秋繁露·楚庄王》载"乐者，盈于内而动发于外者也"，也是《吕氏春秋》"人心"说的继承，不再具体论述。

（二）文艺的社会功用问题

中国古代文艺理论中，对文艺社会功用的阐释历来是文艺家们的重要论题。孔子的"兴、观、群、怨"，"尽善尽美"无不是从社会功能角度提出的命题。先秦诸子中对文艺的社会作用有较为系统论述的是荀子。

> 夫乐者，乐也，人情之所必不免也，故人不能无乐。……乐者，圣王之所乐也，而可以善民心，其感人深，其移风易俗，故先王导之以礼乐而民和睦。夫民有好恶之情而无喜怒之应则乱。先王恶其乱也，故修其行，正其乐，而天下顺焉。①

文艺不但具有对人的引导、规范作用，还可以移风易俗，具有统治者对在下者能动的教化、改造、统治的作用。这正是中国古代常常将礼乐并称的原因。中国古代文艺的首要作用并不是审美，而是移风易俗，即配合刑政教化人民，乐具有了与礼同样的功能。

《吕氏春秋·适音》中通过音乐观风俗、知得失、论教化的理论直接承《荀子·乐论》，但论述更为具体明确，认为音乐有观政、观人的功能，音乐好比一面镜子，可以照见政治的好坏和品德的高下。《礼记·乐记》：

> 凡音者，生人心者也，情动于中，故形于声。声成文，谓之音。是故治世之音安以乐，其政和；乱世之音怨以怒，其政乖；亡国之音哀以思，其民困。声音之道，与政通矣。

《乐记》这段明显抄自《吕氏春秋·适音》。到《诗大序》"上以风化下，下以风刺上，主文而谲谏。言之者无罪，闻之者足以戒"已经把文艺的教化功能推向极致，奏出了中国文学思想功利主义的最强音。《诗大序》

---

① 《荀子·乐论》。

中"治世之音安以乐，其政和；乱世之音怨以怒，其政乖；亡国之音哀以思，其民困"几句直接承《吕氏春秋·适音》而来。在此基础上《诗大序》还提出正变说：

> 至于王道衰，礼义废，政教失，国异政，家殊俗，而变风变雅作矣。

可以看出，《诗大序》的正变说正是脱胎于《吕氏春秋》以及《乐记》的"治世之音"、"乱世之音"一段话。所谓"正风"、"正雅"，就是"治世之音"，所谓"变风变雅"，就是"乱世之音"或"衰世之音"。

《吕氏春秋》将五音与阴阳五行相结合，汉代学者也接受了这一思想，《淮南子·天文训》：

> 二阴一阳成气二；二阳一阴成气三。合气而为音，合阴而为阳，合阳而为律，故曰五音六律。音自倍而为日，律自倍而为辰，故曰十而辰十二。

将阴阳五行学说以及天人感应论融入音乐理论中，神化了音乐的起源和作用。

到董仲舒，论述更为系统：

> 王者必受命而后王。王者必改正朔，易服色，制礼乐，一统于天下，所以明易姓非继人，通以己受之于天也。……文王受命而王，……作《武》乐，制文礼以奉天。武王受命，……作《象》乐，继文以奉天。周公辅成王受命……作《汋乐》以奉天。①

既然新王朝的统治受天命而王，奉天作乐就非常必要。

《乐记》也糅合了一些阴阳五行说和天人感应的内容，论述更为具体。

---

① 《春秋繁露·三代改制质文》。

　　是故大人举礼乐，则天地将为昭焉。天地欣合，阴阳相得，煦妪覆育万物，然后莫木茂，区萌达，羽翼奋，角觡生，蛰虫昭苏。羽者妪伏，毛者孕鬻，胎生者不殰，而卵生者不殈，则乐之道归焉耳。

将礼乐的性质和作用描述得神乎其神，给儒家的礼乐论涂上了一层玄妙莫测的神秘色彩。

　　谶纬神学兴起后，将乐与阴阳五行相比附，走得更远，更为离奇荒诞。

　　乐者，阳也。故以阴数。法八风、六律、四时也。八风、六律者，天气也，助天地成万物者也，亦犹乐所以顺气变化，万民成其性命也。……所以名之为角者何？角者，跃也，阳气动跃。徵者，止也，阳气止。商者，张也，阴气开张，阳气始降也。羽者，纡也，阴气在上，阳气在下。宫者，容也，含也，含容四时者也。①

至此，这种神学化的礼乐论，完全成了荒谬、古怪的理论，对文艺理论的发展毫无价值可言，但在汉代却一度泛滥，后经王充等人的批判才走向衰微。这种思想可以说发端于《吕氏春秋》。

　　《吕氏春秋》认为音乐除了教化的作用外，还有为统治者歌功颂德的功能。

　　这一观点，到了董仲舒，发展到了极致。董仲舒虽然也讲德治、教化、移风易俗，但他完全抛弃了音乐可以表现人们喜、怒、哀、乐等各种丰富的感情，把"乐"解释为单一的快乐。在董仲舒这里，观风说不见了，导情说也不见了，音乐只剩下对统治者的颂扬。

　　盖圣人者贵除天下之患……天下者无患，然后性可善；性可善，然后清廉之化流；清廉之化流，然后王道举，礼乐兴，其心在此矣。②

---

① 《白虎通义·社稷》。
② 《春秋繁露·盟会要》。

这段话说得非常清楚，天下无患，礼乐才能兴起。反过来就是，天下尚有患，民众就会无乐可歌，无德可颂，在乱世就不可能有礼乐产生。文艺只能歌颂，这实际是把教化说极度狭隘化，最终的结果只能使文艺走上绝路。

《汉书》中专列《礼乐志》，《汉书·礼乐志》基本承袭了荀子《乐论》和《礼记·乐记》的观点，也吸收了董仲舒的一些观点，从源流讲，也是对《吕氏春秋》的接受。

（三）汉代对《吕氏春秋》其他文艺思想的接受

《吕氏春秋》论述了文艺的批评鉴赏问题，指出听乐者能否感受到愉悦，不但取决于音乐是否"适"，与听者的心境也有直接关系。鉴赏活动是一种由鉴赏主体和客体双方构成的活动，但鉴赏主体起主导和决定作用，即"乐之务在于和心"。只有平和的主观心境与适中的客观之乐相结合，即"以适听适"，才能真正获得审美愉悦。将鉴赏主体置于与鉴赏客体相互能动的关系中展开讨论，贴近文学鉴赏现实，十分可贵。这种文学思想，对于中国文学在创作中追求写意的表现而非自然的复制，对于中国文学批评追求象外的韵味与旨意无疑都有深刻的影响。汉代学者对鉴赏主体与客体的关系问题也有阐述。《淮南子》：

> 心有忧者，筐床衽席，弗能安也；菰饭犓牛，弗能甘也；琴瑟鸣竽，弗能乐也。患解忧除，然后食甘寝宁，居安游乐。①
>
> 内不得于中，禀授于外而以自饰也，不浸于肌肤，不浃于骨髓，不留于心志，不滞于五藏。故从外入者，无主于中不止；从中出者，无应于外不行。②

指出在鉴赏活动中，鉴赏者是动态的、主动的、积极的一方。音乐作用的实现，要靠内外相应，即表演者与欣赏者情感的交流。

《吕氏春秋》还指出了对音乐的要求，要避免"侈乐"，《吕氏春秋·侈乐》：

---

① 《淮南子·诠言训》。
② 《淮南子·原道训》。

> 世之人主，多以珠玉戈剑为宝，愈多而民愈怨，国愈危，身愈累，则失宝之情矣。乱世之乐与此同。为木革之声则若雷，为金石之声则若霆，为丝竹歌舞之声则若噪。以此骇心气、动耳目、摇荡生则可矣，以此为乐则不乐。故乐愈侈，而民愈郁，国愈乱，主愈卑，则亦失乐之情矣。

文学艺术作品的产生，必须有一定的情感积累，但又不能放纵欲望，不能超出限度。《乐记》也有相似论述：

> 人之好恶无节，则是物至而人化物也。人化物也者，灭天理而穷人欲者也。于是有悖逆诈伪之心，有淫泆作乱之事。是故强者胁弱，众者暴寡，知者诈愚，勇者苦怯，疾病不养，老幼孤独不得其所，此大乱之道也。

这些与《吕氏春秋》肯定人的感情，同时又不可放纵感情的观点一脉相承。

《吕氏春秋》论述言意关系体现了尚质实、重真诚的特点，提出的"言不欺心"的原则，同儒家讲的"修辞立其诚"的思想相一致，后世文学评论强调文学作品必须是真情实感的写照，反对华而不实、矫揉造作的倾向成为文艺批评和创作的主流，这一切都应归结到"诚"。如扬雄就有类似论述：

> 言不能达其心，书不能达其言，难矣哉！惟圣人得言之解，得书之体，白日以照之，江、河以涤之，灏灏乎其莫之御也！……故言，心声也；书，心画也。声画形，君子小人见矣。声画者，君子小人之所以动情乎？①

扬雄认为言达心、书达言很困难，只有圣人才能解决好。言可以当面交流思想，而书可以突破时地的限制，言与书都可以表达人的思想感情。

王充（公元27—97年），东汉杰出的唯物主义思想家，其所著《论

---

① 《法言·问神》。

衡》是一部战斗性很强的哲学著作。王充的学说基本属于儒家，但也吸收了道家的思想，因而在某些方面能摆脱儒家思想的束缚，大大超过了同时代思想家的水平。

针对汉代盛行的谶纬学说，王充鲜明地提出了"疾虚妄"的口号，这一思想贯穿于《论衡》全书。

> 是故《论衡》之造也，起众书并失实，虚妄之言胜真美也。故虚妄之语不黜，则华文不见息；华文放流，则实事不见用。故《论衡》者，所以铨轻重之言，立真伪之平，非苟调文饰辞，为奇伟之观也。①

> 实诚在胸臆，文墨著竹帛，外内表里，自相副称。意奋而笔纵，故文见而实露也。……精诚由中，故其文语感动人深。②

王充这些论述虽是针对汉代谶纬盛行的虚妄之言而发，但他所论"实诚"实际已经接触到文学真实性问题，文学需真实表达思想感情，这是《吕氏春秋》言意观在特定背景下的发展。

总之，汉代的文艺理论较之战国，更为系统完善，也更加强调其社会功能。但汉代的许多文艺观点来自于《吕氏春秋》，对《吕氏春秋》有接受，是毋庸置疑的。

二　汉代对《吕氏春秋》乐律理论的接受

乐律是乐学与律学的组合。乐学研究音乐中乐音之间的相对音高关系。律学则是从音响学和音响自然规律的角度出发，用数理逻辑的精密计算方法研究乐音之间的关系，乐律学属于物理学与音乐学之间的一个边缘学科。在中国古代，乐律常常密不可分。乐律一经制定，乐曲的谱写，乐器的制造，就有了统一的规范。

乐律是先民从长期歌唱和演奏实践中总结出来的。中国很早就有乐律的记载，《尚书·舜典》有"同律度量衡"和"律和声"的记录。正式记载十二律名称的是《国语·周语》，周王向周朝乐官伶州鸠询问铸钟之

---

① 《论衡·对作》。

② 《论衡·超奇》。

事，伶州鸠回答时提到了十二律，即黄钟、大吕、太蔟、夹钟、姑洗、中吕、蕤宾、林钟、夷则、南吕、无射、应钟，这十二律其实就是十二个半音。

正式记载十二律之间关系以及衍生程序的，首见于《吕氏春秋》，这是古代最早的律学专篇。

> 黄钟生林钟，林钟生太蔟，太蔟生南吕，南吕生姑洗，姑洗生应钟，应钟生蕤宾，蕤宾生大吕，大吕生夷则，夷则生夹钟，夹钟生无射，无射生仲吕。三分所生，益之一分以上生；三分所生，去其一分以下生。黄钟、大吕、太蔟、夹钟、姑洗、仲吕、蕤宾为上，林钟、夷则、南吕、无射、应钟为下。①

引文具体说明了生律次序以及生律方法，所载十二律名称也与《国语》完全相同。求十二律的过程中，每次相生一个纯五度，包括八个律，如黄钟生林钟，林钟生太蔟等。十二律相生方法称作三分损益法，三分损益法首见于《管子·地员篇》，但《地员篇》只算到五律，《吕氏春秋》则算到十二律。所谓"益之一分"，即三分益之，在三分之四的音律上产生新的音律。所谓"去其一分"，即三分损一，在三分之二的音律上产生新的音律。十二律就是按照这样的计算方法，从黄钟开始算起，逐一计算所得。

乐律为乐曲的谱写、乐器的制定提供统一标准，这个统一的标准又是如何制定出来的？

> 昔黄帝令伶伦作为律。伶伦自大夏之西，乃之阮隃之阴，取竹于嶰谿之谷，以生空窍厚钧者、断两节间、其长三寸九分而吹之，以为黄钟之宫，吹曰"舍少"。次制十二筒，以之阮隃之下，听凤皇之鸣，以别十二律。其雄鸣为六，雌鸣亦六，以比黄钟之宫，适合。②

这段话是说黄帝的乐官伶伦制作乐律，伶伦在昆仑山，选择了一种中间空

---

① 《吕氏春秋·音律》。
② 《吕氏春秋·古乐》。

腔、腔壁厚薄均匀的竹子，将一段竹子截成两节，它的长度为三寸九分，拿它吹出的声音，作为黄钟的宫音。接着又制作了十二个筒体，拿着它们到昆仑山下，听着凤凰的叫声，用以区别十二律。雄凤凰的叫声有六个声音，雌的叫声也有六个声音，把这些声音比之于黄钟律的宫音，正好相符。这段话介绍乐律的制定带有较多的神秘色彩，虽不可全信，但至少说明古人制定乐律非常早。

《吕氏春秋》中的乐律思想，除讲生律方法、十二律的循环相生周而复始的数理推算外，还涉及"律历合一"、"随月用律"的实践，把乐律与一年中的自然气候、政令、农事等密切联系起来。

> 大圣至理之世，天地之气，合而生风，日至则月钟其风，以生十二律。仲冬日短至，则生黄钟。季冬生大吕。孟春生太蔟。仲春生夹钟。季春生姑洗。孟夏生仲吕。仲夏日长至，则生蕤宾。季夏生林钟。孟秋生夷则。仲秋生南吕。季秋生无射。孟冬生应钟。天地之风气正，则十二律定矣。①

在《十二月纪》的每月中也有相关记载，如《孟春纪》："孟春之月：日在营室，昏参中，旦尾中。其日甲乙，其帝太皞，其神句芒，其虫鳞，其音角，律中太蔟。其数八。"其他月份与此相似。《音律》中这段与《十二月纪》中对五音十二律的安排完全一致。可以看出，《吕氏春秋》十分强调音律与自然节气的关系，音律需要符合五行思想、天人相感的观念。这样，就把音律与天、地、人（主要指帝王）紧紧联系起来，乐律实际上成为了一张寒暑表，乐律不正，说明风气不正；风气不正，说明政治有问题。乐律能够为政治服务，这是历代乐律学能够进入正史的主要原因。

> 太蔟之月，阳气始生，草木繁动，令农发土，无或失时……夷则之月，修法饬刑，选士厉兵，诘诛不义，以怀远方。

这是音律需符合五行思想的抽象理论下的具体化。国家具体的政令、生产

---

① 《吕氏春秋·音律》。

必须符合自然节律，以保证其在正常的轨道上运行。

《吕氏春秋》的乐律思想既有合理的成分，但同时也有迷信的、神秘的因素存在。汉代的乐律思想就是在《吕氏春秋》基础上的进一步发展。

汉代是中国乐律学承前启后的重要发展时期，这一时期对于生律法以及相关问题的研究，对后世的乐律学研究产生了重大影响。自《史记·律书》开始，乐律学在正史中便有了自己的位置，其后在《汉书》、《后汉书》、《晋书》、《宋书》、《魏书》、《隋书》、《宋史》中均出现了《律历志》或《礼乐志》。汉代阐述音律理论的篇章有《淮南子·天文训》、《史记·乐书》、《史记·律书》、《汉书·律历志》、《后汉书·律历志》等。这些篇章主要讲生律方法、律历合一和同律度量衡等问题。这些理论，对《吕氏春秋》都有吸纳。

在生律法上，汉代继承和发展了《吕氏春秋》的三分损益法，《淮南子》提出的黄钟大数177147，获得了整数的十二正律，提高了律学计算的精准度，为后代律家所用。

> 以三参物，三三如九，故黄钟之律九寸而宫音调。因而九之，九九八十一，故黄钟之数立焉。……故置一而十一三之，为积分十七万七千一百四十七，黄钟大数立焉。……一律而生五音，十二律而为六十音，因而六之，六六三十六，故三百六十音以当一岁之日。故律历之数，天地之道也。下生者倍，以三除之；上生者四，以三除之。①

这段话是论述生律的方法。计算宫、商、角、徵、羽五个音，使每个音的律数都是整数，那么就必须"四开"，也就是三三得九，九九八十一，使始发律律数等于81，这就是黄钟的律数。"置一而十一三之，为积分十七万七千一百四十七"，就是指 3^{11}，为177147，这是黄钟的大数。用这个数字生十二律，可使其余十一律的律数均为整数。其他十一律的数字则按照三分损益法进行计算。"下生者倍，以三除之"，指三分之二，"上生者四，以三除之"，指三分之四，与《吕氏春秋》所载完全相同。

《淮南子》除了继承《吕氏春秋》将十二律与十二月、十二地支、五音、五行等对应外，还将十二律与二十四节气对应。如"冬至，音比黄

---

① 《淮南子·天文训》。

钟，……小寒，音比应钟，……大寒，音比无射"等。此外，将月份与音律对应时还加入了春季鼓琴瑟、孟夏与仲夏吹竽笙、秋季撞白钟、冬季击磬石等内容，这些显然都是在《吕氏春秋》基础上的发展。

《史记》专列《律书》，详细记载了"律数"、"生钟分"、"生黄钟术"等律学计算理论。

> 律数：九九八十一以为宫。三分去一，五十四以为徵。三分益一，七十二以为商。三分去一，四十八以为羽。三分益一，六十四以为角。

这是讲三分损益法。

> 子一分。丑三分二。寅九分八。卯二十七分十六。辰八十一分六十四。巳二百四十三分一百二十八。午七百二十九分五百一十二。未二千一百八十七分一千二十四。申六千五百六十一分四千九十六。酉一万九千六百八十三分八千一百九十二。戌五万九千四十九分三万二千七百六十八。亥十七万七千一百四十七分六万五千五百三十六。

这是以十二地支象征十二律，定"子一分"为基数，这组比率数与 81 相乘就会得出十二律各律与黄钟的精确长度比率。用三分损益法计算十二律各律与黄钟律的精确长度比，前人未曾做过。

《史记》、《汉书》都把《吕氏春秋》乐律与月份的对应全部或部分照搬过来。《史记》在将乐律与月份对应时引入了阴阳两气的概念。如：

> 十一月也，律中黄钟。黄钟者，阳气踵黄泉而出也……七月也，律中夷则。夷则，言阴气之贼万物也。①

在《汉书》中十二律则直接演化为六阳律与六阴律。汉代全面继承和发展了《吕氏春秋》阴阳五行与乐律融为一体的思想，进一步将天文、历法与音律合为一体。最明显的是《汉书》和《后汉书》两部正史中，将

---

① 《史记·律书》。

乐律和历法放在一起，形成了《律历志》。《汉书·律历志》完全接受了《吕氏春秋》的三分损益法、随月用律等思想，但在天人律历合一方面有所发展，扩大了律历的对应范围，将三统与乐律对应起来，同时与八卦相联系。

> 三统者，天施，地化，人事之纪也。十一月，《乾》之初九，阳气伏于地下，始著为一，万物萌动，钟于太阴，故黄钟为天统，律长九寸。……六月，《坤》之初六，阴气受任于太阳，继养化柔，万物生长，楙之于未，令种刚强大，故林钟为地统，律长六寸。①

这是将董仲舒的三统说与乐律相结合。

《后汉书》在《吕氏春秋》十二律的基础上提出了京房六十律。

> 黄钟，律吕之首，而生十一律者也。其相生也，皆三分而损益之。是故十二律，之得十七万七千一百四十七，是为黄钟之实。又以二乘而三约之，是为下生林钟之实。又以四乘而三约之，是为上生太蔟之实。推此上下，以定六十律之实。

京房以177147为黄钟之实，用上乘三分之二，下乘三分之四的三分损益法，逐次计算，得出六十律，其实就是依照三分损益法生出十二律之后继续相生直至六十律。京房六十律虽然没有多少实践价值，没有人会利用如此繁琐的方法来制定乐曲与乐器，但它开启了后代律学微小音差的研究，理论上有一定的意义。

《后汉书》还从理论和实践两方面将天文历法与音律结合起来，发展为"候气"之法，这是《吕氏春秋》律、历对应在实践中的具体运用。"候气"之法这一应用性理论在汉代受到高度重视，《礼记·月令》中的"律中太蔟"、"律中夹钟"之类，郑玄就将其解释为"候气"，汉代的一些著名学者如刘向、扬雄、蔡邕等，也曾提到候气，可见其影响之大。

候气之方法，《后汉书》中有具体记载：

---

① 《汉书·律历志》。

天子常以日冬夏至御前殿，合八能之士，陈八音，听乐均，度晷
景，候钟律，权土灰，放阴阳。冬至阳气应，则乐均清，景长极，黄
钟通，土灰轻而衡仰。夏至阴气应，则乐均浊，景短极，蕤宾通，土
灰重而衡低。进退于先后五日之中，八能各以候状闻，太史封上。效
则和，否则占。候气之法，为室三重，户闭，涂衅必周，密布缇缦。
室中以木为案，每律各一，内庳外高，从其方位，加律其上，以葭莩
灰抑其内端，案历而候之。气至者灰去。其为气所动者其灰散，人及
风所动者其灰聚。殿中候，用玉律十二。惟二至乃候灵台，用竹律六
十。候日如其历。①

其操作方法大致是：在上圆下方的三重密室内，放置不同尺寸的律管十二
支，并且依照一定方位竖直埋置地下，管的上端与地持平，管腔内填充葭
莩灰，并用薄膜封口。至冬至日交节时分，其中长九寸的律管必有葭莩灰
溢出，届时即为冬至时刻，该管即为标准黄钟律管，管长即为标准黄钟
尺。同理，若其余十一支律管尺寸无误，同样现象将于二十四节气中另十
一气时发生。我国传统历法将二十四节气分为十二节、十二气，立春、惊
蛰、清明、立夏、芒种、小暑、立秋、白露、寒露、立冬、大雪、小寒为
节，其余皆为气，十二律管就与十二气相应。由于候气一事多与历法、占
候相涉，关乎社稷大事，因此被宫廷视作国政密要，由灵台（司天监、
钦天监）主司实施。

"候气"说颇具神秘色彩，它是我国古代为体现天、地、人三才合一
的理念，所发展出的一种测候之术。其思想理论，《吕氏春秋》中已经出
现。前引《吕氏春秋·音律》中"日至则月钟其风，以生十二律。仲冬
日短至，则生黄钟。季冬生大吕。孟春生太蔟……"一段已经将音律与
天文历法结合起来，"候气"法是将这一理论具体运用到实践中。

总观汉代对《吕氏春秋》文艺思想、乐律理论的接受，有两大特点。
第一，论述更为深入，体系更加系统。第二，与汉代其他思想一致，汉代
的文艺思想、乐律理论也结合了许多阴阳五行、天人感应思想，这是汉代
学者将《吕氏春秋》中的部分思想作了极度发挥的结果，这些思想在
《吕氏春秋》中尚属局部的、次要的内容，到了汉代则成为主流思想、主

① 《后汉书·律历志》。

要内容。

第二节　汉代对《吕氏春秋》天文历法思想的接受

天文历法在中国古代文化中具有特殊的地位。中国古代的科学技术如医学、数学、农艺、建筑、纺织、物理、冶金等知识也高度发达，有的还与国计民生有直接关系，但都没有在正史中占据稳定的地位，就连与全社会关系最为密切的农学、医学在正史中的地位也无法与天文历法相比。如《史记》中与医学有关的主要篇目就是《扁鹊仓公列传》，与农学有关的更是少之又少，而在八书中就有两书讨论天文历法，即《历书》与《天官书》。《史记》之后，天文历法成为了历代正史必须涵盖的内容，《汉书》有《律历志》、《天文志》、《五行志》，《律历志》（有的与《律书》一分为二，作《历志》）、《天文志》（《新五代史》中作《司天志》）、《五行志》、《符瑞志》（《南齐书》作《祥瑞志》、《清史稿》作《灾异志》）等历代正史中名称虽然不尽相同，但都是有关天文历法的内容，由此见出古代天人历法之重要。

《吕氏春秋》中的天文历法思想，除了突出反映在《十二月纪》中外，在其他篇章中也有零星记载，主要以观象授时的方式出现，反映了先民依据天象制定历法的情况。主要包括二十八宿及其分野说、节气、物候等几方面。

汉代集中阐释天文历法思想的篇章有《淮南子·天文训》、《淮南子·时则训》、《史记·天官书》、《史记·历书》、《汉书·律历志》、《汉书·五行志》、《后汉书·律历志》、《后汉书·五行志》，另外，在其他著作中也有不少记载。汉代的天文历法思想，大多从《吕氏春秋》发展而来。

一　《吕氏春秋·十二月纪》与《礼记·月令》的关系问题

与《十二月纪》内容相同的还有两篇文字，《礼记·月令》和《淮南子·时则训》，唯个别字有出入。《淮南子》许多篇章明显借鉴《吕氏春秋》，《时则训》模仿《十二月纪》，可以确定。但是《十二月纪》与《月令》到底孰先孰后，自汉代以来，众说纷纭。

认为《十二月纪》来自《月令》的一派认为，《月令》为周公作，

或作于周代，贾逵、马融、蔡邕、王肃、孙星衍、黄以周等主张此说。既
然《月令》作于周代，自然是《十二月纪》抄自《月令》，如明代方以
智《通雅》卷一二认为："周公《月令》因《夏小正》，《吕览》因《月
令》，《淮南》因《吕览》，记有异同，非后人笔也。"而今人杨宽则认
为，《月令》一篇，当早有成说，是战国时期晋人所作。吕不韦宾客割裂
《月令》十二月之文，以为《十二纪》之首章。①

主张《月令》出自《十二月纪》的学者有郑玄、卢植、高诱、陆德
明、梁玉绳、万斯大、王引之、徐复观等。郑玄在《三礼目录》中曰：
"（《月令》）本《吕氏春秋》十二月纪之首章也，以礼家好事抄合之，后
人因题之名曰《礼记》。"郑玄为东汉大儒，曾为《周礼》、《仪礼》、《礼
记》、《毛诗》作过注，他在全面细致地研究了《礼记》，为《礼记》作
注后得出的结论，其说不可轻易否定。高诱是首次为《吕氏春秋》作注
的学者，也是汉代大儒，他在汉代的影响仅次于郑玄。郑玄、高诱分别深
入研究了《礼记》和《吕氏春秋》后，得出了相同的结论，他们的结论
很值得重视。

对于《礼记》抄录《十二月纪》的事实，清人梁玉绳作了辨证，其
说有很大说服力。抄录如下：

> 《月令》一篇，先儒或云周公作，或云不韦作，虽疑莫敢定。然
> 如"太尉"秦官名，而曰"命太尉"；"囹圄"秦狱名，而曰"省囹
> 圄"，自秦以下，民始得立社，而曰"命民社"，皆不合周法。且
> 《序意》明言"维秦八年，良人请问十二纪"，则为不韦作审矣。②

洪家义从不同的角度得出了相同的结论，他指出，《十二月纪》内容相
当庞杂，有道家思想、儒家思想、阴阳五行家思想，还有天人感应思
想，这与《吕氏春秋》的编撰方针是吻合的，与全书的内容也很协调。
《礼记》为儒家典籍，在战国后期把《十二月纪》的思想内容放入儒家经
典中，也不能融洽，只有在西汉初年整个学术背景发生了很大变化，这时

---

① 王锷：《〈月令〉与农业生产的关系及其成篇年代》，《古籍整理研究学刊》2006 年第 5
期。

② 陈奇猷：《吕氏春秋新校释》，上海古籍出版社 2002 年版，第 478 页。

把《十二月纪》放入儒家经典中，才能与当时的背景和政治氛围相一致。①

《礼记》全抄《吕氏春秋》，其不同者，仅三五字。而这三五字，"其义多以《十二纪》为长"②。《礼记》在后代成为了十三经之一，影响深远。《月令》在汉代以及后代的影响，其实就是《十二纪》的影响。后代对《礼记·月令》的接受，也就是对《吕氏春秋》的接受。

《淮南子·时则训》大部分内容抄自《吕氏春秋》，也是对《十二月纪》的接受。除了《礼记·月令》外，汉代还出现了一部重要的月令类古籍，即东汉崔寔作的《四民月令》，其体例、内容也完全模仿《十二月纪》，可见汉人对《吕氏春秋》的接受。

在解决了《十二月纪》与《礼记·月令》孰先孰后这一基本问题后，下面就汉代对《吕氏春秋》中天文思想的接受情况进行论述。

二　汉代对《十二月纪》中二十八宿记载的接受

现存典籍最早的比较完整记录观象授时的文字是《尚书·尧典》：

> 乃命羲和，钦若昊天，历象日月星辰，敬授人时。分命羲仲，宅嵎夷，曰旸谷，寅宾出日，平秩东作。日中，星鸟，以殷仲春，厥民析，鸟兽孳尾。申命羲叔，宅南交，平秩南讹，敬致。日永，星火，以正仲夏，厥民因，鸟兽希革。分命和仲，宅西，曰昧谷，寅饯纳日，平秩西成，宵中，星虚，以殷仲秋，厥民夷，鸟兽毛毨。申命和叔，宅朔方，曰幽都，平在朔易，日短，星昴，以正仲冬，厥民隩，鸟兽氄毛。

指出了天象中的四颗标志星：鸟、火、虚、昴，说明当时已经将天分为四部分，二十八宿当以这四颗星为基础发展而来。

《十二月纪》每月开首就是对星宿的记载，如：

> 孟春之月：日在营室，昏参中，旦尾中。

---

①　洪家义：《吕不韦评传》，南京大学出版社1995年版，第341页。

②　徐复观：《两汉思想史》，华东师范大学出版社2001年版，第39页。

仲春之月：日在奎，昏弧中，旦建星中。

季春之月：日在胃，昏七星中，旦牵牛中。

这几句话的意思是，孟春之月，太阳的位置在营室宿，初昏时刻，参宿出现在南方中天，拂晓时刻，尾宿出现在南方中天；仲春二月，太阳的位置在奎宿，初昏时刻，弧矢星座出现在南方中天，拂晓时刻，建星出现在南方中天；季春三月，太阳的位置在胃宿，初昏时刻，七星出现在南方中天，拂晓时刻，牛宿出现在南方中天。其他九个月与此相同。《十二月纪》记载了一年十二个月昏、旦、午三个时辰的宿位。

《吕氏春秋》将星空划分为九个区域，配以二十八宿，目的是为了与地上的九州对应，这是《吕氏春秋》的独创，开后世九天之说。把天上的星宿与地上的州国联系起来，并以星宿运动以及变异现象来预卜州国的吉凶祸福，列宿配州国，古人称作"分野"。

天有九野，地有九州。……

何谓九野？中央曰钧天，其星角、亢、氐；东方曰苍天，其星房、心、尾；东北曰变天，其星箕、斗、牵牛；北方曰玄天，其星婺女、虚、危、营室；西北曰幽天，其星东壁、奎、娄；西方曰颢天，其星胃、昴、毕；西南曰朱天，其星觜巂、参、东井；南方曰炎天，其星舆鬼、柳、七星；东南曰阳天，其星张、翼、轸。

何谓九州？河、汉之间为豫州，周也。两河之间为冀州，晋也。河、济之间为兖州，卫也。东方为青州，齐也。泗上为徐州，鲁也。东南为扬州，越也。南方为荆州，楚也。西方为雍州，秦也。北方为幽州，燕也。①

这是受了《尚书》中《尧典》和《禹贡》的影响，按照中央和八方位把天分为九野，以中、东、北、西、南顺次配以二十八宿，每一野配三宿，（北方独配四宿）。分野说在天文学上意义不大，《吕氏春秋》这样做，是为了便于贯彻天人感应思想，是出于政治上的考虑。

《吕氏春秋》的分野说在汉代产生了极大的影响，《史记·天官书》

---

① 《吕氏春秋·有始》。

就曾曰："天则有列宿，地则有州域。"不少学者就是在《吕氏春秋》分野说理论的基础上，作了发展。

《淮南子·天文训》中九野与《吕氏春秋》同，但天上九野与地上诸国的关系，就明显不同。

> 星部地名：角、亢郑，氐、房、心宋，尾、箕燕，斗、牵牛越，须女吴，虚、危齐，营室、东壁卫，奎、娄鲁，胃、昴、毕魏，觜嶲、参赵，东井、舆鬼秦，柳、七星、张周，翼、轸楚。

高诱对《淮南子·天文训》的分野说作了注释：角、亢、氐，"韩、郑之分野"。"尾、箕，一名析木，燕之分野。斗，吴之分野。牵牛，一名星纪，越之分野"。"虚、危，一名玄枵，齐之分野"。"营室、东壁，一名承委，卫之分野。奎、娄一名降娄，鲁之分野"。"昴、毕，一名大梁，赵之分野"。"觜嶲、参，一名实沈，晋之分野"。"柳、七星，周之分野。一名鹑火"。"翼、轸，一名鹑尾，楚之分野"。①

《史记·天官书》：

> 角、亢、氐，兖州；房、心，豫州；尾、箕，幽州；斗，江、湖；牵牛、婺女，杨州；虚、危，青州；营室至东壁，并州；奎、娄、胃，徐州；昴、毕、冀州；觜觿、参，益州；东井、舆鬼，雍州；柳、七星、张，三河；翼、轸，荆州。

《汉书·地理志》的分野与上引高诱说完全相同，这应该是东汉时期具有代表性的分野思想。

汉代各家分野说中天上二十八宿与地上列国的对应关系虽不尽相同，但是都体现了天文思想，这一思想滥觞于《吕氏春秋》。

《史记·天官书》与《汉书·天文志》是汉代阐述天文思想的重要篇章，这两篇提及的二十八宿与《吕氏春秋》没有太大的差异，只是论述更为系统。

---

① 刘文典：《淮南鸿烈集解》，中华书局 1989 年版，第 87—88 页。

三　关于节气记载的接受

节气是表示一年四季天气变化与农业生产关系的。二十四节气是中华民族几千年来特有的表达农业气象条件的一套完整的时令系统，直到现在，二十四节气依然在农业生产中具有重要的指导意义。

二十四节气始于何时？前引《尚书·尧典》中有"仲春"、"仲夏"、"仲秋"、"仲冬"的记载，一般认为就是指春分、夏至、秋分、冬至四个节气。《左传》提到传说中的少昊氏设置历官：

> 凤鸟氏，历正也；玄鸟氏，司分者也；伯赵氏，司至者也；青鸟氏，司启者也；丹鸟氏，司闭者也。①

一般认为，"分"指春分、秋分；"至"指夏至、冬至；"启"指立春、立夏；"闭"指立秋、立冬。虽然不可将这条记载追溯到少昊时代，但毫无疑问，二十四节气中最重要的八种节气产生较早，并且有专职人员负责观测记录，有了明确的分工，这为后来其他节气的产生奠定了基础。

《吕氏春秋》中也有节气的记载。

> 孟春之月……是月也，以立春。……仲春之月……是月也，日夜分。
>
> 孟夏之月……是月也，以立夏。……仲夏之月……是月也，日长至。
>
> 孟秋之月……是月也，以立秋。……仲秋之月……是月也，日夜分。
>
> 孟冬之月……是月也，以立冬。……仲冬之月……是月也，日短至。

"日夜分"指日夜时间相等，应是"春分"与"秋分"；"日长至"指一年中这一天白天最长，夜晚最短，应是"夏至"；"日短至"指一年中这一天白天最短，夜晚最长，应是"冬至"。《吕氏春秋》中提到的八种节

---

① 《左传·昭公十七年》。

气与《左传》记载完全一致，但是《吕氏春秋》中记载更为细致，说明这时人们对节气的认识更为丰富深入。

西汉初期的《淮南子》是目前见到的最早的完整记载二十四节气的古籍。[①]

> 日行一度，十五日为一节，以生二十四时之变。斗指子则冬至，音比黄钟；加十五日指癸则小寒，音比应钟；加十五日指丑则大寒，音比无射；加十五日指报德之维，则越阴在地，故曰距日冬至四十六日而立春，阳气冻解，音比南吕……[②]

以北斗星定节气，确定十五日为一个节气，自"冬至"始，以"大雪"终，并且还将每一节气与十二律相配，二十四节气的顺序也与现代的说法完全一致。

汉代书籍对二十四节气多有记载，如《汉书·律历志》，所记顺次与《淮南子》略有差异。

四　关于物候记载的接受

古人观象授时，"观象"除了观天象，观日月星辰的运行规律外，还要观气象、物象，观风雨雷电、动植物等，应该说，最早的观察还是从气象、物象开始的，因为气象、物象与初民的生产、生活有切身的利害关系，比起天象更直接，更具体实在。

记录一年四季十二月的节候、物象等，在我国应该起源很早。据近年来的考古发现可知，在新石器的仰韶文化时代，生产就以农业为主。节气、物候等与农业关系密切，古人对此非常重视，因此很早就有这一类记载。目前见到的比较系统的文字，是《大戴礼记》中的《夏小正》。

---

① 有学者认为二十四节气最早见于《周髀算经》，但《周髀算经》的成书时间历来看法不一，有战国前期、汉武帝时代等不同说法，见张闻玉《古代天文历法讲座》，广西师范大学出版社 2008 年版，第 120 页。《逸周书·时训》中也记载了二十四节气，名称与现代名称相同，不仅如此，每一节气还分三候，五日为一候，物象描写十分细致。但周玉秀经过详细考证，认为《时训》应"是汉人的训解"，见周玉秀《〈逸周书〉的语言特点及其文献学价值》，中华书局 2005 年版，第 40 页。二十四节气在战国时期已全部形成应是可信的。

② 《淮南子·天文训》。

　　《夏小正》相传为夏代遗书，《史记·夏本纪》："孔子正夏时，学者多传《夏小正》。"《夏小正》可以说是我国现存的最古老的一部月令。这篇文章也是按照十二月的顺序，详细记载了每一月大自然包括天上星宿、大地生物的变化情况，形象地反映了上古先民对节令气候的细致观察和认识。如正月一段文字：

　　　　正月：启蛰……雁北乡……雉震呴……鱼陟负冰……农纬厥耒……初岁祭耒，始用畼也……囿有见韭……时有俊风……寒日涤冻涂……田鼠出……农率均田……獭献鱼……鹰则为鸠……农及雪泽……初服于公田……采芸……鞠则见……初昏参中……斗柄县在下……柳稊……梅杏杝桃则华……缇缟……鸡桴粥。

引文中省略号部分是对省略号前一句的解释。引文中提到了表征节候的事物，以及直接与农业有关的事如祭祀、星宿以及统治者的活动等，仅仅是简单的记录，还没有把记录者的观念加到其中，有明显的原始朴素的特点。

　　《诗经·七月》也有物候记载，"春日载阳，有鸣仓庚"，"四月秀葽，五月鸣蜩，八月其获，十月陨箨"，"五月斯螽动股，六月莎鸡振羽"，确切地反映了物候现象与季节、农事活动的密切关系，为后世编制农事历以及研究当时气象、生物提供了重要资料。

　　完整的七十二候，最早见于《吕氏春秋》的《十二月纪》。如《仲春季》这样记载：

　　　　仲春之月……始雨水，桃李华，苍庚鸣，鹰化为鸠。……是月也，玄鸟至……是月也，日夜分。雷乃发声，始电。蛰虫咸动，开户始出。

《十二月纪》继承《夏小正》以十二月为单位的叙述方式，每月至少有六候编入。有的物候现象与节气大体一致，如孟春纪中有蛰虫始振，仲春纪中有始雨水，仲夏纪中有小暑至，孟秋纪有白露降，季秋纪中有霜降始，相应的节气分别是惊蛰、雨水、小暑、白露、霜降。有的成为七十二候中的候应，如东风解冻、鱼上冰、獭祭鱼等。但《十二月纪》与《夏小正》

相似，重在物候描写，对二十四节气似乎不太关心。

汉代以后，很多农书、月令以二十四节气、七十二候为中心内容，制定出各种农事历。有些篇章内容直接取自《十二月纪》，《淮南子·时则训》、《礼记·月令》内容与《十二月纪》基本相同，只有个别字句不同，两书对《吕氏春秋》中的物候记载作了全面接受。崔寔的《四民月令》就有气象、物象资料的记载。蔡邕也有《月令章句》。如《四民月令》中载，正月，雨水中，地气上腾，土长冒橛等；三月，杏花盛，时雨降，桑椹赤等。

《逸周书》中的《周月》、《时训》也有类似记载。《时训》中一段抄录如下：

> 立春之日，东风解冻；又五日，蛰虫始振；又五日，鱼上冰。风不解冻，号令不行；蛰虫不振，阴奸阳；鱼不上冰，甲胄私藏。雨水之日，獭祭鱼；又五日，鸿雁来；又五日，草木萌动。獭不祭鱼，国多盗贼；鸿雁不来，远人不服；草木不萌动，果蔬不熟。

这段文字将一月分为两个节气来说明，每一节气都以五日为单位进行描写，可见先民观察之细致。其他季节写法同此。

五　汉代对《吕氏春秋》灾异说的发展

除了以上所论二十八宿、节气、物候等外，《吕氏春秋·十二月纪》还以阴阳五行学说为指导，把五行、四季、方位、天文、历象、天干、神祇、动物、音律、序数、五味、五臭、祭祀、君主起居、政事、禁忌、节气乃至修身养性等都包罗进去，记载了天子每月在衣食住行等方面应该遵守的规定，以及为顺应时气在郊庙祭祀、礼乐征伐、农事活动等方面所应发布的政令，可以说建构了一个包容万物的系统网络。《十二月纪》就是《吕氏春秋》作者为统治者构想的一年的施政纲领。与之前同类著作相比，内容更为丰富，体制更为庞大，下面将《孟春纪》一篇抄录如下，以见全貌。

> 孟春之月：日在营室，昏参中，旦尾中。其日甲乙，其帝太暤，其神句芒，其虫鳞，其音角，律中太蔟。其数八，其味酸，其臭膻，

其祀户，祭先脾。东风解冻。蛰虫始振。鱼上冰。獭祭鱼。候雁北。天子居青阳左个，乘鸾辂，驾苍龙，载青旂，衣青衣，服青玉，食麦与羊。其器疏以达。

是月也，以立春。先立春三日，太史谒之天子曰："某日立春，盛德在木。"天子乃斋。立春之日，天子亲率三公九卿诸侯大夫以迎春于东郊；还，乃赏公卿诸侯大夫于朝。命相布德和令，行庆施惠，下及兆民。庆赐遂行，无有不当。乃命太史，守典奉法，司天日月星辰之行，宿离不忒，无失经纪，以初为常。

是月也，天子乃以元日祈谷于上帝。乃择元辰，天子亲载耒耜，措之参于保介之御间，率三公九卿诸侯大夫躬耕帝籍田。天子三推，三公五推，卿诸侯大夫九推。反，执爵于太寝，三公九卿诸侯大夫皆御，命曰"劳酒"。

是月也，天气下降，地气上腾，天地和同，草木繁动。王布农事，命田舍东郊，皆修封疆，审端径术。善相丘陵阪险原隰，土地所宜，五谷所殖，以教道民，必躬亲之。田事既饬，先定准直，农乃不惑。

是月也，命乐正入学习舞。乃修祭典，命祀山林川泽，牺牲无用牝，禁止伐木，无覆巢，无杀孩虫胎夭飞鸟，无麛无卵，无聚大众，无置城郭，掩骼霾髊。

是月也，不可以称兵，称兵必有天殃。兵戎不起，不可以从我始。无变天之道，无绝地之理，无乱人之纪。

孟春行夏令，则风雨不时，草木早槁，国乃有恐；行秋令，则民大疫，疾风暴雨数至，藜莠蓬蒿并兴；行冬令，则水潦为败，霜雪大挚，首种不入。

《十二月纪》能够如此详尽地将每一月的情况进行记录，可知一定是从许多有历史根据的材料综合而来。《十二月纪》最大的特点就是糅合了阴阳五行思想，如"其帝太皞，其神句芒，其虫鳞，其音角，律中太蔟"，"天子居青阳左个"，"某日立春，盛德在木"，"迎春于东郊"等都是在阴阳五行思想指导下产生的观点。阴阳五行思想不但是《十二月纪》的指导思想，也是《吕氏春秋》全书的指导思想。

阴阳与五行最初并不是结合在一起的。根据《易传》的解释，《易传》中的八卦的阴爻、阳爻分别代表了两种卦象，《周易》认为正是依据此阴阳两仪产生了四象。最早见于文字的阴阳概念，见《诗经·大雅·公刘》"相其阴阳，观其流泉"，《国语·周语》中记载的周朝史官伯阳父的一段话，"阳伏而不能出，阴迫而不能烝，于是有地震。今三川实震，是阳失其所而镇阴也"，已经将阴阳的变化与天灾联系在一起。伯阳父之后，范蠡、叔兴、梓慎、医和、《管子》中都有用阴阳来解释日月、四时运行变化的段落。《老子》"万物负阴而抱阳，冲气以为和"，将阴阳指称具体事物的成因提升到了一般事物具有的共同矛盾，从而具有了哲学范畴的意义。战国以后，阴阳向着各个领域和具体学科深入渗透，如医学中就运用了阴阳思想。

五行说的发展经历了一个从原始朴素的五行说到神秘的"五德终始说"的过程。《尚书·洪范》中就有五行的记载："五行，一曰水，二曰火，三曰木，四曰金，五曰土。"之后《国语·郑语》中史伯在与郑桓公谈论周朝是否要衰败时也谈到五行，《左传》中也多次提到"五行"的观念。以上这些都是人们在长期的生活实践中抽象出的五种与人们的生活密切相关的物质，这时的五行还没有附加上神秘色彩和政治因素。

目前见到的较早把阴阳与五行结合起来的文献是《管子》：

> 东方曰星，其时曰春，其气曰风。……南方曰日，其时曰夏，其气曰阳……中央曰土，土德实辅四时，入出以风雨……西方曰辰，其时曰秋，其气曰阴……北方曰月，其时曰冬，其气曰寒。①

这里就已经把阴阳与五行及五方、四时结合了起来，而且还提出了星德、日德、岁德、辰德、月德五德，这就为邹衍把阴阳与五行相结合进而提出"五德终始说"打下了重要基础。

邹衍，齐人，生活时代比孟子晚一些。大约因为阴阳五行在汉代是显学的缘故，司马迁在《史记·孟子荀卿列传》中用了很长的篇幅介绍了邹衍的思想及重要事迹。

> （邹衍）深观阴阳消息而作怪迂之变，《终始》、《大圣》之篇十

———————

① 《管子·四时》。

余万言。其语闳大不经，必先验小物，推而大之，至于无垠……以为儒者所谓中国者，于天下乃八十一分居其一分耳。中国名曰赤县神州。赤县神州内自有九州，禹之序九州是也，不得为州数。中国外如赤县神州者九，乃所谓九州也。于是有裨海环之，人民禽兽莫能相通者，如一区中者，乃为一州。如此者九，乃有大瀛海环其外，天地之际焉。其术皆此类也。

其他古籍中也有关于邹衍思想的零星记载，邹衍"有终始五德，言土德从所不胜，木德继之，金德次之，火德次之，水德次之"。[①] 邹衍曰："五德从所不胜，虞土，夏木，殷金，周火。"[②] 从这些记载可以大致推断出邹衍思想的特点。他提出了"五德终始说"，将五行相胜说与朝代更迭相联系。善于观察解释阴阳变化的规律，著有《终始》、《大圣》，解释事物变化时往往由小及大，还提出了在后世影响深远的大九州理论。邹衍在齐国颇受重用，先后到过魏国、赵国、燕国，均受到礼遇。《史记·历书》："是时独有邹衍，明于五德之传，而散消息之分，以显诸侯。"邹衍曾有著作流传，《汉书·艺文志》著录《邹子》四十九篇，《邹子终始》五十六篇，已佚。

从这些记载可知，邹衍将抽象的阴阳五行理论，与具体的四时气候变化相结合，甚至与政治王朝的更迭相结合，这就形成了"五德终始说"。《汉志》所录《邹子终始》大约就是这类著作。

阴阳五行思想在我国产生了深远影响，但阴阳家的著作大多失传，对于阴阳家的具体理论我们只能根据其他古籍记载做出推测。《汉书·艺文志》概括阴阳家的特点是：

> 阴阳家者流，盖出于羲和之官，敬顺昊天，历象日月星辰，敬授民时，此其所长也。及拘者为之，则牵于禁忌，泥于小数，舍人事而任鬼神。

---

① 《文选》应祯《晋武帝华林园集诗》李善注引《七略》语，上海古籍出版社1986年版，第953页。

② 《文选》沈约《齐故安陆昭王碑文》李善注语，上海古籍出版社1986年版，第2561页。

这是说，阴阳家尊崇和顺应上天，注意季节和天象的变化，让百姓按照天时行事。但是其末流则禁忌很多，只相信鬼神而不努力尽人事。

邹衍提出的"五德终始说"，不仅指出自然界五种物质的相互关系，更重要的是用阴阳五行理论来解释历史，以人间之五帝应天上五帝之德。从此，阴阳五行学说便成为政治上用来论证统治者当兴的理论依据。

邹衍的阴阳五行说成为《十二月纪》的骨干，《十二月纪》就是把许多事物都组合进阴阳五行理论中，构成了包罗万象的结构，赋予了一种神秘的意味，万物万象，成为一个大的有机整体。这就使人感到，人们生存的世界，都是由阴阳五行所支配，阴阳五行遂渐渐成为古人的宇宙观、世界观。这可以说是吕不韦及其门客的一个突出的创造。

《吕氏春秋》中天文思想的最大特点就是利用天文现象为政治服务。

> 日夜一周，圜道也。月躔二十八宿，轸与角属，圜道也。精行四时，一上一下各与遇，圜道也。物动则萌，萌而生，生而长，长而大，大而成，成乃衰，衰乃杀，杀乃藏，圜道也。……圣王法之，以令其性，以定其生，以出号令。令出于主口，官职受而行之，日夜不休，宣通下究，瀸于民心，遂于四方，还周复归，至于主所，圜道也。令圜则可不可善不善无所壅矣。无所壅者，主道通也。①

这是利用"日夜一周"、"月躔二十八宿"这些自然现象来论证号令畅通、君民通达的合理性，因为《吕氏春秋》作者看来，一个国家如果"主德不通，民欲不达"②，就会"百恶并起，而万灾丛至"③ 了。《十二月纪》中也有这类论述，如"孟春行夏令，则风雨不时，草木早槁，国乃有恐"。

《吕氏春秋》对天象的记录非常丰富，如：

> 其日有斗蚀，有倍僪，有晕珥，有不光，有不及景，有众日并出，有昼盲，有宵见。其月有薄蚀，有晖珥，有偏盲，有四月并出，

---

① 《吕氏春秋·圜道》。
② 《吕氏春秋·达郁》。
③ 同上。

有二月并见，有小月承大月，有大月承小月，有月蚀星，有出而无光……①

除了上引日、月的各种现象外，还记载了云、星、气的种种现象，这些记载，有的可能是传闻异辞，显得牵强附会，有的则是古人长期观察天象所得，这些为现代天文学家提供了珍贵的资料。遗憾的是，《吕氏春秋》援引这些，并不是为了科学研究，而是为了证明天人感应的存在，完全是为政治服务。这样，科学的幼芽又被涂上了迷信的成分，偏离了科学的方向。

《吕氏春秋》的天文历法思想，既有科学的、合理的成分，也有唯心的、神秘的性质。其历法思想有以下作用：1. 警示人们必须按照自然法则办事，否则就会造成灾难。2. 警告君主必须依据"月令"条律办事，如果倒行逆施，就会造成国家危乱。3. 力图沟通天、地、人三者之间的关系。这些思想，汉代学者多有接受。

《逸周书·时训》中有不少有关政令的文字。如"獭不祭鱼，国多盗贼"，"鸿雁不来，远人不服"，"仓庚不鸣，臣不从主"，"鹰不化鸠，寇戎数起"，"雷不发声，诸侯失民"，"不始电，君无威震"等。与《吕氏春秋》兼言农事不同，《时训》中未提及农事。可以看出，《时训》的重点已经转到通过物候来说明政事，说明这一时期人们已经将大自然的变化与政治结合起来，利用大自然的变化来解释政治现象，神秘色彩更加突出。在政治灾异与节物变异的关联上，《时训》的叙述是，节物变异为因，政治灾异为果，政治灾异并不是施政不当所致，而是由于节物变异带来的，是因为"雷不发声"才导致了"诸侯失民"现象的出现。《十二月纪》则是，施政不当为因，政治灾异为果。"不可以称兵，称兵必有天殃。"（《孟春纪》）"天殃"是由于"称兵"即用兵不当造成的，灾异是因为人的行为不符合节候引起的，人的行为成为主要因素。显然，《吕氏春秋》较《逸周书》要合理些。《逸周书》的这些记载应是受到汉代谶纬思想的影响。

汉代系统解释灾异现象的是《汉书·五行志》，《汉书》继承了《吕氏春秋》的思路，也是结合天文历法思想进行解释，不同的是，解

———————————
① 《吕氏春秋·明理》。

释更加具有针对性，与政事结合更加紧密。这些都是对《吕氏春秋》的发展。

六 汉代政治对《十二月纪》思想的运用

《吕氏春秋》的天文历法思想、天人相感思想渗透到了汉代政治生活的方方面面，人们的某类不合时令的行为，会招致天降某类灾祸。汉人全面接受了这种观念，两汉的灾异思想，就是以此作为解释的根据。如魏相向汉宣帝上奏的一份奏议中有这样一段话：

> 臣闻《易》曰："天地以顺动，故日月不过，四时不忒；圣王以顺动，故刑罚清而民服。"天地变化，必繇阴阳，阴阳之分，以日为纪。日冬夏至，则八风之序立，万物之性成，各有常职，不得相干。……君动静以道，奉顺阴阳，则日月光明，风雨时节，寒暑调和。三者得叙，则灾害不生，五谷熟，丝麻遂，草木茂，鸟兽蕃，民不夭疾，衣食有余。①

魏相"少学《易》"，他以和阴阳、顺时令为政治的最高原则，以此作为解说灾异的根据，他这段话完全是由《十二月纪》演变而来。

汉代人认为政治与天，或者说与阴阳二气，有某种密切的关联，人的行为会导致天的某种变化，人对天的变化是有责任的。班固记载了丙吉生活中的一则趣事，丙吉在路上遇到牛喘吐舌，他做出如下解释：

> 方春少阳用事，未可大热，恐牛近行，用暑故喘，此时气失节，恐有所伤害也。②

丙吉由牛喘吐舌引出时气失节的一段理论，显然是对《十二月纪》天文历法思想的发挥，倘若不了解《十二月纪》，丙吉的一段话便使人无法理解。

除了对灾异的解释与对策依据《十二月纪》外，汉代对刑赏的规正

---

① 《汉书·魏相丙吉传》。
② 同上。

与运用也以《十二月纪》为理论根据。东汉章帝元和三年秋七月《庚子诏》：

> 秋七月庚子，诏曰："《春秋》于春每月书'王'者，重三正，慎三微也。律十二月立春，不以报囚。《月令》冬至之后，有顺阳助生之文，而无鞠狱断刑之政。朕咨访儒雅，稽之典籍，以为王者生杀，宜顺时气。其定律，无以十一月、十二月报囚。"[①]

又《后汉书·韦彪列传》记载的韦彪上疏中的一段：

> （彪）上疏谏曰："臣闻政化之本，必顺阴阳。伏见立夏以来，当暑而寒，殆以刑罚刻急，郡国不奉时令之所致也。农人急于务而苛吏夺其时，赋发充常调而贪吏割其财，此其巨患也。"

从这些记载可以看出汉代人对《十二月纪》以及《月令》的接受程度，《吕氏春秋》中的《十二月纪》以及天文思想可以说是我们理解汉代政治的一把钥匙。

第三节　汉代对《吕氏春秋》养生、医学思想的接受与发展

《吕氏春秋》包含丰富的养生思想，集先秦养生学之大成，其养生思想博采众家之长，形成了自己的特色。通常的养生原则与方法主要有重视精气、顺应四时、清静寡欲、活动健体、动静结合、调节饮食、忌膏粱厚味烈酒、房室有度等，这些内容，《吕氏春秋》中多有论述，汉代的医学著作《黄帝内经》中的许多思想就来源于《吕氏春秋》。

一　《吕氏春秋》的养生思想

（一）先秦儒道两家的养生思想

先秦诸子有丰富的养生知识，这些知识是先秦医学的重要内容之一，

---

① 《后汉书·肃宗孝章帝纪》。

在很大程度上被后来的《黄帝内经》吸收，奠定了整个中国古代医学的特点。

先秦道家的养生思想包括以下方面：第一，道法自然的养生理念。老子主张要用一种顺其自然的方式保养生命和身体，"不自生"，"后其身"，也就是"无为无不为"。庄子有《养生主》一篇，专门论述养生之道。认为人生在世，生命有限，追逐无限的知识有害于生命，为善追求名利、为恶触犯刑法也有害于养生，只有"缘督以为经"，即顺乎自然之道，才能使身体得到保养，获得长寿。第二，虚静无为的养生原则。河上公《道德真经注》这样注释"归根曰静，静曰复命"一句，"静谓根也。根安静，柔弱、谦卑处下，故不复死"，"能安静者，是谓复还性命，便不死"。① 强调虚静的养生方法。《庄子》也很重视虚静无为的养生功能，《庄子》中引广成子对黄帝说的一段话："必静必清，无劳汝形，无摇汝精，乃可以长生。目无所见，耳无所闻，心无所知，汝神将守形，形乃长生。"② 只有排除了外界的干扰，清除了内心的烦恼，不要劳累，不要费神，这样才能长生。第三，寡欲守神的养生方法。《史记·老庄申韩列传》记载，孔子问礼于老子，老子对孔子有一番话："去子之骄气与多欲，态色与淫志，是皆无益于子之身。"认为人的多欲无益于身体健康。老子认为要爱惜精气，不要让过多的欲望伤害到人的精气，只有不断地积蓄精神，保养精神，才能为健康的身体打下基础。《庄子》中也有类似论述，"形劳而不休则弊，精用而不已则竭。"（《刻意》）过度地消耗体力和精力，就会使生命衰竭。

先秦儒家养生思想的特点是把养生与修身联系在一起，提出了"仁者寿"的道德养身观。

《论语·雍也》："知者乐水，仁者乐山。知者动，仁者静；知者乐，仁者寿。"认为"仁"与"知"并举，"动"与"静"结合就能获得长寿。对于"仁者寿"汉儒董仲舒这样解释：

　　仁人之所以多寿者，外无贪而内清净，心和平而不失中正，取天

---

① 河上公：《道德真经注》（卷一），见《道藏》（第十二册），文物出版社、上海书店、天津古籍出版社 1988 年影印本，第 5 页。

② 《庄子·在宥》。

地之美以养其身，是其且多且治。……君子闲欲止恶以平意，平意以静神，静神以养气。气多而治，则养身之大者得矣。①

这显然是从养生学的角度诠释"仁者寿"的。《礼记·中庸》："故大德必得其位，必得其禄，必得其名，必得其寿。"虽然儒家修养道德并非为了养生长寿，但他们肯定了修养道德具有养生的功能。

养生问题是科学问题，道家的守神养生和儒家的修身养生都有科学道理。中医学认为，疾病发生的主要内因之一就是"七情"，即喜、怒、忧、思、悲、恐、惊，这些情绪变化过大，就会引起疾病。而无论是道家的守神，还是儒家的修身，都可以防止这些情况的发生。现代医学也证明，知足常乐、坚定信念、豁达大度、保持健康的心态有利于神志安定、气血调和、形体健壮，能够达到养生的效果。

（二）《吕氏春秋》的养生思想

《吕氏春秋》中有关养生的篇章集中编排在春季，有《本生》、《重己》、《贵生》、《情欲》、《尽数》、《达郁》、《先己》、《本味》、《侈乐》等，另外《孟冬纪》的《节丧》、《安死》中也涉及养生问题。

《吕氏春秋》的养生思想是唯物的，也切合实际。认为所谓养生，最终目的只是尽其天年，并不是长生久视，更不是得道成仙。人的寿命有一定限数，养生仅仅是延长寿数，并不能长生不老。"长也者，非短而续之也，毕其数也。"② 这里的数就是年寿的定数。

> 审知生，圣人之要也；审知死，圣人之极也。知生也者，不以害生，养生之谓也；知死也者，不以害死，安死之谓也。此二者，圣人之所独决也。③

认为人之寿，久之不过百，中寿不过六十。④

《吕氏春秋》作者对生死的认识，显然比道教、方士们要正确得多，

---

① 《春秋繁露·循天之道》。
② 《吕氏春秋·尽数》。
③ 《吕氏春秋·节丧》。
④ 《吕氏春秋·安死》。

《吕氏春秋》就是在这样的前提下讨论养生问题。

《吕氏春秋》认为，人类必须顺应自然规律而生活，这接近道家的养生观，《当赏》：

> 民无道知天，民以四时寒暑日月星辰之行知天。四时寒暑日月星辰之行当，则诸生有血气之类皆为得其处而安其产。

人们通过掌握四时寒暑日月星辰的变化规律来顺应自然，以便于生产生活。但是大自然并不都对人类有利，有时也会带来灾害，这就需要我们善于利用其有利的因素，避免有害的一面。《尽数》：

> 毕数之务，在乎去害。何谓去害？大甘、大酸、大苦、大辛、大咸，五者充形则生害矣。大喜、大怒、大忧、大恐、大哀，五者接神则生害矣。大寒、大热、大燥、大湿、大风、大霖、大雾，七者动精则生害矣。故凡养生，莫若知本，知本则疾无由至矣。

食物酸碱过甚，情绪喜怒过甚，生活环境冷热燥湿过甚，都会损伤身体，不利于养生。在《情欲》一篇，讲得更为具体：

> 俗主亏情，故每动为亡败。耳不可赡，目不可厌，口不可满，身尽府种，筋骨沉滞，血脉壅塞，九窍寥寥，曲失其宜，虽有彭祖，犹不能为也。

世俗的君主放纵情欲，他们的耳朵、眼睛、嘴巴都没有满足的时候，结果是全身浮肿，筋骨积滞不通，血脉阻塞不畅，九窍空虚，全都丧失了正常的功能。到了这一地步，即使有彭祖在，也无能为力了。这是从反面告诫人们要克制自己的欲望。因此，养生必须要讲究"适"，要保持阴阳平衡。

> 室大则多阴，台高则多阳；多阴则蹙，多阳则痿。此阴阳不适之患也。是故先王不处大室，不为高台，味不众珍，衣不燀热。燀热则理塞，理塞则气不达；味众珍则胃充，胃充则中大鞔；中大鞔而气不

达，以此长生可得乎？①

　　凡食，无强厚，烈味重酒，是以谓之疾首。食能以时，身必无灾。凡食之道，无饥无饱，是之谓五藏之葆。②

人的衣食起居必须有节制，以保持体内阴阳协调，否则，疾病就会出现。

《吕氏春秋》认为人与天地、万物都是"与元同气"，都由气产生。而精气对于人尤为重要。《达郁》：

　　凡人三百六十节，九窍五藏六府。肌肤欲其比也，血脉欲其通也，筋骨欲其固也，心志欲其和也，精气欲其行也，若此则病无所居，而恶无由生矣。病之留、恶之生也，精气郁也。

人有九窍、五脏、六腑，血脉要保持畅通，筋骨要保持强壮，心态保持平和，精气保持运行，这样疾病就无处滞留了。人的疾病的产生，正是由于精气壅塞的缘故。那么，如何才能保持精气的畅通呢？《吕氏春秋》强调运动对身体的重要性。《尽数》：

　　流水不腐，户枢不蝼，动也。形气亦然，形不动则精不流，精不流则气郁。郁处头则为肿为风，处耳则为挶为聋，处目则为䁾为盲，处鼻则为鼽为窒，处腹则为张为疛，处足则为痿为蹷。

身体不活动，体内的精气就不运行；精气不运行，就会滞积；精气滞积，疾病随之而来。《吕氏春秋》还具体论述了通过运动治病的方法，《古乐》：

　　昔陶唐氏之始，阴多滞伏而湛积，水道壅塞，不行其原，民气郁阏而滞著，筋骨瑟缩不达，故作为舞以宣导之。

---

① 《吕氏春秋·重己》。
② 《吕氏春秋·尽数》。

学者们认为这是中医学导引疗法的滥觞。

《吕氏春秋》已经注意到生活环境、水质对人生理健康的影响。《尽数》：

> 轻水所，多秃与瘿人；重水所，多尰与躄人；甘水所，多好与美人；辛水所，多疽与痤人；苦水所，多尪与伛人。

水中含盐分以及其他矿物质过少的地方，多有头上无发和颈上生瘤的人；水中含盐分以及其他矿物质过多的地方，多有脚肿和痿躄不能行走的人；水味甜美的地方，多有美丽和健康的人；水味辛辣的地方，多有生长疽疮和痈疮的人；水味苦涩的地方，多有患鸡胸和驼背的人。水质与一些疾病有关，现代科学证明，这种说法是科学的。

养生也与饮食有关。

> 得时之稼，其臭香，其味甘，其气章，百日食之，耳目聪明，心意睿智，四卫变强，殄气不入，身无苛殃。①

这已经暗合了现代的食疗原理。

《吕氏春秋》中还记载了一则生活中的医疗故事。

> 齐王疾痏，使人之宋迎文挚。文挚至，视王之疾，谓太子曰："王之疾必可已也。虽然，王之疾已，则必杀挚也。"太子曰："何故？"文挚对曰："非怒王则疾不可治，怒王则挚必死。"太子顿首强请曰："苟已王之疾，臣与臣之母以死争之于王，王必幸臣与臣之母，愿先生之勿患也。"文挚曰："诺。请以死为王。"与太子期，而将往不当者三，齐王固已怒矣。文挚至，不解屦登床，履王衣，问王之疾，王怒而不与言。文挚因出辞以重怒王，王叱而起，疾乃遂已。②

---

① 《吕氏春秋·审时》。
② 《吕氏春秋·至忠》。

书中引用这则故事是欲论证忠言逆于耳的道理，但文挚故意用无礼行为激怒齐王，为他治病，与现代"心理疗法"十分相似，可以看作心理疗法的滥觞。

《吕氏春秋》还反对用宗教迷信方法抵御疾病，《尽数》："今世上卜筮祷祠，故疾病愈来。"迷信方法不但对抵御疾病无益，反而会耽误治疗，加重病情。

养生与医药密切相关，在《吕氏春秋》中，出现了一些药物名称如半夏、菟丝、茯苓等，最可贵的是，还有对药物的说明。"救病而饮之以堇也"①，堇虽有毒，但可以治病。"夫草有莘有藟，独食之则杀人，合而食之则益寿；万堇不杀。"②莘与藟单独服用会致死，合在一起服用却会益寿。蝎子和紫堇配在一起反倒不会毒死人。这说明当时人已经初步认识到了药物之间的相互制约关系，懂得了药物的配伍关系。

《吕氏春秋》的养生思想以道家的养生观为总的原则，但是又比道家养生观更为实用，提出了一些具体切实的养生方法，后代对此多有接受。

二　《黄帝内经》对《吕氏春秋》的接受与发展

《黄帝内经》大约编纂成书于秦汉之际。"其假托黄帝作为书名，是受汉初黄老思想影响的表现。在这以前和以后，都不必借用黄帝的名号以抬高自己。"③《黄帝内经》包括《素问》与《灵枢》两部分，各18卷，共162篇，以人体解剖、生理、病理、病因、诊断等基础理论为重点，兼述针灸、经络、卫生保健等，全书涉及养生内容的共有30多篇，较系统地阐述了中医的养生学说，书中许多观点来自于《吕氏春秋》。

（一）《黄帝内经》以阴阳五行学说为基本的理论依据

阴阳五行思想是《吕氏春秋》的指导思想，全书的整体编撰结构、《十二纪》的内容，都遵循阴阳五行思想。可以说，《吕氏春秋》通过阴阳五行理论将世间万物都纳入到一个庞大的系统中，这是一种整体的思维方式。

---

① 《吕氏春秋·劝学》。
② 《吕氏春秋·别类》。
③ 牟钟鉴：《〈吕氏春秋〉与〈淮南子〉思想研究》，齐鲁书社1987年版，第109页。

　　《黄帝内经》同我国古代哲学有着十分密切的关系，它常常用中国古代重要的哲学概念来说明医学中的问题，在讨论医学理论与实践的过程中，又进一步丰富和发展了我国古代的哲学思想。在医学理论方面，《黄帝内经》用阴阳五行思想解释生理和病理问题，把人与大自然看作是不可分割的整体，人的生命现象是自然现象的一部分，人与自然息息相关。并通过阴阳五行理论，将人体与整个宇宙、社会、自然构建成一个完整的系统。《内经》的这种整体观思想，既包括了人体内各器官各部分之间的整体观，同时还包含了人体与自然界密切关联的思想。认为人的生理体现了自然界阴阳二气运行的规律，人的养生要顺着阴阳四时变化的规律，要使体内精气血脉畅通。《黄帝内经》中多处提到阴阳，如《阴阳应象大论》中几段：

　　　　阴阳者，天地之道也，万物之纲纪，变化之父母，生杀之本始，神明之府也。
　　　　清阳为天，浊阴为地。地气上为云，天气下为雨。雨出地气，云出天气。故清阳出上窍，浊阴出下窍。清阳发腠理，浊阴走五脏。清阳实四肢，浊阴归六腑。

以上引文观点见于《吕氏春秋》中的《有始》、《尽数》、《贵生》、《情欲》、《达郁》等篇。很明显，这些观点是从《吕氏春秋》人法天地的理论和养生之道发挥而来，甚至有些名词和句式都十分相似。

　　在讲阴阳的同时，《黄帝内经》还建立了融天、地、人于一体的五行结构。

　　　　天有四时五行以生长收藏，以生寒暑燥湿风。人有五脏化五气，以生喜怒悲忧恐。
　　　　东方生风，风生木，木生酸，酸生肝，肝生筋，筋生心。肝主目。其在天为风，在地为木，在体为筋，在脏为肝，在色为苍，在音为角，在声为呼，在变动为握，在窍为目，在味为酸，在志为怒。怒伤肝，悲胜怒；风伤筋，燥胜风；酸伤筋，辛胜酸。①

---

① 《黄帝内经·阴阳应象大论》。

这段后边又接着分别论述了"南方"、"中央"、"西方"和"北方"。在《五运行大论》中也有类似论述。据此，可以列表如下：

《黄帝内经》五行对应表

五行	木	火	土	金	水
五方	东	南	中	西	北
四时	春	夏		秋	冬
五色	青	赤	黄	白	黑
五音	角	徵	宫	商	羽
五声	呼	笑	歌	哭	呻
五候	风	热	湿	燥	寒
五味	酸	苦	甘	辛	咸
五脏	肝	心	脾	肺	肾
五体	筋	血脉	肉	皮毛	骨髓
九窍	目	耳	口	鼻	二阴
五志	怒	喜	思	悲	恐
五腑	胆	小肠	胃	大肠	膀胱
五华	爪	面	唇	毛	发
五神	魂	神	意	魄	志
五变	握	厥	哕	咳	栗

从上表可以看出，《黄帝内经》的五行结构与《吕氏春气》中《十二月纪》的五行结构有许多相似之处，在《吕氏春秋》中，五行已经与五脏（即五祭）相配合，如春季"祭先脾"，夏季"祭先肺"，季夏"祭先心"，秋季"祭先肝"，冬季"祭先肾"，《黄帝内经》进一步扩大了五行与人体的对应范围，明显是《吕氏春秋》的发展。

《黄帝内经》中的一些中医学思想，在《吕氏春秋》中也有体现。如：《吕氏春秋》有"凡养生，莫若知本，知本则疾无由至矣"（《尽数》）。《黄帝内经》有"治病必求于本"（《阴阳应象大论》）。《吕氏春秋》有"精气之来也，因轻而扬之，因走而行之，因美而良之，因长而养之，因智而明之"（《尽数》）。《黄帝内经》有"故因其轻而扬之，因其重而减之，因其衰而彰之"（《阴阳应象大论》）。二者不但思想一致，连句式都相仿。

（二）《黄帝内经》的养生思想对《吕氏春秋》的接受与发展

1. 顺应自然、节欲的养生方法

既然人体与大自然相同，也是一个符合阴阳五行关系的大系统，自然界的变化规律与人体的变化规律就是相通的。"春生夏长，秋收冬藏，是气之常也，人亦应之。"① 人在长期的生存过程中，也产生了一种适应自然的能力，人体天暑出汗、天寒少汗的功能，就是对自然的适应。因此，人体要想保持健康无病，就要维持与自然的协调统一。养生就是要根据春夏秋冬的四时变化来保持阴阳的平衡。这一点与《吕氏春秋》完全一致。

> 阴胜则阳病，阳胜则阴病。阳胜则热，阴胜则寒。重寒则热，重热则寒。寒伤形，热伤气。气伤痛，形伤肿。故先痛而后肿者，气伤形也；先肿而后痛者，形伤气也。风胜则动，热胜则肿，燥胜则干，寒胜则浮，湿胜则濡泻。②

> 逆春气，则少阳不生，肝气内变。逆夏气，则太阳不长，心气内洞。逆秋气，则少阴不收，肺气焦满。逆冬气，则太阴不藏，肾气独沉。夫四时阴阳者，万物之根本也。所以圣人春夏养阳，秋冬养阴，以从其根。③

阴阳达到平衡，才能身体健康，阴阳如果失衡，就会伤害身体。适应了自然，但如果放纵自己的欲望，不知满足，过度劳累，饮食起居无节，致使精神衰竭，也不利于养生。因此，要控制自己的欲望和感情，不因生活无节、喜怒过甚伤身。

> 上古之人，其知道者，法于阴阳，知于术数，食饮有节，起居有常，不妄作劳，故能形与神俱，而尽终其天年，度百岁乃去。今时之

---

① 《黄帝内经·顺气一日分为四时》。
② 《黄帝内经·阴阳应象大论》。
③ 《黄帝内经·四气调神大论》。

人不然也，以酒为浆，以妄为常，醉以入房，以欲竭其精，以耗散其真，不知持满，不时御神，务快其心，逆于生乐，起居无节，故半百而衰也①

《吕氏春秋》讲大甘、大苦、大辛等都有害于身体，同时要控制感情，不因喜怒伤身，强调精神对身体的作用。《黄帝内经》也有同样论述，如"喜怒伤气，寒暑伤形。暴怒伤阴，暴喜伤阳"等，②另外《内经》中还有"苦伤气"、"甘伤肉"、"辛伤皮毛"、"咸伤血"、"喜伤心"、"怒伤脾"、"忧伤肺"、"恐伤肾"、"热伤气"、"湿伤肉"、"寒伤血"等论述。

与《吕氏春秋》相同，克制自己的欲望，保持体内精气通畅，也是《黄帝内经》养生观的重要内容。"久视伤血，久卧伤气，久坐伤肉，久立伤骨，久行伤筋"，③要饮食有节，起居有常，告诫人们不适当的生活习惯对身体的伤害。

从《黄帝内经》的记载看，致病因素包括气候、饮食起居和精神情绪三方面的影响。《百病始生》："夫百病之始生也，皆于风雨寒暑，清湿喜怒，喜怒不节则伤脏，风雨则伤上，清湿则伤下。"这些基本包括了中医学归纳的主要病因。后两项，在《吕氏春秋》中已经有了明确的论述。

2. 食物、环境对身体健康的影响

食物的种类、特性以及环境对身体健康也会有影响，《吕氏春秋》已认识到水质与疾病的关系。《黄帝内经·异法方宜论》：

> 东方之域，天地之所始生也，鱼盐之地。海滨傍水，其民食鱼而嗜咸，皆安其处，美其食。鱼者使人热中，盐者胜血。故其民皆黑色疏理，其病皆为痈疡，其治宜砭石。

这是说东方地处海滨，多水域，是盛产鱼和盐的地方。当地居民喜食鱼类

---

① 《黄帝内经·上古天真论》。
② 《黄帝内经·阴阳应象大论》。
③ 《黄帝内经·宣明五气》。

和咸味，故大多皮肤色黑，肌理疏松，常患痈疡一类外科疾病，治疗时宜用砭石的方法。这段后面还论述了西方、北方、南方、中央地理环境对身体的影响。西方人的疾病大多属于内伤病，宜用药物治疗；北方人常因内脏受寒，易患胀满之病，宜用艾火烧灼；南方人的疾病则以筋脉拘急、麻木不仁为常见，宜用微针针刺；而中央之地多见痿弱、厥逆、寒热等病，宜用导引的方法。说明体质、疾病的类型与一定的地理环境有关，存在着地域差异和地方病的现象。这些理论，古人在两千多年前就提出，可见当时医学水平达到的高度。

饮食、地理环境不仅与疾病有关，与人们的寿命也有关系。

> 阴阳之气，高下之理，太少之异也。东南方，阳也，阳者其精降于下，故右热而左温。西北方，阴也。阴者其精奉于上，故左寒而右凉。……阴精所奉其人寿；阳精所降其人夭。①

这里清楚地解释了地理环境影响人们寿命的主要原因，是阴精和阳气的变化。即阴精上承，阳气坚固则人长寿；阴精下降，阳气发泄而衰薄，其人多夭。而阴精的上承、下降，阳气的坚固、衰薄，都与地理的高低密切相关。东南方是阳，阳气有余，故阴精自上而下降。所以南方热而东方温，人的寿命相对较短。西北方是阴，阴气有余，阴精自下而上奉。因此北方寒而西方凉，人的寿命较长。

针对不同地域发病的不同特点，《黄帝内经》提出因地制宜的辨证治疗方法。

> 气寒气凉，治以寒凉，行水渍之；气温气热，治以温热，强其内守，必同其气，可使平也，假者反之。②

气候寒凉的地方多内热病，可用寒凉药治疗，也可选用汤液浸渍的方法。气候温热的地方多内寒病，治疗应用温热的方法，使体内的阳气得以巩固。但是不管选用何种方法，必须与当地的气候相适应，才能使之平调。

---

① 《黄帝内经·五常致大论》。
② 同上。

另外，在治疗中还应注意辨别相反的情况。假如西北地区出现假热的冷病，东南方的人出现假寒的热病，那么就必须采用完全相反的方法进行治疗。

饮食方面，《黄帝内经》强调饮食起居的卫生，在《脏气法时论》中指出："五谷为养，五果为助，五畜为益，五菜为充，气味合而服之，以补精益气。"饮食要全面，以保证人体对各种营养的需要。

3. 动静结合

《吕氏春秋》强调运动对保持体内精气畅通和健康的重要。《黄帝内经》不但提到"精"、"气"，还引入"神"的概念，这些概念都类似于《吕氏春秋》中的精气。"神者，正气也。""血气者，人之神也"。"人之血气精神者，所以奉生而周于性命者也。"人有神就是血气流通，身体健康。"凡欲诊病者，必问饮食居处，暴乐暴苦，始乐后苦，皆伤精气。精气竭绝，形体毁沮。"这是说不良情绪会引起人气血失调，精气衰竭。因此《黄帝内经》主张要"广步于庭"，"疏其血气，令其调达，以致和平"，即通过各种锻炼，保持气血畅达，才能健身防病。说明保养精气在抵御疾病和延年益寿方面的重要性。

《黄帝内经》作者通过长期的实践观察，又提出劳逸结合、动静兼养的养生方法。运动和劳作都要适度，"形劳而不倦，气从以顺"。书中还提到按照"导引按蹻"的方法治疗调理，"导引"包括吐纳、服气、五禽戏、太极拳等，吐纳与服气即后世的气功，气功本身就包含了动静兼养的作用，"按蹻"主要指按摩。导引具有活络疏通气血之功，直到今天，气功等导引术依然是强身健体、防治疾病的方法之一。

4. 心理、精神对医疗的作用

《内经》在分析病因病理时，除了注意外邪的侵袭和人体正气的盛衰之外，还特别强调人的精神和社会因素。《内经》所谈到的治疗方法中，还包括心理治疗。《杂病》："哕，以草刺鼻，嚏，嚏而已；无息，而疾迎引之，立已；大惊之，亦可已。"这是采用大惊的办法转移病人注意力以治疗呃逆获得成功的实例。

《黄帝内经》还从理论上对心理治疗作出总结，提出"恐胜喜"、"悲胜怒"、"怒胜思"、"喜胜忧"、"思胜恐"的观点。实践证明，运用以情胜情法来治疗情志所致的疾病非常有效。

《内经》继承了《吕氏春秋》反对迷信鬼神的思想。《五脏别论》里明确写道："拘于鬼神者，不可与言至德；恶于针石者，不可与言至巧。"即是说对于迷信鬼神的人，无法同他谈医学道理；对于反对针刺、药物的人，难以同他谈医疗技术。

5. 药物的配伍

《吕氏春秋》中出现了药物配伍的论述，《黄帝内经》中关于药物的配伍则上升为理论，

　　　　主病之谓君，佐君之谓臣，应臣之谓使。①

这是讲方剂配伍的基本原则。其基本观点是，每一个方剂都应该由君、臣、佐、使四部分组成。君药是针对主症所下，是在一方中起主要作用的药物，君药分量要重，药味要少，以使药力集中专一。臣药是加强和辅助主药的药物。佐药帮助主药祛除次要症状以及制约君药，以防其药性过偏。臣、佐之药味数稍多，分量稍轻，以补君药之不足。使药有两种作用，一是为了通行引导，将药剂的效力引至病所；二是为了调和诸药，使它们能够协调统一。使药的味数要少，分量更轻。《内经》关于在君药之外需配以臣药和佐药的观点，就是根据《吕氏春秋》总结出来的。我国最早的药物学专著《神农本草经》对药性复杂关系的说明，就是在此基础上的进一步阐述。

　　总之，《黄帝内经》吸收了先秦的医学思想和医学知识，尤其是先秦的养生文化和阴阳五行思想，建构了精深广博、内容丰富的医学体系，是两千年前人们对养生学的高度概括。其内容不仅丰富，而且相当全面，具有很高的价值。通过以上分析，可以看出，《黄帝内经》从宏观指导思想到具体养生方法，都对《吕氏春秋》有接受，许多思想都来源于《吕氏春秋》。从宏观讲，《吕氏春秋》以阴阳五行为指导思想，建构了包括宇宙、社会、自然在内的庞大系统，从整体的角度分析社会政治。《黄帝内经》不但全面吸纳了这一思想，同时还将这种思维方式运用于对人体的解释、疾病的诊治上，人体亦如宇宙、自然一样符合阴阳五行思想，人体的各个器官同样符合阴阳消长、五行相生相克的关系。从具体的养生方法

_____

① 《黄帝内经·至真要大论》。

看，《黄帝内经》主张保持人体精气畅通、注重环境对人体健康的影响、动静结合、强调人的心理精神对治疗的作用等观点，都从《吕氏春秋》发展而来。可以说，《黄帝内经》中的许多思想及观点，在《吕氏春秋》中都有了萌芽或者已经出现。

三　汉代其他著作对《吕氏春秋》养生、医学思想的接受

除了《黄帝内经》外，汉代其他著作也对《吕氏春秋》的养生思想有不同程度的接受，如《春秋繁露·循天之道》：

> 夏，火气也，茶，苦味也，乘于火气而成者，苦胜暑也……春秋杂物其和，而冬夏代服其宜，则当得天地之美，四时和矣。

茶，就是茶，有苦味，夏天喝茶有去暑的作用。冬夏应该吃适应的东西，春秋两季，什么都吃，营养能够达到平衡。按照这种说法，什么季节，自然界生长什么东西，就吃什么东西，就是最好的。这与《吕氏春秋》所载合理饮食有益于健康的观点完全一致。

1973 年，湖南长沙马王堆三号汉墓出土了大量帛书与竹木简，其中有很多古医书，记载了大量的养生方法。如记载秦昭王与王期的一段对话：

> 王期见，秦昭王问道焉，曰："寡人闻客食阴以为动强，吸气以为精明。寡人何处而寿可长？"王期答曰："必朝日月而吸其精光，食松柏，饮走兽泉英，可以却老复壮，曼泽有光。夏三月去火，以日爨烹，则神慧而聪明。接阴之道，以静为强，平心如水，灵露内藏，款以玉策，心毋怵荡，五音进答，孰短孰长，吸其神雾，饮夫天浆，致之五藏，欲其深藏。龙息以晨，气形乃刚，襄□□□，□□近水，精气淩健久长。神和内得，魂魄皇□，五藏辐白，玉色重光，寿参日月，为天地英。"[①]

王期主张保持人的精气的养生思想与《吕氏春秋》相一致，而其"食松

---

① 《马王堆汉墓帛书·十问》。

柏，饮走兽泉英”的养生方法也与《吕氏春秋》记载的食疗方法有明显的渊源关系。其他如：

> 后稷播耰，草千岁者唯韭，故因而命之。其受天气也早，其受地气也葆，故辟慑懻怯者，食之恒张；目不察者，食之恒明；耳不闻者，食之恒聪；春三月食之，疴疾不昌，筋骨益强，此谓百草之王。①

这是说明食韭的好处。

在马王堆汉墓帛书中，有一幅绘有男女各种姿势的彩图，整理小组定名为《导引图》。每一姿势旁注有文字，如“以杖通阴阳”、“引聋”、“熊经”、“坐引八维”等，从所绘人物的姿势以及注文可以看出，这是模仿动物的运动姿态进行健身祛病。

继马王堆医书出土后，1984 年在湖北江陵张家山西汉前期的墓葬中，又发现了题名《脉书》与《引书》的两部古代医学著作。《引书》从“春产、夏长、秋收、冬藏，此彭祖之道也”开始，对四时养生要点作了介绍。与马王堆《导引图》不同，《引书》对 38 个导引术进行了详细的解说。如载“引膝痛”之法是：

> 右膝痛，左手据权，内挥右足，千而已；左膝痛，右手据权，而力挥左足，千而已。左手勾左足趾，后引之，十而已；又以左手据权，右手引右足趾，十而已。②

马王堆帛书《导引图》中也有“引膝痛”，图像作左手据腰，足后弯之状，与《引书》正好可以互相印证。

东汉末年的华佗强调以体育锻炼等方法增强体质，达到预防疾病、延年益寿的目的，他吸取了《吕氏春秋》等书籍中的导引术，模仿虎、鹿、熊、猿、鸟的动作姿态，创制了一套五禽戏。

马王堆汉墓帛书中的《导引图》、张家山汉简中的《引书》以及华佗

---

① 《马王堆汉墓帛书·十问》。

② 彭浩：《张家山汉简〈引书〉初探》，《文物》1990 年第 10 期。

的五禽戏，与《吕氏春秋》强调运动对人体健康养生重要性的思想有直接的渊源关系。

东汉出现的道教书籍中的养生思想也对《吕氏春秋》有借鉴，如东汉末年出现的道教的两大教派之一——太平道，以信奉《太平经》而得名。《太平经》以天地之气来解释病因，认为头疼是天气不悦，足疾是五行之气相争，四肢病是四时之气不和等，并提出人欲寿者，当爱气、尊神、重精，这与《吕氏春秋》的养生观点一致。东汉末年张陵创立的五斗米道，以老子为教主，以《老子五千文》为人们所习之典，《老子想尔注》就是当时讲习《老子》的注本。《老子想尔注》发现于敦煌莫高窟，为六朝时的写本，原件现藏大英博物馆。《老子想尔注》中宣传了长生成仙说，并且记载了实现仙寿的途径，如"人但当保身，不当爱身，何谓也？奉道诚，积善成功，积精成神，神成仙寿，以此为身宝矣"，[①] 这里讲的"积精成神"，就是要保持存之于人体的精神，从而达到长生不死的目的。虽是讲长生不死，但与《吕氏春秋》中所讲养生要保存人体的精气思路一致。

第四节　汉代对《吕氏春秋》农业思想、农业技术理论的接受

《吕氏春秋》的农业思想以及农业技术理论，主要见于《十二月纪》以及《上农》等四篇文章中。《上农》、《任地》、《辩土》、《审时》是目前最早的系统农学著作，对后代产生了重要影响，汉代对此多有接受。

一　《吕氏春秋》的农业思想

商鞅变法强调耕战，将农业作为主要经济类型，使秦国迅速成为战国最强盛的国家，为其灭六国打下了坚实的基础。《吕氏春秋》中专以《上农》等四篇讨论农业，在其他篇目如《十二月纪》中也有零星记载。

以农为本，重农思想，先秦诸子多有论述，尤以儒、法两家最为突

---

① 刘昭瑞：《〈老子想尔注〉导读与译注》，江西人民出版社 2012 年版，第 91 页。

出。如李悝的"尽地力之教"，孟子提出的"制民恒产"，商鞅提出的"急耕战之赏"，荀子的"强本论"，韩非的"重本抑末"等都强调农业的重要性。但儒、法两家重农又有不同。孟子肯定社会分工，强调农业的同时也指出社会分工与交换的合理性；荀子的农业概念是一种广义的概念，即"农"还包含了林、渔、牧、副、猎等其他经济活动。大体讲，儒家重农，但并没有完全排斥其他经济活动，而法家则是把其他活动与农业相对立，彻底反对其他经济活动。

《吕氏春秋》中的农业思想，吸取了先秦其他诸子的长处，从而形成了自己独特的思想体系。

进行农业生产必须具备三大要素，这就是天时、地利、人为，论述天、地、人关系的"三才"理论是中国传统农学的最显著特点之一。《吕氏春秋》提出了天、地、人合一的思想，这一思想的提出，既符合书中法天地、天人合一的总的思想，又是长期农业生产经验的总结。《上农》等四篇就包含了对中国传统农学中关于天、地、人关系的运用，构成了以三才理论为指导的相当完整的农学体系。

> 夫稼，为之者人也，生之者地也，养之者天也。①

这是我国古代关于三才理论的经典性论述。庄稼，种它的是人，产它的是地，养它的是天。天时、地利属于客观的自然条件，人为属于主观的能动条件，三者结合才能实现有效的农业生产。

与孟子、商鞅、韩非等诸子相同，《吕氏春秋》也重视农业，但《吕氏春秋》重视农业除了像其他诸子在于获得土地生产之利，进而实现国富兵强的目的外，更有政治教化的作用，即寓教于农，重农可以使农民淳朴易用，安居死处。

> 古先圣王之所以导其民者，先务于农。民农非徒为地利也，贵其志也。民农则朴，朴则易用，易用则边境安，主位尊。民农则重，重则少私义，少私义则公法立，力专一。民农则其产复，其产复则重徙，重徙则死处而无二虑。舍本而事末则不令，不令则不可以守，不

---

① 《吕氏春秋·审时》。

可以战。民舍本而事末则其产约，其产约则轻迁徙，轻迁徙，则国家
有患，皆有远志，无有居心。民舍本而事末则好智，好智则多诈，多
诈则巧法令，以是为非，以非为是。后稷曰："所以务耕织者，以为
本教也。"①

《吕氏春秋》把重农思想与军事、政治、教化联系起来，通过农业生产，
不但可以增加社会财富，还可以把农民培养成军事上的作战工具，政治上
驯服的百姓。可以看出，《吕氏春秋》讨论重农的重要性并非就农业论农
业，而是把重农看作是一项重要的立国方略来认识，这种高远的眼光，不
但超过法家，也较儒家更加全面。

《吕氏春秋》在重农的同时并没有排斥其他经济活动，也没有像法家
一样排斥一切文化活动，而是大力宣传思想文化，《吕氏春秋》的编撰就
是这一思想的体现。可见，《吕氏春秋》的重农与法家的重农有本质
区别。

如何调动农民从事农业生产的积极性？《吕氏春秋》既不同于儒家，
也不同于法家。儒家主张以礼乐教化诱发积极性，法家主张以严刑峻法压
出积极性。在诸侯争霸的战国时期，法家主张可奏效一时，但很难长久；
而儒家的礼乐教化又多少有些理想化色彩，流于迂阔而不切实际。《吕氏
春秋》吸取了两家的长处，主张采取劝勉与强制并举的方法，并且提出
了一些农业管理的措施。《孟春纪》载朝廷布德施惠、天子亲耕等活动，
虽然仅仅具有象征性，但这与后世的封禅一样有重大意义，统治者通过这
样的行动无非是强调他们对农业的重视，起到示范和感召的作用。

在宣传号召的同时，《吕氏春秋》也主张利用强制性的手段实现农业
生产目标。

上田，夫食九人。下田，夫食五人。可以益，不可以损。一人治
之，十人食之，六畜皆在其中矣。此大任地之道也。②

一人生产，要供给十人的食粮，只能增加，不能减少，这是每个农民生产

---

① 《吕氏春秋·上农》。
② 同上。

的最低标准。另外还有其他规定，如《上农》又曰：

> 故敬时爱日，非老不休，非疾不息，非死不舍……故当时之务，不兴土功，不作师徒，庶人不冠弁、娶妻、嫁女、享祀，不酒醴聚众，农不上闻，不敢私籍于庸，为害于时也。然后制野禁，苟非同姓，农不出御，女不外嫁，以安农也。

不是年老不得停止劳作，不是患病不得休息，不到死日不得弃舍农事。农忙时节，不得大兴土木，如果不是加冠、娶妻、嫁女、祭祀，就不得摆酒聚会。如果不是名字通于官府，就不得私自雇人代耕。如果不是因为同姓不婚的缘故，男子就不得从外地娶妻，女子也不得出嫁到外地。

这些实质性的政治措施通过设立各种有关农事的官职进行管理。如孟秋"命百官始收敛，完堤防，谨壅塞，以备水潦"，仲秋"乃命有司，趣民收敛，务蓄菜，多积聚。乃劝种麦，无或失时，行罪无疑"，季冬"命司农，计耦耕事，修耒耜，具田器"。这些官职的设立，有力地保证了农事的按时有序高效进行。

中国的封建社会是以自给自足的自然经济为主，农业占据重要地位。《吕氏春秋》重视农业，并不排斥工商经济，而是兼顾工商，把工商纳入社会经济整体之中，构成以农为主、兼顾其他的封建经济格局。"凡民自七尺以上，属诸三官。农攻粟，工攻器，贾攻货。时事不共，是谓大凶。"[①] "是月也，易关市，来商旅，入货贿，以便民事。四方来杂，远乡皆至，则财物不匮，上无乏用，百事乃遂。"[②] 工商不但不与农业对立，反而可以互相调剂，互相促进，有利于农业的发展，这与法家的重农抑商思想有很大区别。

《吕氏春秋》对林、牧、渔、猎、副业也给予一定关注。如：

> 《季春纪》：是月也，命野虞，无伐桑柘……省妇使，劝蚕事……是月也，乃合累牛腾马游牝于牧，牺牲驹犊，举书其数。
>
> 《季夏纪》：是月也，树木方盛，乃命虞人入山行木，无或

---

① 《吕氏春秋·上农》。
② 《吕氏春秋·仲秋》。

斩伐。

　　《仲冬季》：是月也，农有不收藏积聚者，牛马畜兽有放佚者，取之不诘。山林薮泽，有能取疏食田猎禽兽者，野虞教导之；其有侵夺者，罪之不赦。

其他像春夏两季禁止山林伐木，不准焚烧山林，不准用毒药捕捉鱼鳖，禁止捕杀幼小禽兽，禁止掏取鸟卵，分发蚕茧给妇女并督促她们缲丝等等。这些都是保护林、牧、渔、猎等，鼓励人们从事这些生产的措施。《吕氏春秋》的《十二月纪》中记载了一整套比较完备周密的管理农、林、牧等的政策措施，这在古代典籍中比较少见，《吕氏春秋》是最早记载这类内容的古籍，其文献价值尤其珍贵。

　　总体来说，《吕氏春秋》的农业思想是，以农业为本，以工商为辅，兼顾林、牧、渔、猎、副的多种经济形式。

二　《吕氏春秋》反映的农业技术理论

　　《吕氏春秋》的农业技术理论，总结了当时农业生产实践的经验，这些经验不但适用于秦国，也适用于整个黄河流域，是目前见到的最早的农学论文，为后世的农学著作奠定了基础。《吕氏春秋》的农业技术理论，应是在吸收当时农家学派思想的基础上形成。《上农》等篇是世界上较早的关于古代农业生产的文字资料，对于研究古代农业生产发展史和农学史，都有非常重要的价值，是我国集大成的"农政全书"，被视为中国传统农学形成的标志。如《上农》讲农业的重要性；《任地》讲如何使用土地；《辩土》讲耕作要分别土地的不同情况而采取不同措施，要因地制宜；《审时》专论耕作要适应天时，对当时的几种主要农作物得时与失时的情况做了非常具体的描述，反映了古代劳动人民丰富的农业生产经验。概言之，《吕氏春秋》的农业技术理论包括精耕细作、土地利用、掌握农时、提高栽培技术等，很多观点体现了朴素的辩证法思想。

　　精耕细作。《吕氏春秋》中提出了精耕细作的一系列具体措施，像整地、播种、覆地、锄地、除草、灭虫、间苗、间距、施肥等。如：

　　　　上田则被其处，下田则尽其污。无与三盗任地。夫四序参发，大甽小亩，为青鱼胠，苗若直猎，地窃之也；既种而无行，耕而不长，则苗相窃也；弗除则芜，除之则虚，则草窃之也。故去此三盗者，而后粟可多也。①

高处的土地耕后要把地面耙平，低湿的土地首先要把积水排净。庄稼要排除"三盗"。沟大垄小，田畦看上去像一条条被困在地上的青鱼，上面的禾苗长得像兽颈上的鬃毛，这是地把苗侵吞了，叫作地盗。庄稼种得太密，没有行列，这是苗与苗相互侵吞了，这是苗盗。不除杂草地要荒芜，清除杂草会损伤苗根，这是草把苗侵吞了，叫作草盗。所以，必须除掉"三盗"，才能多打粮食。精耕细作的技术要求很高：

五耕五耨，必审以尽。其深殖之度，阴土必得，大草不生，又无螟蜮……是以六尺之耜，所以成亩也；其博八寸，所以成甽也；耨柄尺，此其度也；其耨六寸，所以间稼也。地可使肥，又可使棘。人肥必以泽，使苗坚而地隙；人耨必以旱，使地肥而土缓。②

播种之前耕五次，播种之后锄五次，一定要做得仔细彻底。耕种的深度，以见到湿土为准。通过多耕多锄，使土壤保持疏松细碎，使作物根须易于伸展，使水分养分易于发挥作用，使杂草虫子翻上土表，易于消灭，使害虫蛹卵暴露出来，为天敌杀尽，使雨水不易蒸发，充分保墒。精耕细作是我国古代农业生产的一大特点。《吕氏春秋》的这些论述为后人提供了切实的借鉴。

土地利用。土地是农作物生长的立足点，是农业生产的基础，是农民赖以生存的命根，更是小农经济的封建国家的经济命脉。能否有效利用土地，对于提高农业产量至关重要。《吕氏春秋》中提到了亩畎法。《任地》："上田弃亩，下田弃甽。"高处的土地，不要把庄稼种在田垄上；低洼的田地，不要把庄稼种在垄沟上。地势高的土地，不易储存水分，因此种子要种在垄沟里，使种子接近水分，易于生长。而地势低洼的地方，水分又太多，因此要把种子种在田垄上，可以避免积水，也易

---

① 《吕氏春秋·辩土》。
② 《吕氏春秋·任地》。

于生长。这样，不同地势的土地，都能得到很好利用。另外，《吕氏春秋》还提出轮作休耕制，一年两熟制，这些都大大提高了土地的利用率。

土地利用还包括土壤改造。《吕氏春秋》论述甚详。

> 凡耕之大方：力者欲柔，柔者欲力。息者欲劳，劳者欲息。棘者欲肥，肥者欲棘。急者欲缓，缓者欲急。湿者欲燥，燥者欲湿。[①]

这是关于土地利用和土壤改良的辩证法。土壤结构过于板结，可使其适当疏松；过于疏松，可使其适当板结；土地休闲久了，就要种植；种植久了，又要休闲；地力薄的要增加肥料；过于肥沃，又要降低肥分；土壤积水太多，要使其适当干燥；过于干燥，又要使其适当潮润。总之，通过人的能动作用，使这些矛盾达到调和均衡的状态，使其利于耕作。这是从当时生产经验的总结上升为较为全面的理论研究，对生产实践有普遍的指导作用。《吕氏春秋》对土壤的研究文字代表了古代中国最早的较全面的，也是世界上较早的土壤学研究的科学水平。

掌握农时。天时对农业生产同样重要，影响农业的天时主要是气候，气候的变化，直接影响到作物的生长、发育、成熟、收获。《任地》载：

> 草諯大月。冬至后五旬七日，菖始生，菖者百草之先生者也，于是始耕。孟夏之昔，杀三叶而获大麦。日至，苦菜死而资生，而树麻与菽，此告民地宝尽死。凡草生藏日中出，猦首生而麦无叶，而从事于蓄藏，此告民究也。五时见生而树生，见死而获死。天下时，地生财，不与民谋。

这段文字把农业生产与物候对应起来，便于人们掌握。冬至后五十七天，菖蒲开始萌生，这时开始耕地。四月下旬，荞等枯死，这时要收获大麦。夏至，苦菜枯死，这时要种植麻和小豆。秋分，谷子黄熟，要进行收打蓄藏。农业生产要掌握时机，不可延误。

---

① 《吕氏春秋·任地》。

　　《吕氏春秋》还具体列举了黄河流域的六种主要农作物得时与失时的利弊。

　　　　得时之稻，大本而茎葆，长秱疏穖，穗如马尾，大粒无芒，抟米而薄糠，舂之易而食之香；如此者不益。先时者，本大而茎叶格对，短秱短穗，多秕厚糠，薄米多芒。后时者，纤茎而不滋，厚糠多秕，辟米，不得待定熟，卬天而死。①

种得适时的稻子，根部发达，茎秆丛生，穗子像马尾，籽粒大，米粒圆，糠皮薄，吃起来香。种得过早的稻子，秕子多，糠皮厚，籽粒少而稻芒多。种得过晚的稻子，籽粒不实，等不到成熟，就仰首朝天枯死了。对其他五种作物的记载与此同。从生长、收成、籽实三方面对得时与失时的农作物做了详细对比，可见当时人观察研究之细致。

　　栽培技术。栽培作物，要根据土地条件，有针对性地栽培，才能获得高产。《吕氏春秋》提出，栽培要疏密适宜，培土要细碎均匀，纵横要成行成列，养壮苗去弱苗，肥地防止徒长枝叶，薄地要防止过于密集。这些经验至今仍有实践意义。

　　　　稼欲生于尘，而殖于坚者。慎其种，勿使数，亦无使疏。于其施土，无使不足，亦无使有余。②

播种的土壤，必须上松下紧。上松便于幼苗出土，还可抑制水分蒸发。下紧利于保存水分，又利于作物扎根。播下的种子，不可太密，也不可太稀。播种后的覆土，不可太薄，也不可太厚，薄了水分不够，种子难以发芽，厚了压力太大，幼芽难以出土。

　　总之，《吕氏春秋》并非仅仅记录一些零散的生产经验，而是将生产经验、农业知识上升为农业科学研究，并对其进行系统化、理论化的总结探讨。《吕氏春秋》的农学思想以及农业技术理论，与先秦其他诸子相比，更为系统、全面和深入。它既看到历史经验，又针对现实需要；既强

---

　　① 《吕氏春秋·审时》。
　　② 《吕氏春秋·辩土》。

调遵循自然的客观规律，又突出人的主观能动性。作为先秦在农学理论上作出集大成总结的著作，《吕氏春秋》成为汉代研究农学理论的学者借鉴学习的主要资料。

三　汉代对《吕氏春秋》农业思想、农业技术理论的接受

（一）汉代对《吕氏春秋》农业思想的接受

汉代对《吕氏春秋》农业思想的接受主要体现在对"三才"理论的阐述中。"三才"理论是中国传统农学思想的核心，是我国人民长期农业生产实践经验的总结。自《吕氏春秋·审时》提出天、地、人的"三才"理论后，到秦汉时，"三才"理论深入人心。汉初晁错曾云："粟米布帛生于地，长于时，聚于力。"① 汉文帝时，由于连年受灾减产，粮食紧缺，文帝下诏让百官讨论问题症结所在，其中问道："乃天道有不顺，地利或不得，人事多失和，鬼神废不享与？"② 也是从天、地、人三大因素着眼。

汉代甚至将"三才"理论扩展到了经济、政治、文化等各个领域，成为人们认识和处理自然社会中各种问题的重要依据。如汉初名相陈平就说过："宰相者，上佐天子理阴阳，顺四时，下育万物之宜。"③ 这些都是在新的条件下对《吕氏春秋》"三才"理论的运用与发展。

汉代主要针对农业生产中天地人关系进行论述的是《淮南子》和王充的有关言论。

《淮南子》关于"三才"理论的论述颇多，并且直接对三国时贾思勰的《齐民要术》产生了影响。《淮南子》把关系民食的农业放在君国的基础地位，主张用"上因天时，下尽地财，中用民力"④ 的办法来发展农业生产。《原道训》：

> 是故春风至则甘雨降，生育万物，羽者妪伏，毛者孕育，草木荣华，鸟兽卵胎，莫见其为者，而功既成矣。秋风下霜，倒生挫伤，鹰雕搏鸷，昆虫蛰藏，草木注根，鱼鳖凑渊，莫见其为者，灭而无形。

---

① 《汉书·食货志》。
② 《汉书·文帝纪》。
③ 《史记·陈丞相世家》。
④ 《淮南子·主术训》。

这是在强调天时。在《淮南子》中虽然夹杂了天人感应的成分，但它所说的天时，基本上是自然的作用和自然的过程。

关于"地利"，《淮南子》提出"尽地财"，即最大限度地利用各类土地资源，发展多种经营，生产更多财富，以满足人们养生送死的需要。《主术训》又载：

> 是以群生遂长，五谷蕃植。教民养育六畜，以时种树，务修田畴滋植桑麻，肥墝高下，各因其宜。丘陵阪险不生五谷者，以树竹木，春伐枯槁，夏取果蓏，秋畜疏食，冬伐薪蒸，以为民资。是故生无乏用，死无转尸。

根据土地的不同特点，有针对性地种植不同的作物，这已经接近广义的农业范畴了。

《淮南子》的"用人力"，以充分尊重客观规律为前提，人们只有在尊重自然规律的前提下，发挥主观能动性，才可能收到事半功倍之效。

> 是故禹之决渎也，因水以为师；神农之播谷也，因苗以为教。①
> 夫地势，水东流，人必事焉，然后水潦得谷行。禾稼春生，人必加功焉，故五谷得遂长。听其自流，待其自生，则鲧、禹之功不立，而后稷之智不用。②

同样的自然环境，收获各异，主要是主观能动性在起作用。

《淮南子》在继承《吕氏春秋》三才理论的基础上，进一步强调天、地、人之间的协调与和谐，以保证农业生产的丰收。

王充对"三才"理论的论述是在批判当时盛行的"天人感应"的神学论中提出的。

> 案谷成败，自有年岁。年岁水旱，五谷不成，非政所致，时数

---

① 《淮南子·原道训》。
② 《淮南子·修务训》。

然也。①

　　夫肥沃墝埆，土地之本性也。肥而沃者性美，树稼丰茂；墝而埆
者性恶，深耕细锄，厚加粪壤，勉致人功，以助地力，其树稼与彼肥
沃者相似类也。②

前一段引文强调天时，后一段引文则强调地利与人力。

　　汉代不但全面吸收了《吕氏春秋》中的"三才"理论，而且加以发
展，这一时期人们对农业生产中天地人关系的认识，对客观规律性和主观
能动性关系的认识，较先秦更为全面和深刻，并且把它贯穿在农业生产中
的所有环节。

　　《吕氏春秋》以农业为主，兼顾其他的思想，也被汉人接受，突出反
映在司马迁的思想中。在《史记》中有两篇经济史传《平准书》与《货
殖列传》。《平准书》概述了从汉初到武帝元封元年近一个世纪的经济发
展和财政政策，重点评述了汉武帝的平准、均输政策。《货殖列传》记载
了三十个使财富增长的商人的言论和行事，对他们通过正当的努力获得的
利益给予了肯定，鼓励发财致富，肯定了商人的历史作用。这些思想都与
《吕氏春秋》一脉相承。

（二）代田法

　　代田法是西汉中期农学家赵过发明并推广的一种耕作方法，《汉
书》载：

　　武帝末年，悔征伐之事，乃封丞相为富民侯。下诏曰："方今之
务，在于力农。"以赵过为搜粟都尉。过能为代田，一亩三甽。岁代
处，故曰代田，古法也。③

代田法具体方法是：在面积为一亩的长条形土地上，开三条一尺宽一尺深
的沟，沟的位置每年进行轮换，因此称为"代田"。将种子播种于沟中，
等到苗发芽长叶之后，便在中耕除草的同时，将沟两边的垄土，耙下来埋

---

① 《论衡·治期》。
② 《论衡·率性》。
③ 《汉书·食货志》。

在作物的根部，逐次如此，一直到垄平为止，这样作物的根部可以深入土中，吸收到更多的水分，还能耐旱、耐风，抗倒伏。黄河流域及其以北地区雨量比较稀少，周年分配也不均匀，一般的特点是春旱多风。这对春季播种的作物，非常不利。田地上开了沟，把种子播种在沟里，干风掠过，垄面受影响，沟里还能保持住一定的温度和水分，有利于出苗齐全。幼苗出土，在沟里也可以减少叶面蒸发，生长得健壮一些。

"岁代处"，就是土地的部分利用和部分休闲轮番交替进行，即第一年的沟，到第二年变成垄，第一年的垄，到第二年变成沟。在肥料条件不足的地区，利用这种形式，使地力得到自然恢复，从而获得丰产。

可以看出，代田法是旱作地区的一套丰产技术，它在农业发展史上，也是一次重大的农业改革。这套技术，显然是《吕氏春秋·任地》所载"上田弃亩"经验的发展与提高。代田法是在牛耕技术普遍推广的背景下产生的农耕技术，适合较大规模的耕种，而以小农分散经营为主的中国农业经济，在实施这一技术时还难以适应。真正能实行代田法的，只有边郡的屯田、官府公田以及一些富豪之田，这是代田法在古代未能普遍实行的主要原因。尽管这样，代田法继承《吕氏春秋》，其所包含的先进技术因素，不可忽视。

（三）《氾胜之书》对《吕氏春秋》的接受

《氾胜之书》的作者氾胜之，正史中没有他的传记，古籍中有关他的记载寥寥。《汉书·艺文志》注说他在汉成帝时当过议郎，曾教田三辅。"成帝时为议郎。师古曰：'刘向《别录》云使教田三辅，有好田者师之，徙为御史。'"《氾胜之书》原名《氾胜之十八篇》，载于《汉书·艺文志》农家类，是现存西汉以前农书的代表。该书在汉代拥有崇高的地位，屡屡被学者引述，可惜这部书大约在宋代就失传了，目前所看到的，是北魏农书《齐民要术》和北宋以前一些文献引用所保存下来的文字。从现存的三千余字看，书中的内容包括耕作栽培通论、作物栽培分论、特殊作物高产栽培法等。汉代另一位著名学者崔寔在著《四民月令》时就以《氾胜之书》为重要依据。

《氾胜之书》提出了"凡耕之本，在于趣时，和土，务粪泽，早锄获"① 的耕作栽培总原则，这不但把《吕氏春秋·任地》等三篇作物栽培

---

① 《氾胜之书·耕田》。

通论中的精华都概括进去，而且包含了更为丰富和深刻的内容。

中国传统农学一贯重视对农时的掌握，《氾胜之书》将之概括为"趣时"。《吕氏春秋·审时》篇中就谈到"得时之稼"和"失时之稼"的利害对比，《氾胜之书》则具体论述了耕作、播种、中耕、施肥、收获等各项农活适期的掌握方法，不但有时令的要求，物候的标志，还有用木橛测候的具体方法。

关于土壤耕作，《吕氏春秋·任地》提出了"力者欲柔，柔者欲力"，针对不同性质土壤进行不同的耕作方法。《氾胜之书》将之概括为"和土"，可谓尽得其精髓。书中还总结了"强土而弱之"、"弱土而强之"的具体耕作技术，把《任地》、《辩土》等篇中的"深耕熟耰"技术发展为"耕、摩、蔺"相结合的体系，进一步提高了北方旱地的耕作技术。

> 春，地气通，可耕坚硬强地。黑垆土，辄平摩其块以生草，草生，复耕之。天有小雨，复耕，和之，勿令有块，以待时。所谓"强土而弱之"也……杏始华荣，辄耕轻土弱土。望杏花落，复耕，耕，辄蔺之。草生，有雨泽，耕，重蔺之。土甚轻者，以牛羊践之，如此则土强。此谓"弱土而强之"也……五月耕，一当三；六月耕，一当再；若七月耕，五不当一。①

摩，指耕后的整地工作。蔺，指践踏镇压，主要用于对弱土的改良。《吕氏春秋》记载的"深耕熟耰"技术，即"耕—耰"体系，其特点是耕作依附于播种，耕后即播，播后即耰，耰指覆土、摩平，也就是碎土、平土。这种方法主要是保证种子的出苗。《氾胜之书》所讲的"耕、摩、蔺"方法，耕作已经摆脱了对播种的依附，可以在播前多次进行，这样就使农田普遍形成疏松柔软的耕层，土壤保墒能力大为提高，还可以大大改良土壤的能力。

《氾胜之书》提到的各项技术原则是相互联系、密不可分的，贯穿其中的主导思想就是《吕氏春秋》中的"三才"理论。"趣时"就是掌握天时，它体现在耕作、播种、施肥、灌溉、收获等各个环节。"和土"就是为作物生长创造一个结构良好、水分温度等各种条件相互协调的土壤环

---

① 《氾胜之书·耕田》。

境，以充分发挥地利，"趣时"、"务粪泽"都是它的手段之一。而无论"趣时"、"和土"、"务粪泽"、"早锄获"，都以发挥人的主观能动性为前提。可以说，《氾胜之书》的耕作理论正是《吕氏春秋》"三才"理论在耕作栽培方面的具体化。

《氾胜之书》还第一次记载了区田法。区田法又叫区种法，是我国古代旱作地区继代田法之后又一套丰产技术。

> 上农夫区，方深各六寸，间相去九寸，一亩三千七百区，一日作千区，区种粟二十粒，美粪一升，合土和之，亩用种二升……中农夫区，方七寸，深六寸，相去二尺，一亩千二十七区，用种一升，收粟五十一石，一日作三百区。下农夫区，方九寸，深六寸，相去二尺，一亩五百六十七区，用种六升，收二十八石，一日作二百区。[①]

区田法的田间布置，《氾胜之书》介绍了两种形式，一是宽幅点播的区田，另一是方形点播的区田，上引一段即为方形点播的区田。方法是：首先在整好的地上，深挖作区。方区的大小、深度、区与区之间的距离，因土壤肥沃度的差异和栽培的作物不同，而有所不同。一般情况是，粟在肥沃的地上作区，长宽和区深都是六寸，区间距离九寸。肥沃度较差的土地，区的大小和区间距离，都有所扩大。基本原则是土壤愈肥沃，所作的区数也愈多。深挖作区的同时，结合增施"美粪"（上好的肥料），调和土壤，使作物根群有尽量发展的条件。在每个方区里，点播粟种二十粒。这些种子都经过"溲种"处理。经过这样处理的种子，可以使庄稼不生蝗虫，耐旱，保证作物产量。区里作物长大，则注意中耕除草，松土培壅，遇到天旱，还须及时灌溉。

区田法是一种整地作畦技术，其特点是采取深翻作区、不耕旁地、集中施肥、等距点播、及时灌溉等措施，以着眼于抗旱夺高产。区田法之所以能获得丰收，就是因为抓住了作物生长的各个环节，尤其是集中施用肥、水，有效发挥土、肥、水在生产上的作用，保证作物能够生长良好，获得丰产。这套技术，不仅适用于旱作地区的平地，一些条件较差、过去难以利用的土地，像"山陵、近邑高危倾陷及丘城之上"的土地也可以

---

① 《氾胜之书·区种法》。

通过这套技术投入生产，对较差土地的利用以及这些地区的水土保持，具有一定的意义和作用。

区田法典型地体现了中国传统农学精耕细作的精神。由于作物集中种在一个个小区中，便于浇水抗旱，从而可以保证最基本的收成。它又不一定要求在成片的耕地作业，不一定采用铁犁牛耕，但要求投入大量劳力，比较适合缺乏牛力和大农具、经济力量比较薄弱的小农经营，是适应人口增加，农民缺乏土地而自然灾害又时有发生的情况下创造出来的耕作技术。这套技术在历史上产生了巨大的影响。

可以看出，《氾胜之书》中许多思想、技术直接吸收《吕氏春秋》，在继承《吕氏春秋》的农业生产和农业科技的基础上，又有了进一步的深入和发展，把中国传统农学推进到一个新的阶段。《氾胜之书》是继《吕氏春秋·上农》等篇后最重要的农学著作。

（四）《四民月令》对《十二月纪》的模仿

《四民月令》，东汉中晚期崔寔（公元103—170年）作。崔寔曾出任五原太守，任内他劝导当地人种麻和发展家庭纺织业，卓有成效。与《吕氏春秋·十二月纪》以及《礼记·月令》属于官方月令不同，《四民月令》属于农家月令，书中将一个家庭中的事务，作了有秩序有计划的安排。"四民"包括"士、农、工、商"，"四民月令"，顾名思义，就是按照时令安排这四类人的各项活动。

《吕氏春秋》的《十二月纪》中包含着丰富的农业科技方面的知识，它按照一年四季十二个月的顺序，对各个月份的天象、物候和农事活动分别作了记载，代表了当时官方对农业生产的要求。《四民月令》就直接模仿《十二月纪》，在结构以及内容的排列上与《十二月纪》大致相同，即按照十二个月的次序，将各个月份所应当从事的农业生产活动以及其他家庭事务做出安排。如：

正月，"陈根可拔，急菑强土黑垆之田"，"可种春麦、踔豆"，"可种瓜、瓠、芥、葵、蘘……"

二月，"可菑美田、缓土及河渚小处，可种植禾、大豆、苴麻、胡麻"，"可种地黄"。

三月，"三月三日可种瓜，可菑沙、白、轻土之田，时雨降，可种秔稻及植禾、苴麻、胡豆、胡麻"，"可种大豆，谓之上时。榆荚落，可种蓝"。

其他月份与此相似。《四民月令》所反映的农事活动，包括耕地、催芽、播种、分栽、耘锄、收获、储藏，以及蚕桑、畜牧、果树、树木的经营，其以农业为主，兼及其他的经济思想，与《吕氏春秋》完全一致。

汉代无论是农学思想，还是农业技术理论，都对《吕氏春秋》有所吸纳，但同时又结合当时生产工具的发展，提出了更加切实、具体、详细的农业技术理论，继承的基础上又有发展。汉代的主要农学著作《氾胜之书》和《四民月令》记载的主要是黄河中下游地区旱地的农业生产知识。《氾胜之书》为劝农而作，代表了官方思想，《四民月令》则着眼于私家生活，是一本私人性质的农书。无论是官方还是私家，都吸收了《吕氏春秋》中的许多思想。由此可见，汉代学者对《吕氏春秋》的重视。

参考文献

张双棣等：《吕氏春秋译注》，北京大学出版社 2000 年版。

陈奇猷：《吕氏春秋新校释》，上海古籍出版社 2002 年版。

王利器：《吕氏春秋注疏》，巴蜀书社 2002 年版。

许维遹：《吕氏春秋集释》，中华书局 2009 年版。

黄怀信等：《逸周书汇校集注》，上海古籍出版社 2007 年版。

杨伯峻：《春秋左传注》，中华书局 1990 年版。

徐元诰：《国语集解》，中华书局 2002 年版。

缪文远：《战国策新校注》，巴蜀书社 1998 年版。

陈鼓应：《老子注译及评介》，中华书局 1984 年版。

程树德：《论语集释》，中华书局 1990 年版。

孙诒让：《墨子间诂》，中华书局 2001 年版。

焦循：《孟子正义》，中华书局 1987 年版。

陈鼓应：《庄子今注今译》，中华书局 1983 年版。

黎翔凤：《管子校注》，中华书局 2004 年版。

王先谦：《荀子集解》，中华书局 1988 年版。

陈奇猷：《韩非子新校注》，上海古籍出版社 2000 年版。

睡虎地秦墓竹简整理小组：《睡虎地秦墓竹简》，文物出版社 1978 年版。

吴小强：《秦简日书集释》，岳麓书社 2000 年版。

陈鼓应：《黄帝四经今注今译》，商务印书馆 2007 年版。

王利器：《新语校注》，中华书局 1986 年版。

王洲明、徐超：《贾谊集校注》，人民文学出版社 1996 年版。

刘文典：《淮南鸿烈集解》，中华书局 1989 年版。

苏舆：《春秋繁露义证》，中华书局 1992 年版。

王聘珍：《大戴礼记解诂》，中华书局 1983 年版。

王文锦:《礼记译解》,中华书局 2001 年版。

石光瑛:《新序校释》,中华书局 2001 年版。

向宗鲁:《说苑校证》,中华书局 1987 年版。

汪荣宝:《法言义疏》,中华书局 1987 年版。

黄晖:《论衡校释》,中华书局 1990 年版。

马王堆汉墓帛书整理小组编:《马王堆汉墓帛书》〔肆〕,文物出版社 1985 年版。

司马迁:《史记》,中华书局 1959 年版。

班固:《汉书》,中华书局 1960 年版。

范晔:《后汉书》,中华书局 1965 年版。

《氾胜之书》,见《玉函山房辑佚书》,第五十五册。

石声汉:《四民月令校注》,中华书局 1965 年版。

姚春鹏译:《黄帝内经》,中华书局 2012 年版。

章学诚著,叶瑛校注:《文史通义校注》,中华书局 1985 年版。

严可均辑:《全上古三代秦汉三国六朝文》,中华书局 1958 年版。

吴福相:《吕氏春秋八览研究》,台湾文史哲出版社 1984 年版。

牟钟鉴:《〈吕氏春秋〉与〈淮南子〉思想研究》,齐鲁书社 1987 年版。

刘元彦:《〈吕氏春秋〉:兼容并蓄的杂家》,生活·读书·新知三联书店 1992 年版。

王范之:《吕氏春秋研究》,内蒙古大学出版社 1993 年版。

李家骧:《吕氏春秋通论》,岳麓书社 1995 年版。

洪家义:《吕不韦评传》,南京大学出版社 1995 年版。

张富祥:《王政全书——〈吕氏春秋〉与中国文化》,河南大学出版社 2001 年版。

王启才:《吕氏春秋研究》,学苑出版社 2007 年版。

何志华:《高诱注解发微:从〈吕氏春秋〉到〈淮南子〉》,香港中文大学 2007 年版。

王丽芬:《〈吕氏春秋〉高诱注研究》,南京师范大学硕士学位论文,2005 年。

郭沫若:《十批判书》,人民出版社 1954 年版。

方勇:《庄子学史》,人民出版社 2008 年版。

金德建:《先秦诸子杂考》,中州书画社 1982 年版。

高正：《诸子百家研究》，中国社会科学出版社 1997 年版。

钱穆：《先秦诸子系年》，商务印书馆 2001 年版。

潘俊杰：《先秦杂家研究》，陕西人民出版社 2011 年版。

刘蔚华、苗润田：《稷下学史》，中国广播电视出版社 1992 年版。

白奚：《稷下学研究》，生活·读书·新知三联书店 1998 年版。

吴光：《黄老之学通论》，浙江人民出版社 1985 年版。

余明光：《黄帝四经与黄老思想》，黑龙江人民出版社 1989 版。

丁原明：《黄老学论纲》，山东大学出版社 1997 年版。

熊铁基：《秦汉新道家》，上海人民出版社 2001 年版。

孙纪文：《淮南子研究》，学苑出版社 2005 年版。

马庆洲：《淮南子考论》，北京大学出版社 2009 年版。

李秀华：《〈淮南子〉许高二注研究》，学苑出版社 2011 年版。

黄朴民：《董仲舒与新儒学》，文津出版社 1992 年版。

顾颉刚：《秦汉的方士与儒生》，上海古籍出版社 1998 年版。

刘厚琴：《儒学与汉代社会》，齐鲁书社 2002 年版。

张大可：《史记研究》，商务印书馆 2011 年版。

聂石樵：《司马迁论稿》，北京师范大学出版社 1987 年版。

王明信、俞樟华：《司马迁思想研究》，《史记研究集成》第十卷，华文出
　版社 2005 年版。

王锷：《礼记成书考》，中华书局 2007 年版。

陈国庆：《汉书艺文志注释汇编》，中华书局 1983 年版。

顾实：《汉书艺文志讲疏》，上海古籍出版社 1987 年版。

张舜徽：《汉书艺文志通释》，湖北教育出版社 1990 年版。

侯外庐、赵纪彬、杜国庠：《中国思想通史》，人民出版社 1957 年版。

王铁：《汉代学术史》，华东师范大学出版社 1995 年版。

金春峰：《汉代思想史》，中国社会科学出版社 1997 年版。

周桂钿：《秦汉思想史》，河北人民出版社 2000 年版。

徐复观：《两汉思想史》，华东师范大学出版社 2001 年版。

林剑鸣：《秦汉史》，上海人民出版社 2003 年版。

陆玉林：《中国学术通史》（先秦卷），人民出版社 2004 年版。

周桂钿、李祥俊：《中国学术通史》（秦汉卷），人民出版社 2004 年版。

卿希泰主编，詹石窗副主编：《中国道教思想史》，人民出版社 2009

年版。

杨荫浏：《中国古代音乐史稿》，人民音乐出版社 1981 年版。

顾易生、蒋凡：《先秦两汉文学批评史》，上海古籍出版社 1990 年版。

蔡钟翔、黄保真、成复旺：《中国文学理论史》，中国人民大学出版社 2009 年版。

赵逵夫主编：《先秦文论全编要诠》，人民文学出版社 2010 年版。

陈其射：《中国古代乐律学概论》，浙江大学出版社 2011 年版。

余庆蓉、王晋卿：《中国目录学思想史》，湖北教育出版社 1998 年版。

姚名达：《中国目录学史》，上海世纪出版集团 2005 年版。

严灵峰：《周秦汉魏诸子知见书目》，中华书局 1993 年版。

中国农业科学院南京农学院：《中国农学史》，科学出版社 1959 年版。

董恺忱、范楚玉主编：《中国科学技术史·农学卷》，科学出版社 2000 年版。

中国天文学史整理研究小组：《中国天文学史》，科学出版社 1981 年版。

陈美东：《中国科学技术史·天文学卷》，科学出版社 2003 年版。

史兰华：《中国传统医学史》，科学出版社 1996 年版。

廖育群：《中国科学技术史·医学卷》，科学出版社 1998 年版。

王兴国：《贾谊评传》，南京大学出版社 1992 年版。

王云度：《刘安评传》，南京大学出版社 1997 年版。

王永祥：《董仲舒评传》，南京大学出版社 1995 年版。

张大可：《司马迁评传》，南京大学出版社 1994 年版。

徐兴无：《刘向评传》，南京大学出版社 2005 年版。

陈永泰、赵永春：《班固评传》，南京大学出版社 2002 年版。

钟肇鹏、周桂钿：《桓谭王充评传》，南京大学出版社 1993 年版。

后　记

本书稿是在我的博士后出站报告的基础上修改而成。

2010 年，我进入华东师范大学中国语言文学博士后流动站进行合作研究，合作导师为方勇教授，有幸成为方老师主持的超大型古籍文献整理工程《子藏》项目的成员之一。本书稿的完成得到方老师的许多帮助，在此，对方老师致以衷心的感谢！我的硕士、博士导师赵逵夫先生是我走上学术之路的领路人。赵老师在学习工作上对我严格要求，在生活上给予我很大关怀，他既是严师，又像慈父。老师严谨的治学态度与对学术执着追求的精神，使我懂得了许多为人为学的道理。这里，祝福赵老师健康长寿！

中国社会科学出版社的田文老师、徐申老师为本书的出版付出了不少辛劳，书稿中许多格式方面的问题，两位老师都一一指出，帮助修改，谢谢田老师！谢谢徐老师！

最后需要郑重说明的是，为使行文简洁，书稿中提及、引用、转述先辈时贤的研究成果时，都删除了"先生"、"老师"等尊称。另外，论文中引用的古籍只注出书名与篇目，《吕氏春秋》引文以陈奇猷《吕氏春秋新校释》为底本，参以张双棣等的《吕氏春秋译注》，其他古籍采用的均是参考文献中所列版本。

延娟芹

2014 年 8 月 9 日